教育部人文社会科学研究规划基金项目"认
中小学生学业负担研究"(15YJA880056)

# 中学生心理特征专题研究

## Monographic Study on Students' Mental Characteristics

孙崇勇 李淑莲 / 著

经济管理出版社

ECONOMY & MANAGEMENT PUBLISHING HOUSE

图书在版编目（CIP）数据

中学生心理特征专题研究/孙崇勇，李淑莲著 . —北京：经济管理出版社，2019. 5
ISBN 978 - 7 - 5096 - 6508 - 4

Ⅰ. ①中…　Ⅱ. ①孙…　②李…　Ⅲ. ①中学生—心理特征—研究　Ⅳ. ①G444

中国版本图书馆 CIP 数据核字（2019）第 063411 号

组稿编辑：高　娅
责任编辑：詹　静　杜奕彤　高　娅
责任印制：黄章平
责任校对：陈　颖

出版发行：经济管理出版社
　　　　　（北京市海淀区北蜂窝 8 号中雅大厦 A 座 11 层　100038）
网　　址：www. E - mp. com. cn
电　　话：（010）51915602
印　　刷：北京玺诚印务有限公司
经　　销：新华书店
开　　本：720mm × 1000mm/16
印　　张：17. 75
字　　数：309 千字
版　　次：2019 年 6 月第 1 版　　2019 年 6 月第 1 次印刷
书　　号：ISBN 978 - 7 - 5096 - 6508 - 4
定　　价：78. 00 元

# 前　言

目前，我国基础教育把对中学生的心理教育与心理健康辅导提到了非常重要的地位。面对个性鲜明而突出的当代中学生，广大教育工作者有必要了解、认识处于心理成熟过渡期的中学生心理发展特点及规律，运用心理健康辅导的理论、方法与技术，发现中学生在成长过程中的各种心理行为问题，开展有效的心理辅导活动，从而促进中学生身心健康、和谐的发展。

本书探讨了中学生心理发展过程中常见的心理特征与心理问题，它根据笔者多年所积累的研究成果，主要由以下四篇构成：

第一篇为心理健康专题，主要探讨了中学生常见的心理健康问题，包括幸福感、自尊、心理资本、人际关系困扰、社会支持、焦虑、抑郁、学业负担等。

第二篇为人格专题，主要探讨了中学生的人格特征、人格类型与影响因素，以及与创造性等变量关系。

第三篇为学习心理专题，主要探讨了归纳、学习风格、学习材料呈现方式、元认知、言语伴随性手势、学习材料背景颜色等因素对学习成绩与学习效果的影响，以及中学生创造性培养等问题。

第四篇为认知负荷专题，主要介绍了近些年来关于中学生认知负荷研究的最新进展，包括认知负荷测量方法的现状与发展趋势、主观评价量表比较、认知负荷的影响因素及其在数学教育教学中的运用等问题。

本书具有以下特色：

（1）针对性强。专门针对中学生心理发展过程中常见的心理特征与心理问题进行探讨。

（2）理论与实证相结合。除了相关的理论研究之外，还有大量的实证调查与实验研究，两者相辅相成、相得益彰。

（3）内容较新。除了探讨中学生传统的心理特征问题之外，还增添了近年来研究较为热门的焦点问题——认知负荷，包括认知负荷的基本理论、影响因素、测量方法及其应用等。

本书是笔者承担的教育部人文社会科学研究规划基金项目"认知负荷视阈下的中小学生学业负担研究"（15YJA880056）的阶段成果之一，凝结了近年来笔者对中学生心理特征与心理问题研究的一些思考、体会与心得。在本书写作过程中，我们吸收了国内外学者同人的研究成果，在此谨向这些作者们表达诚挚的谢意；同时，也衷心感谢经济管理出版社相关工作人员的辛勤劳动，使本书早日付梓并为它增光添色。

由于主客观条件所限，书中难免会有不足之处甚至错误，在此恳请各位读者和同行专家批评指正。

作　者

2018 年 12 月于吉林师范大学

# 目　录

## 第一篇　心理健康专题

## 第二篇　人格专题

# 第三篇　学习心理专题

# 第四篇　认知负荷专题

# 第一篇　心理健康专题

中学生的心理发展处于从幼稚到成熟的过渡阶段，他们的内心世界逐渐丰富，情绪体验较为深刻，其身心的健康成长需要广大教育工作者给予积极关注和正确引导。了解中学生心理健康的现状，研究其影响因素，提出提升其心理健康水平的策略，丰富和深化相关的研究，从而帮助他们形成正确的世界观与人生观，塑造良好的心理素质、促进其身心的健康和谐发展。本篇主要探讨了中学生常见的心理健康问题，包括幸福感、自尊、心理资本、人际关系困扰、社会支持、焦虑、抑郁、学业负担等。

# 第一章　中学生学校幸福感与学业负担态度的相关关系分析

中学生阶段处于半幼稚半成熟时期，内心世界逐渐丰富，情绪体验深刻，其身心的健康成长需要我们给予积极的关注和正确的引导。学业作为中学生生活及评价的主要内容，学业负担过重或主观心理压力过大都不利于中学生的生活和成长。过重的学业负担会影响学生社会适应能力的发展，容易产生信心缺乏、自我效能感降低、自我控制能力减弱，甚至产生厌学、厌世心理。[①] 学业负担不可避免，但即使面临同样的学业负担，不同的学生会有不同的心理体验和行为应对方式，国内学者张锋将此概括为学业负担态度，即中学生对自己所承受的学业负荷的稳定的心理倾向和行为方式，包括对学业负担的认知、情绪体验和由此导致的学习行为三个方面。[②] 当前社会竞争激烈，考试制度、升学体制等决定了学业负担及减负问题难以在短时间得到彻底解决，因此在目前状况下如何改善中学生学业负担态度，减轻学业负担带来的不良影响，缓解中学生心理压力，帮助其更好地成长是值得探讨的。

近些年，随着社会经济的发展与生活质量的提升，人们逐渐开始关注学生学校生活的幸福感，重视学生在校内心体验而不仅仅是学业学习。学校幸福感的研究起源于对于学校生活满意度的研究。苗元江认为，学校幸福感的概念就是学生对在校生活满意程度的感知，在学校里感到轻松自在。[③] 田丽丽将学校幸福感定义为学生在与学校中的人、事、物以及由此而形成的社会心理环境间交互作用的

---

[①] 刘翻. 过重课业负担下的中小学生心理问题：主要表现及解决策略 [J]. 中小学心理健康教育，2013，13（2）：40–41.

[②] 张锋. 中学生学业负担态度量表的编制 [J]. 心理科学，2004，27（2）：449–452.

[③] 苗元江，赵英，朱晓红. 学校幸福感研究述评 [J]. 教育导刊，2012，30（9）：14–17.

结果，即学生基于自定标准对其学校生活的主观评价与体验。① 学校幸福感与主观幸福感相类似，也是由学校满意度、在校积极情感与消极情感组成。② 以往我们一谈到学业负担及其减负问题往往是从教育学或社会学的视角切入，实际上我们还可以从心理学角度对这一问题进行探讨。燕子涵认为，学生即使是面对相同的学业负担也会有不同的心理反应，因此我们可以用从心理方面来改善学生对待学业负担的态度，从而使学生乐于学习。③ 比如我们可以尝试从提高学生的情绪调节能力，丰富学生的积极情感体验，提升学生的学校幸福感等入手，来帮助学生拥有积极的学业负担态度，以便降低学生的学业负担压力。当然，这还需要一些理论及实证研究加以证实。

## 一、对象与方法

### （一）对象

从吉林、辽宁、黑龙江三个省份初级中学各随机抽取 1 所学校，再从每所中学整群随机抽取初一、初二、初三年级各 2 个班，共计 1000 名初中生纳入调查。共发放问卷 1000 份，回收问卷 920 份，回收率为 92.00%，获得有效问卷 880 份，有效回收率为 95.65%。被试年龄在 11～16 岁，平均年龄 14 ± 1 岁；其中，男生 434 名（49.32%），女生 446 名（50.68%）；初一 297 名（33.75%），初二 327 名（37.16%），初三 256 名（29.09%）；农村生源 484 名（55.00%），城镇生源 396 名（45.00%）；独生子女 393 名（44.66%），非独生子女 487 名（55.34%）。

### （二）工具

1. 采用在校积极情感和在校消极情感量表调查初中生在校情感状况

该量表由田丽丽等编制，在校积极情感与在校消极情感两个分量表均由七个形容词构成，按照情感体验出现频率由少到多进行 6 级计分，得分越高者表示此种体验越多。消极情感因采用反向计分，计算在校情感总分时需先将在校消极分量表得分转换后再相加，即原 1～6 分对应转换为 6～1 分。在校积极、消极情感

---

① 田丽丽，刘旺. 中学生学校幸福感及其与能力自我知觉、人格的关系 [J]. 心理发展与教育，2007，23（3）：44－49.

② 童璐，吴蕾. 学校幸福感：内涵与价值 [J]. 现代中小学教育，2015，31（5）：1－3.

③ 燕子涵. 初二学生情绪调节能力、学业负担态度及心理健康的关系和干预研究 [D]. 西安：陕西师范大学，2014.

分量表的标准化 Cronbach α 系数分别为 0.86、0.85。本次测量的在校积极、消极情感分量表及总量表的 Cronbach α 系数分别为 0.88、0.87、0.88。

2. 采用中学生学校生活满意度问卷调查初中生学校满意度

该问卷由陶芳标等编制，主要包括中学生对自己的学习效果与能力、老师和同学对自己的学习表现、师生及同学关系、从老师和同学那里获得的帮助、学习环境五个方面满意程度的认知与评价。问卷由 12 个项目构成，按 5 级评分，总分为 60 分，越接近总分则学校满意度越高。该量表的标准化 Cronbach α 系数为 0.829，重测信度为 0.91。本次测量的 Cronbach α 系数为 0.86。

3. 采用学业负担态度量表调查初中生学业负担态度

该量表由张峰等编制，分为认知、情绪、行为三个维度，各维度包括的项目分别为 25、19、18，总计 62 个项目；采用 5 级计分，分数越高，表明学业负担态度越积极。三个分量表 Cronbach α 系数分别为 0.864、0.902 和 0.861，信度良好。不同学业成绩学生在该量表的各个维度指标上得分具有显著差异，说明量表具有良好的区分度。本次测量的 Cronbach α 系数为 0.967，认知、情绪、行为三个分量表 Cronbach α 系数分别为 0.925、0.928 和 0.931。

（三）统计分析

采用 SPSS 17.0 软件对数据进行描述统计、相关分析、回归分析、t 检验等。

## 二、结果

（一）初中生学校幸福感、学业负担态度总体状况

初中生在校积极情感分量表（27.65 ±8.50），高于理论均值（21 分）；在校消极情感分量表（19.12 ±8.45），低于理论均值（21 分）；在校情感总分为 57.53 ±14.11。由此可以看出，当前中学生在校积极情感高于消极情感，并以在校积极情感为主。初中生学校满意度总分为 45.34 ±7.68，高于理论均值（30 分），处于中等偏上水平。学校幸福感总分为 102.87 ±18.87，高于理论均值（72 分）。可以看出，初中生学校幸福感整体水平也较高。学业负担态度得分如下：认知分量表 74.05 ±18.47、情绪分量表 60.61 ±16.34、行为分量表 63.59 ±15.18，总分为 198.25 ±45.09。除认知分量表外，情绪、行为分量表及总分均高于理论均值。由此得出，初中生总的学业负担态度的积极性处于中等偏上的水平，但认知的积极性水平较低。

（二）初中生学校幸福感、学业负担态度的性别与年级差异

1. 不同性别的初中生学校幸福感与学业负担态度的差异比较

t 检验结果显示，初中生在学校满意度与学业负担总分上的差异具有统计学意义，其中女生的学校满意度 $46.20 \pm 7.15$、学业负担态度 $202.90 \pm 44.41$ 均显著高于男生 $44.47 \pm 8.07$、$194.02 \pm 44.57$，$t_1 = 3.33$，$p < 0.01$；$t_2 = 2.93$，$p < 0.01$。男女中学生在积极情感、消极情感、学校幸福感总分上的差异不具有统计学意义（$p > 0.05$）。

2. 不同年级的初中生学校幸福感与学业负担态度的差异比较

方差检验结果显示，各个年级除了在在校消极情感上的差异不具有统计学意义外（$p > 0.05$），在其他维度及总分的差异均具有统计学意义（$p < 0.01$，$p < 0.01$）。进一步的事后比较（LSD）表明，初一年级的学校幸福感最强，学业负担态度最为积极，其次是初三、初二（见表 1-1-1）。

表 1-1-1　各年级学生学校幸福感与学业负担态度的描述性统计及方差检验（M ± SD & F）

| 变量 | ①初一（n = 297） | ②初二（n = 327） | ③初三（n = 256） | F 值 | LSD |
|---|---|---|---|---|---|
| 在校积极情感 | $29.66 \pm 8.21$ | $26.74 \pm 8.34$ | $26.47 \pm 8.67$ | 12.94*** | ①>②，③ |
| 在校消极情感 | $18.49 \pm 8.21$ | $19.77 \pm 8.17$ | $18.96 \pm 8.92$ | 1.88 | — |
| 在校情感总分 | $60.17 \pm 13.85$ | $55.96 \pm 13.24$ | $56.50 \pm 14.97$ | 8.05*** | ①>②>③ |
| 学校满意度 | $46.24 \pm 8.07$ | $43.75 \pm 7.85$ | $46.25 \pm 6.57$ | 11.06*** | ①，③>② |
| 学校幸福感 | $106.40 \pm 18.81$ | $99.71 \pm 18.13$ | $102.75 \pm 19.12$ | 10.02*** | ①>③>② |
| 认知 | $78.91 \pm 18.28$ | $68.31 \pm 17.94$ | $75.78 \pm 17.47$ | 28.89*** | ①>③>② |
| 情绪 | $64.50 \pm 15.90$ | $55.50 \pm 16.09$ | $62.65 \pm 15.56$ | 27.92*** | ①>③>② |
| 行为 | $69.45 \pm 14.03$ | $57.75 \pm 15.45$ | $64.19 \pm 13.27$ | 51.96*** | ①>③>② |
| 学业负担态度 | $212.86 \pm 42.94$ | $181.56 \pm 44.48$ | $202.62 \pm 41.45$ | 42.88*** | ①>③>② |

注：*** 表示 $p < 0.001$。

3. 初中生学校幸福感、学业负担态度的相关分析

皮尔逊相关分析结果显示，除消极情感外，初中生学校幸福感与学业负担态度各维度及总分之间均呈现显著正相关（r 值分别为 0.26 ~ 0.94，p 值均 < 0.01）。这提示学校幸福感越高，学业负担态度越积极（见表 1-1-2）。

表1-1-2 初中生学校幸福感与学业负担态度的皮尔逊相关分析（r）

| 变量 | 积极情感 | 消极情感 | 情感总分 | 学校满意度 | 学校幸福感 | 认知 | 情绪 | 行为 |
|------|---------|---------|---------|-----------|-----------|------|------|------|
| 消极情感 | -0.39** | — | — | — | — | — | — | — |
| 情感总分 | 0.83** | -0.83** | — | — | — | — | — | — |
| 学校满意度 | 0.39** | -0.36** | 0.45** | — | — | — | — | — |
| 学校幸福感 | 0.78** | -0.77** | 0.93** | 0.75** | — | — | — | — |
| 认知 | 0.30** | -0.42** | 0.43** | 0.43** | 0.50** | — | — | — |
| 情绪 | 0.31** | -0.41** | 0.43** | 0.41** | 0.49** | 0.77** | — | — |
| 行为 | 0.26** | -0.35** | 0.37** | 0.41** | 0.44** | 0.62** | 0.76** | — |
| 学业负担态度 | 0.32** | -0.44** | 0.46** | 0.47** | 0.53** | 0.90** | 0.94** | 0.87** |

注：**表示 $p < 0.01$。

4. 学校幸福感对学业负担态度的回归分析

以学业负担态度总分为因变量，以在校积极情感、消极情感、情感总分、学校满意度、学校幸福感为自变量，采取全部进入法，进行多元线性回归分析（见表1-1-3）。结果显示，学校满意度、学校幸福感均正向预测学业负担态度（$p < 0.05$，$p < 0.001$），在校消极情感负向预测学业负担态度（$p < 0.001$），可以解释31%的学业负担态度。总的来说，初中生学校幸福感水平越高，学业负担态度越积极。

表1-1-3 初中生学业负担态度对学校幸福感的回归分析（Reg.）

| 预测变量 | β | Beta | t | R | $R^2$ | F |
|---------|-----|------|------|------|------|------|
| 在校消极情感 | -1.09 | -0.20 | -4.03*** | 0.55 | 0.31 | 128.82*** |
| 学校满意度 | 1.50 | 0.26 | 5.23*** | — | — | — |
| 学校幸福感 | 0.44 | 0.17 | 2.60* | — | — | — |

注：*表示 $p < 0.05$，***表示 $p < 0.001$。

三、讨论与分析

从本次调查的结果来看，初中生的学校幸福感与学业负担态度的积极性均处于中等偏上的水平，以在校的积极情感为主，但认知的积极性水平较低。这和当前一些中小学注重校园的制度文化建设与积极开展学校心理健康教育活动密不可分。侯静敏认为，学校制度文化既包括影响学生行为方式的规范，又隐含着影响学生行为方式的价值观念。① 在正确的价值观念指引下，学生对幸福感的评价标准将出现多元化，从而有利于学生学校幸福感的提升。陈家麟等认为，在学校心理健康教育活动中，将团体咨询与个人咨询、家庭咨询相结合，将更加有利于促进和提升学生的幸福感水平。② 同时，我们还要注意从根本上帮助中学生树立积极认知和学习动机，促进消极情绪的宣泄和转化，从而真正实现由内而外的成长。从性别差异看，女生的学校满意度与学业负担态度的积极性显著高于男生，这可能因为女生的情感体验较为丰富，在语言方面占有优势，交际能力强、交际面广，感受到压力时能找到更多的倾诉对象。女生的叛逆性较弱，更倾向于服从家长和学校的安排，初中阶段女生的学业成绩更为出色，从而具有更积极的学业负担态度；男生的成就动机在成就竞争性上强于女生，成就期望与竞争意识更强。③ 从年级差异看，初一学生的学校满意度最高，学业负担态度最为积极，其次是初三、初二。薛颖娟等也发现，初中生的积极情绪存在随年级的升高而降低，而消极情绪随年级的升高而升高的趋势。④ 初一学生从小学进入中学具有新鲜感，对未来充满希望和憧憬，自身情感态度更加积极，加上所学的知识具有基础性，感受到的学业负担较轻。初三学生经过长期的积累，对学校的生活学习环境等较为适应，即将毕业，更加珍惜和怀念当前学校生活。初二学生在整个初中阶段最为关键，压力较大，容易出现学业倦怠，因此在学校幸福感与学业负担态度上得分最低。所以，初二学生需要老师与家长更多的关注。

相关与回归分析表明，初中生学校幸福感与学业负担态度呈显著正相关，且前者正向预测后者。这提示在校情感越积极、学校满意度越高，学校幸福感就越强，学业负担态度也就越积极。受当前考试制度、升学体制及社会竞争现状影响，学业负担的客观现状一时还难以改变，教师、家长包括学生自己比较重视学业，这就导致学生对学习及其学校生活的体验与对学业负担的主观感受及其自信心、成就感等紧密相连。马颖、刘电芝的研究发现，中学生的学习主观幸福感最

① 侯静敏. 论学校制度文化与学生幸福感的关系 [J]. 教育探索, 2012, 32 (8): 23 - 25.
② 陈家麟, 王兆轩. 幸福感研究对学校心理咨询的启示 [J]. 心理科学, 2008, 31 (2): 408 - 410.
③ 王银鹏. 中学生学业负担态度与学校幸福感的关系——社会支持的调节作用 [D]. 西安: 陕西师范大学, 2012.
④ 薛颖娟, 蒋林晏, 曹佃省. 初中学生学校幸福感及其影响因素的调查研究 [J]. 教育导刊, 2015, 33 (8): 30 - 33.

重要、最为直接的影响就是对学习的体验。① 因此，提升学生成就感，通过在教学活动中给予更多的鼓励和积极心理暗示，培养学生学习自信心与情感积极性就显得尤为重要。同时，在日常教学生活和学校建设中，在客观学业负担不变的情况下，我们还应该着力提升学生的学校幸福感，以缓解当代中学生的主观学业压力，使其拥有一个更加健康、积极的学校环境。从这个意义上说，本研究将对提升中学生学校生活质量、培养学校幸福感、缓解中学生学业负担心理压力，培养合理认知，提升学习动力提供参考。

---

① 马颖，刘电芝. 中学生学习主观幸福感及其影响因素的初步研究［J］. 心理发展与教育，2005，21（1）：74－79.

# 第二章　中学生自尊在自我宽恕与主观幸福感中的中介效应

随着积极心理学的兴起，宽恕和主观幸福感等心理学研究自 20 世纪末期开始日益受到学术界的重视。宽恕一般分为两个维度，一是对他人的宽恕即宽恕他人，二是对自己的宽恕即自我宽恕。自我宽恕是指当个体遇到引发消极情绪的错事时，能克服该消极情绪，真正地接纳自我并采取积极行动。Enright 认为，自我宽恕中的自我既可以是侵犯者，也可以是受害者。① 对宽恕的研究最早起源于西方，近年来国内也陆续出现了带有本土文化色彩的有关宽恕的实证研究。黎玉兰等的研究发现，容易宽恕自己的人倾向于外部归因，自尊较高；而不容易宽恕自己的人倾向于内部归因，自尊较低。② 梁媛等的研究发现，中学生的自我宽恕对其主观幸福感有显著的正向预测作用。③ 叶晓云的研究发现，高自尊组的生活满意度和积极情感均显著高于低自尊组，而消极情感显著低于低自尊组。④ 可见，自我宽恕、自尊与主观幸福感三个变量之间有着密切的关系。为了提升中学生的主观幸福感，使中学生的心理健康教育更有针对性，有必要厘清这些变量之间的关系及其各自的地位。

---

① Enright, R. D. Counseling within the forgiveness triad: On forgiving, receiving, forgiveness, and self - forgiveness [J]. Counseling and values, 1996, 40 (2): 107 – 126.

② 黎玉兰, 付进. 中学生自尊与宽恕倾向的关系: 归因的中介作用 [J]. 中国临床心理学杂志, 2013, 21 (1): 129 – 132.

③ 梁媛. 中学生自我宽恕、情绪与主观幸福感的研究 [D]. 哈尔滨: 哈尔滨工程大学, 2012: 33 – 35.

④ 叶晓云. 中学生主观幸福感及其与自尊的关系 [J]. 中国健康心理学杂志, 2009, 17 (5): 586 – 588.

## 一、对象与方法

### (一) 对象

从吉林省 3 所中学整群抽取 520 名中学生进行调查。共发放问卷 520 份，回收率为 100%，最后获得有效问卷 498 分，有效率为 95.77%。其中男生有 242 人，女生有 256 人；年龄在 12～16 岁，平均年龄 14±1 岁；初一有 180 人，初二有 166 人，初三有 152 人。

### (二) 方法

调查工具包括：①采用自行设计调查表调查中学生的一般情况，包括性别、年龄、年级等。②中学生宽恕状况采用范金燕 (2011) 编制的自我宽恕倾向量表。该量表包括四个维度，即认知倾向、情绪倾向、行为倾向、动机倾向，共计 23 道题目；采用 1～5 级评分，即完全不同意、比较不同意、不确定、比较同意、完全同意；得分越高说明被试的自我宽恕水平越低。本次调查的 Cronbach α 系数为 0.83，分半信度系数为 0.77。③中学生自尊状况采用 Rosenberg (1965) 编制的自尊量表。该量表由 10 个项目组成，分为 5 个正向计分题和 5 个反向计分题；采用 1～4 级评分，即非常符合、符合、不符合、很不符合。得分越高，自尊程度越高。本次调查的 Cronbach α 系数为 0.86，重测信度系数为 0.83。④中学生主观幸福感状况采用 Diener 等 (1985) 编制的主观幸福感量表。该量表包括生活满意度 (5 个题项)、积极情感 (6 个题项) 和消极情感 (8 个题项) 3 个分量表，共计 19 个题项；采用 1～7 级计分制，总分计算方法为生活满意度与积极情感两个分量表得分之和减去消极情感分量表的得分。本次调查中，各分量表的 Cronbach α 系数分别为 0.80、0.76、0.83。

### (三) 统计分析

采用 SPSS 16.0 软件对数据进行描述统计、相关分析与回归分析等。

## 二、结果

### (一) 中学生自我宽恕、自尊与主观幸福感的总体状况

中学生自我宽恕各维度及总分得分如下：认知倾向 16.79±4.30、情绪倾向 35.04±7.69、行为倾向 12.84±3.53、动机倾向 8.52±2.67、自我宽恕总分 73.18±14.72。根据该量表的说明，自我宽恕总分大于 81.5 为高分，表示自我宽恕水平较低；自我宽恕总分小于 59.6 为低分，表示自我宽恕水平较高；自我

宽恕总分介于 59.6 ~ 81.5 分，表示自我宽恕水平中等。从调查结果可以看出，中学生的自我宽恕处于中等水平。中学生自尊量表总分 29.80 ± 4.70。根据该量表的说明，量表总分在 10 ~ 40 分，其中，15 分以下为自尊水平很低，15 ~ 20 分为自尊水平较低，20 ~ 30 分为自尊水平正常，30 ~ 35 分为自尊水平较高，35 分以上为自尊水平很高。从本次调查结果来看，中学生的自尊处于正常水平。中学生主观幸福感各分量表及总分得分如下：生活满意度分量表 18.97 ± 5.84、积极情感分量表 25.89 ± 7.17、消极情感分量表 26.43 ± 6.13、主观幸福感总分 18.43 ± 12.85。从总分来看，得分较低，而其标准差比较高，这表明，中学生总体主观幸福感偏低，内部差异比较大。

（二）中学生自我宽恕、自尊与主观幸福感的相关分析

结果显示，中学生自我宽恕总分与自尊总分、积极情感、主观幸福感总分呈显著负相关（r = - 0.34， - 0.14， - 0.54，p < 0.01），与消极情感呈显著正相关（r = 0.90，p < 0.01）；自尊与生活满意度、积极情感、主观幸福感总分呈显著正相关（r = 0.29，0.40，0.49，p < 0.01），与消极情感显著负相关（r = - 0.28，p < 0.01）（见表 1 - 2 - 1）。根据自我宽恕量表的得分解释，得分越高，表明被试的自我宽恕水平越低；得分越低，表明被试的自我宽恕水平越高。所以，本结果可以理解为自我宽恕水平与自尊、主观幸福感均呈正相关，即自我宽恕水平越高，自尊水平也越高，主观幸福感越强。这也基本满足中介作用的前提条件，可以进行中介效应检验。

表 1 - 2 - 1　中学生自我宽恕、自尊与主观幸福感的相关分析表（r）

| 变量 | 自我宽恕总分 | 自尊总分 | 生活满意度 | 积极情感 | 消极情感 | 主观幸福感总分 |
|------|------|------|------|------|------|------|
| 自我宽恕总分 | 1 | — | — | — | — | — |
| 自尊总分 | - 0.34 ** | 1 | — | — | — | — |
| 生活满意度 | - 0.06 | 0.29 ** | 1 | — | — | — |
| 积极情感 | - 0.14 ** | 0.40 ** | 0.37 ** | 1 | — | — |
| 消极情感 | 0.90 ** | - 0.28 ** | - 0.06 | 0.08 | 1 | — |
| 主观幸福感总分 | - 0.54 ** | 0.49 ** | 0.69 ** | 0.76 ** | - 0.55 ** | 1 |

注：** 表示 p < 0.01。

（三）自尊在中学生自我宽恕与主观幸福感关系中的中介效应检验

根据温忠麟等的中介效应检验程序，[①] 对自尊在中学生自我宽恕与主观幸福

① 温忠麟，张雷，侯杰泰. 中介效应检验程序及其应用 ［M］. 心理学报，2004，36（5）：614 - 620.

感关系中的中介效应进行检验。结果显示，中学生自我宽恕对主观幸福感（Beta =
- 0.54，t = - 13.38，p < 0.01）、自尊（Beta = - 0.34，t = - 7.70，p < 0.01）
均有显著的预测作用。当自尊变量加入时，自我宽恕对主观幸福感的预测作用下
降，但仍然显著（Beta = - 0.42，t = - 10.58，p < 0.01），决定系数 $R^2$ 则由
0.2863 增加到 0.3927，$\Delta R^2$ 为 0.1064，即增加值能解释总变异的 10.64%；同时
自尊也显著预测主观幸福感（Beta = 0.35，t = 8.83，p < 0.01）（见表 1 - 2 - 2）。
因此，我们可以认为，自尊在中学生自我宽恕与主观幸福感的关系中存在部分中
介效应。

**表 1 - 2 - 2　自尊的中介效应依次检验表**

|  | 标准化回归方程 | 回归系数检验 |
|---|---|---|
| 第一步 | Y = - 0.54X | SE = 0.04，t = - 13.38** |
| 第二步 | M = - 0.34X | SE = 0.01，t = - 7.70** |
| 第三步 | Y = 0.35M | SE = 0.11，t = 8.83** |
|  | Y = - 0.42X | SE = 0.03，t = - 10.58** |

注：Y 表示主观幸福感总分，X 表示自我宽恕总分，M 表示自尊总分，SE 表示标准误；** 表示
p < 0.01。

（四）讨论与分析

本研究结果显示，自尊的部分中介作用得到验证，即自我宽恕对中学生主观
幸福感的影响可以是直接的，也可以通过改变自尊而间接实现。一方面，自我宽
恕水平高的个体往往内心平静、轻松和自由，表现出一些正面的积极情绪，如宽
大、关爱、共情、希望等。从这个意义上说，自我宽恕能减少痛苦、内疚与自责
感，降低个体受挫感，从而能使个体感受到更多的快乐与幸福。因此，自我宽恕
水平越高，主观幸福感越强。这在一些研究中得到印证。Heinze 和 Snyder 曾研究
过童年期遭受精神创伤的个体，发现宽恕自己与创伤后应激障碍呈显著的负相
关。[①] Thompson 等的研究表明，宽恕倾向能正向预测生活满意度，负向预测愤

① Heinze, L. & Snyder, C. R. Forgiveness components as mediators of hostility and PTSD in child abuse
[R]. Paper presented at the American Psychological Association, San Francisco, 2001.

怒、焦虑和抑郁等负面情绪。[①]

另一方面，本研究还发现，自我宽恕水平高的中学生自尊水平也高。因为自我宽恕能使中学生的情绪由自己而非他人决定和控制，增加中学生对自己情绪乃至生活的自控感，从而提高中学生的自尊水平。而自尊水平比较高的中学生能够正确地看待和接纳自己，可以自发地调节自己的人际关系，使之更加和谐融洽；他们在面临困难与挫折时，能获得更多的社会支持与社会资源，并采取恰当的应对方式来缓解焦虑与痛苦，从而能降低个体的抑郁水平，获得较高的主观幸福感。这一点也得到已有研究结果的支持。如陆丽青的研究表明，自尊水平较高的个体，焦虑水平较低，主观幸福感则更为强烈。[②] 因此，在心理健康教育实践中，若能通过提高中学生的自我宽恕水平，增强其自尊水平，就能改善生活质量，从而增加其主观幸福感的强度，这对于中学生日常生活、学习、工作等社会功能的各个方面都具有十分积极的意义。

① Thompson, L. Y., Snyder, C. R., Hoffman, L. et al. Dispositional forgiveness of self, others, wade, and situations [J]. Journal of Personality, 2010, 73 (2): 313 - 360.

② 陆丽青. 中学生宽恕的影响因素及其同心理健康的关系 [D]. 杭州：浙江师范大学, 2006: 60 - 62.

# 第三章　中学生体育锻炼与
## 心理资本关系

中学生是人生成长的重要阶段，是个体从童年向成人发展的过渡期，其生理、心理发生较大的变化，容易受到外界因素的影响。在近年的一些调查研究中，中学生的心理健康状况不容乐观，与全国常模或青年常模相比，大都低于全国或青年人的平均水平。[①] 已有研究表明，家庭因素如父母亲文化程度、教养方式、家庭结构、家庭环境等，学校教育如教师教育方式、学校管理、同伴影响等，以及社会环境等是影响中学生心理健康的重要因素之一。[②] 当然，要提高中学生的心理健康水平，除了家庭、学校、社会共同努力外，也离不开中学生自身的努力，需要发挥其主观能动性，因为前者毕竟是外因，后者才是内因。根据哲学原理，内因是事物发展变化的根本动力，外因根据内因而起作用。

随着积极心理学在国内外的蓬勃兴起，越来越多的心理学研究者开始关注个体自身的积极心理力量与美德。心理资本（Psychological Capital）就是个体在成长和发展过程中表现出来的一种积极的心理力量与资源，一般包括自我效能（面对各种挑战充满信心）、希望（对目标锲而不舍）、乐观（对失败与成功积极的归因）和韧性（能承受逆境压力，迅速复原并超越）四个方面。[③] 有关心理资本的研究最初主要集中在组织情境的企业员工当中，但近年有学者开始关注中学生群体的心理资本与心理健康关系问题。如方必基的研究发现，中学生的心理资本

---

① 韦冬萍，马迎教. 1848 名中学生心理健康状况的调查分析 [J]. 应用预防医学，2011，17（1）：36－38.

② 王东宇. 影响农村中学生心理健康的家庭环境因素 [J]. 中国学校卫生，2005，26（9）：773－774.

③ Luthans, F. & Avolio, B. J. The "point" of positive organizational behavior [J]. Journal of Organizational Behavior, 2009, 30（2）：291－307.

是可管理、可开发的，且对其心理健康状况具有显著的正向预测作用。① 王阳等在控制医生的性别与年龄变量后，进行多元逐步回归分析，发现心理资本对抑郁症状有直接的负向作用。② 国外研究还发现，高心理资本水平领导者的左、右侧前额皮质和杏仁核的活跃度显著强于低心理资本水平领导者。这表明，生理基础存在的差异可能导致心理资本水平的高低不同。我们知道，体育锻炼能在一定程度上改变中学生的生理基础，那是否也能带来其心理资本水平的差异呢？目前，中学生的体育锻炼运动量与心理资本水平的现状如何，两者到底是什么关系呢？

## 一、对象与方法

### （一）研究对象

从吉林省某高级中学整群抽取 380 名中学生进行调查。共发放问卷 380 份，收回问卷 380 份，回收率为 100%；经整理后，获得有效问卷为 368 份，有效回收率为 96.84%。其中，男生人数为 173 人（47.01%），女生人数为 195 人（52.99%）；年龄在 15 ~ 18 岁，平均年龄为 17 ± 1 岁；高一年级为 121 人（32.88%），高二年级为 123 人（33.42%），高三年级为 124 人（33.70%）。

### （二）方法

采用梁德清等修订的《体育活动等级量表》（PARS - 3）对中学生的体育锻炼情况进行调查。该量表包含三个条目，用以调查被试的体育锻炼量，主要对中学生前 1 个月参加体育锻炼的运动量进行评定，从强度、时间、频率三个方面来考察，每个方面各分为 5 个等级，强度与频率从 1~5 等级分别记 1~5 分，时间从 1~5 等级分别计 0~4 分。计算的公式为：运动量 = 强度×时间×频率，所以运动量最高分为 100 分，最低分为 0 分。运动量等级评定标准为：≤19 分为小运动量；20~42 分为中等运动量；≥43 分为大运动量。该量表同质性信度 α 系数为 0.76，重测信度为 0.82，适合对中学生体育锻炼量的等级进行评估。采用方必基编制的《青少年学生心理资本量表》（PCQAS）对中学生的心理资本现状进行调查。该量表共有 22 个项目，分为希望（10 个项目）、乐观（4 个项目）、自信（4 个项目）和韧性（4 个项目）四个维度或分量表。采用李克特自评式 5 点

① 方必基. 青少年学生心理资本结构、特点、相关因素及团体干预研究［D］. 福州：福建师范大学，2012.

② 王阳，隋国媛，王烈. 医生组织支持感及心理资本与抑郁症状关系［J］. 中国公共卫生，2012，28（5）：679 – 681.

量表法，从"完全不符合"到"完全符合"记为 1 分到 5 分。总量表同质性信度 α 系数为 0.91，分半信度系数为 0.88，各分量表同质性信度 α 系数在 0.72 ~ 0.91，分半信度系数在 0.71 ~ 0.88。在效标效度方面，以症状自评量表（SCL - 90）为效标，中学生心理资本各分量表及总量表与 SCL - 90 各分量表及总量表之间均呈显著负相关（p < 0.01），总量表相关系数是 - 0.46，各分量表及总量表之间相关系数均在 - 0.50 ~ - 0.26。该量表信度、效度均达到测量学标准。

（三）统计分析

采用 SPSS 16.0 统计软件对数据进行描述统计、方差分析、相关分析和回归分析。

**二、结果**

（一）中学生体育锻炼特点及差异比较

中学生体育锻炼的运动量平均得分为 26.75 ± 23.99。根据运动等级评定标准，小运动量为 216 人，占总人数的 58.70%；中等运动量为 75 人，占总人数的 20.38%，大运动量为 77 人，占总人数的 20.92%。方差分析的结果表明，运动量在性别、年级上的差异均具有统计学意义（p < 0.01，p < 0.05）。事后比较的结果显示，男生运动量显著高于女生；高一显著高于高二，高二显著高于高三（见表 1 - 3 - 1）。

表 1 - 3 - 1　中学生体育锻炼运动量的性别、年级差异比较（M ± SD & F）

| 性别 | 男生（n = 173） | | 女生（n = 195） | F | Sig. | 事后比较 |
|---|---|---|---|---|---|---|
| | 33.39 ± 26.63 | | 20.85 ± 20.23 | 26.81 | 0.000 | 男 > 女 |
| 年级 | 高一（n = 121） | 高二（n = 123） | 高三（n = 124） | | | |
| | 30.01 ± 26.45 | 27.84 ± 24.93 | 22.48 ± 19.72 | 3.242 | 0.040 | 高一 > 高二 > 高三 |

（二）中学生心理资本特点及差异比较

中学生在心理资本总分上的平均得分为 86.515 ± 7.72，在希望、乐观、自信、韧性各维度上的平均得分分别为 42.07 ± 4.53、15.35 ± 2.53、14.65 ± 2.42、14.44 ± 2.62。方差分析的结果表明，中学生心理资本的性别差异除了在乐观、韧性维度上具有统计学意义外（p < 0.05），在其他维度和总分上差异均不显著

（p＞0.05）；年级差异除希望维度外，在乐观、自信、韧性及总分上均有统计学意义（p＜0.05，p＜0.01）（见表1－3－2）。进一步的比较发现，各年级的心理资本水平从低到高大致是：高二、高三、高一。

表1－3－2　中学生心理资本年级差异比较（M±SD & F）

| 变量 | 高一（n＝121） | 高二（n＝123） | 高三（n＝124） | F | Sig. |
|---|---|---|---|---|---|
| 希望 | 42.55±4.06 | 41.69±5.06 | 41.98±4.41 | 1.15 | 0.319 |
| 乐观 | 14.88±2.89 | 15.96±2.21 | 15.20±2.35 | 5.98 | 0.003 |
| 自信 | 14.35±2.60 | 15.19±2.15 | 14.42±2.42 | 4.58 | 0.011 |
| 韧性 | 13.83±2.82 | 15.07±2.47 | 14.42±2.42 | 7.07 | 0.001 |
| 总分 | 85.62±7.64 | 87.90±7.44 | 86.02±7.93 | 3.10 | 0.046 |

（三）中学生体育锻炼与心理资本关系

以中学生体育锻炼的运动量等级为自变量，分别以心理资本各维度及总分为因变量作单因素方差分析，结果表明，除希望维度外，不同运动量的中学生在乐观、自信、韧性及心理资本总分上的差异具有统计学意义（p＜0.05，p＜0.01）（见表1－3－3）。进一步比较显示，大运动量＞中等运动量＞小运动量，表现为运动量越大，心理资本水平越高。

表1－3－3　不同运动量的中学生在心理资本各维度及总分上的差异比较（M±SD & F）

| 变量 | 小运动量（n＝216） | 中等运动量（n＝75） | 大运动量（n＝77） | F | Sig. |
|---|---|---|---|---|---|
| 希望 | 41.64±4.21 | 42.47±4.28 | 42.88±5.47 | 2.51 | 0.083 |
| 乐观 | 15.07±2.65 | 15.52±2.30 | 15.96±2.29 | 3.75 | 0.024 |
| 自信 | 14.26±2.55 | 15.17±2.16 | 15.25±2.06 | 7.085 | 0.001 |
| 韧性 | 13.86±2.68 | 14.85±2.10 | 15.66±2.42 | 15.805 | 0.000 |
| 总分 | 84.84±7.34 | 88.01±7.24 | 89.75±7.98 | 14.215 | 0.000 |

皮尔逊相关分析表明，除了乐观维度之外，中学生体育锻炼的运动量与心理资本其他各维度及总分之间均呈显著正相关（r＝0.24～0.35，p＜0.01）（见表1－3－4）。

表1-3-4 运动量与心理资本各维度及总分的相关分析（r）

|  | 希望 | 乐观 | 自信 | 韧性 | 总分 |
|---|---|---|---|---|---|
| 运动量 | 0.24（0.008） | 0.08（0.110） | 0.27（0.004） | 0.35（0.000） | 0.32（0.000） |

注：括号内为显著性水平（Sig.）。

为了进一步考察中学生体育锻炼与心理资本的关系，我们以运动量为自变量，分别以心理资本各维度及总分作一元线性回归分析。结果表明，除了希望维度、乐观维度外，运动量能正向预测自信、韧性维度与心理资本总分（$p < 0.01$）。

### 三、讨论

从本次调查的结果来看，中学生体育锻炼的状况不是十分理想，小运动量占了一大半，接近60%，中等运动量和大运动量各占1/5左右。这其中可能有客观原因，也有主观原因。从客观上看，被试全部来自东北，这里冬季室外寒冷且漫长，在一定程度上限制了中学生在户外参加体育锻炼，而在一些学校，室内运动场地又比较缺乏。从主观上看，可能和目前的应试教育和高考政策有关。应当承认，在我国虽然素质教育提了很多年，但目前在很多学校里应试教育还是占有主导地位。于是，在应试教育和高考指挥棒下，学校管理者、教师也包括家长对中学生的文化课学习与成绩比较重视，而使体育课成绩、体育锻炼甚至是心理健康没有受到足够的重视。而现行的高考政策又规定，高中生的体育成绩不记入档案，也不和高考挂钩，所以中学生"重文轻体"的现象还是比较严重的。至于中学生体育锻炼运动量的性别差异，主要是因为在生理体质方面，男生要强于女生，致使男生有能力来完成一些大运动量的体育活动，能更长时间地参与体育运动；男生在天性上比女生更好动，更容易在体育运动方面比女生产生浓厚的兴趣。另外，随着年级的提升、高考的临近，中学生感受的高考压力越来越大，能用于体育锻炼的时间也越来越少，从而导致运动量的年级差异。

本书结果还表明，不同运动量的中学生心理资本水平存在显著的差异，其中拥有大运动量的学生心理资本状况显著高于中、小运动量的学生，且运动量与心理资本之间呈现一定程度的正相关，还能正向预测心理资本水平。这与以往的研究具有一致性。甄志平做了体育与健康教育对中学生心理健康干预的实验研究，结果显示，体育锻炼能改善中学生的心理健康状况，经常参加体育锻炼的中学生保持了较好的身心状态，自尊、自信、意志、社会适应能力、精神振作感等心理品质都具有较高的水平。① 究其原因，中学生在进行体育锻炼时，往往能获得一种积极的情绪体验，这有利于增强其自我正性的心理品质，对缓解学习压力也有良好的作用。在参加体育锻炼的过程中，有时需要与他人合作、沟通与交流，这有助于中学生感恩意识的培养；长时间、高频率的体育运动，能磨炼中学生坚强的意志品质，培养持之以恒的信念，能提高其韧性水平；② 通过体育锻炼还能掌握一定的身体活动技能，改善自我能力的评估，从而增强自信心。可见，体育锻炼对心理资本各方面都有促进作用，运动量大的中学生自然拥有更高的心理资本水平。所以，学校、家庭与社会应创造各种条件，培养中学生主动参与体育锻炼的意识，倡导中学生在学习之余进行体育锻炼，这除了增强他们健康体魄之外，也是增进其心理健康的有效途径之一。

① 甄志平. 体育与健康教育对中学生心理健康干预的实验研究 ［D］. 北京：北京体育大学，2004.
② 李林英，肖雯. 大学生心理资本的调查研究 ［J］. 北京理工大学学报（社会科学版），2011，13（1）：148－152.

# 第四章　中学生人际关系行为困扰的调查研究

人际关系是人们在相互交往中，心理上相互联系、相互影响、相互制约的关系，它体现了人与人之间的心理距离。能否形成良好的人际关系，对中学生的身心健康与个人发展有着重要的影响。如果人际关系失调，中学生会产生不愉快的情绪体验，具有挫折感、心情抑郁、沮丧，甚至会导致心理疾病和生理疾患。

近年来，国内学者对中学生的人际关系展开了一系列的研究，有对中学生人际交往中人际认知、交往动机、交往需要等层面的研究，也有对中学生人际关系取向与自我概念的相关研究；有理论探索型的研究，也有调查实证型的研究。但直接研究中学生人际关系行为困扰问题的还不太多，而在中学生心理咨询的实践中，人际关系行为困扰问题一直居高不下。实际上，人际关系问题已经成为困扰当今中学生的主要心理问题之一。所以，加大对中学生人际关系行为困扰问题的调查与研究，一方面可以弥补这方面研究的不足，另一方面也可以给有关部门进行中学生心理咨询与开展心理健康教育提供参考，具有一定的借鉴意义。

## 一、对象与方法

### （一）对象

随机整群抽取 720 名在校中学生为调查对象，收回有效问卷 700 份。其中，男生有 242 人，女生有 458 人；年龄为 15～20 岁，平均 16.83±1.20 岁；高一年级有 249 人，高二年级有 273 人，高三年级有 188 人。

（二）工具

采用《人际关系心理诊断量表》。① 该量表主要测量人际关系行为困扰的程度，共 28 道题，分为与人交谈、交际交往、待人接物与异性交往四个维度，每个维度 7 道题。被试根据自己的实际情况，认为符合的题记 1 分，不符合的题记 0 分。总分和各维度得分越高，则说明行为困扰程度越深；得分越低，则说明行为困扰程度越少。

（三）程序

以班级为单位进行集体测试，施测时间大约 20 分钟。由主试阅读问卷指导语后，学生进行不记名填答，完成后当场收回问卷。最后，采用 SPSS 19.0 for Windows 统计软件包对问卷进行数据的录入、分析。

## 二、结果

（一）中学生人际关系行为困扰的整体情况

根据《人际关系心理诊断量表》对测查结果的解释：总分在 0～8 分（各维度在 0～2 分），说明与人相处困扰较少；总分在 9～14 分（各维度在 3～5 分），说明与人相处存在一定程度的困扰；总分在 15～28 分（各维度在 6～7 分），说明与人相处的行为困扰较严重。本次调查统计的结果，中学生人际关系综合诊断的平均分为 8.6 分，这高出郑雅之等对大、中专学生调查结果的 1.4 分。② 人际关系困扰程度的总体状况及在四个维度的状况如表 1－4－1 所示。

表 1－4－1　中学生人际关系行为困扰的总体状况（单位:%）

| 困扰程度 | 与人交谈 | 交际交友 | 待人接物 | 异性交往 | 总体状况 |
|---|---|---|---|---|---|
| 较少 | 58.00 | 42.71 | 80.85 | 68.43 | 55.29 |
| 一般 | 33.17 | 49.29 | 18.30 | 30.00 | 35.43 |
| 较严重 | 8.83 | 8.00 | 0.85 | 1.57 | 9.28 |

注：n = 700。

表 1－4－1 显示，从总体得分来看，有 35.43% 的中学生与他人相处存在一般程度的行为困扰，有 9.28% 的中学生存在较为严重的行为困扰。从各个维度来

① 郑日昌. 中学生心理诊断 ［M］. 山东：山东教育出版社，1996：339－341.
② 郑雅之等. 大、中专学生人际关系行为困扰的比较研究 ［J］. 卫生职业教育，2005，23（23）：31－32.

看，在待人接物与跟异性交往方面，中学生与人相处的困扰较少，而在与人交谈、交际交友方面，中学生与人相处的困扰相对较多。这说明中学生人际关系行为困扰在上述四个维度上的倾向有所不同。

（二）男女中学生人际关系行为困扰程度的差异

表1－4－2显示，男女中学生人际关系行为困扰在总分上存在显著差异（t＝2.54，p＜0.05），男生的总分高于女生。就各维度而言，在与人交谈与待人接物维度上存在显著差异（t＝3.10，p＜0.01；t＝3.23，p＜0.01），其中，男生在这两个维度上的得分均高于女生；在交际交友与异性交往维度上无显著差异（t＝－0.32，p＞0.05；t＝1.76，p＞0.05）。这一结果表明，从总体上看，男中学生比女中学生的行为困扰程度要高，特别表现在与人交谈与待人接物方面。

表1－4－2　不同性别中学生人际关系困扰程度比较（M±SD）

| 维度 | 男（$n_1$＝242） | 女（$n_2$＝458） | t |
|---|---|---|---|
| 与人交谈 | 2.62±1.60 | 2.17±1.54 | 3.10** |
| 交际交友 | 2.89±1.73 | 2.94±1.65 | －0.32 |
| 待人接物 | 1.91±1.33 | 1.53±1.19 | 3.23** |
| 异性交往 | 2.01±1.54 | 1.75±1.52 | 1.76 |
| 量表总分 | 9.41±4.29 | 8.39±4.24 | 2.54* |

注：*表示p＜0.05，**表示p＜0.01。

（三）不同年级的中学生行为困扰程度的差异

表1－4－3显示，不同年级的中学生人际关系行为困扰在待人接物的维度及总分上存在显著差异（F＝4.92，p＜0.01；F＝3.44，p＜0.05）。从总体上来看，各年级中学生人际关系困扰程度从低到高的顺序是：高一、高二、高三。

表1－4－3　不同年级的中学生人际关系困扰程度比较（M±SD）

| 维度 | 高一（$N_1$＝249） | 高二（$N_2$＝273） | 高三（$N_3$＝188） | F |
|---|---|---|---|---|
| 与人交谈 | 1.86±1.62 | 2.28±1.54 | 2.32±1.57 | 2.13 |
| 交际交友 | 3.00±1.41 | 2.71±1.55 | 3.00±1.71 | 2.08 |
| 待人接物 | 1.08±1.10 | 1.64±1.31 | 1.68±1.21 | 4.92** |
| 异性交往 | 1.64±1.12 | 1.56±1.40 | 1.88±1.57 | 1.63 |
| 量表总分 | 7.52±3.51 | 8.21±4.02 | 8.89±4.34 | 3.44* |

注：*表示p＜0.05，**表示p＜0.01。

### 三、讨论

**（一）不同性别中学生人际关系行为困扰程度的差异分析**

研究结果显示，男女中学生在量表总分及与人交谈、待人接物维度上表现出了显著性差异。从平均得分来看，男中学生比女中学生的行为困扰程度要高，尤其表现在与人交谈和待人接物方面。一般学者认为，男女在一般智力上不存在性别差异，但在特殊能力上不同程度地存在性别差异，如在语言能力等方面女性略占优势。[①] 女孩一般具有语言的天赋，在语言的流利性、流畅性等方面优于男孩，这可能使她们在与人交谈时具有较低的困扰程度。另外，男女中学生人际关系行为困扰程度的差异还可能和当前一些中学男女学生比例失衡有关。这就从客观上造成了男生的交际面较女生狭窄，因为一般来说，男生与男生之间、女生与女生之间交往更多一些。交际面狭窄这一客观因素也有可能导致男生人际关系困扰程度高于女生。中学男女生比例失调带来的一系列负面影响，希望引起有关部门的注意。

**（二）不同年级的中学生人际关系行为困扰程度的差异分析**

本研究发现，高三的学生困扰程度最深，高一的学生困扰程度最低，高二居中间。这与以往的研究基本一致。许传新在实证调查的基础上，对中学生宿舍的人际关系质量做出了评估。他发现，中学生人际关系质量随着年级的变化呈现出U型变化趋势，高二的学生宿舍人际关系质量最低，而高三的时候有所回升。[②]高一的学生年纪较小，从家乡来到一个陌生的环境里，很容易产生孤独感与焦虑感，有着强烈的与人交往及沟通的情感需求；另外，高一学生与交往对象之间相处的时间还不太长，交往不深，对彼此的缺点和不足还没有深入地了解，彼此之间的利益竞争和冲突还不是很多。因此，高一学生人际关系行为困扰不太深。随着时间的推移，中学生交往对象越来越广泛，彼此之间交往更深，关系更为复杂，到高三的时候，人际关系困扰表现最深。高三是中学三年中最关键的一个年级，因为这个阶段中学生要面临着自己的人生抉择，即将毕业，高三学生感觉分手在即，心中会涌起一些惆怅和忧伤，从而导致人际关系困扰程度稍高。从这个结果来看，高三学生应是心理咨询与心理健康教育的重点对象。

---

① 鲁洁，吴康宁. 教育社会学 ［M］. 北京：人民教育出版社，1990：524 – 525.
② 许传新. 中学生宿舍人际关系质量研究 ［J］. 当代青年研究，2005，15（4）：7 – 9.

# 第五章 中学生社会支持与焦虑、抑郁关系

中学生这一特殊群体的心理健康问题日益受到社会的关注。研究表明，有10%~30%的中学生出现了各种心理问题。焦虑与抑郁作为负性情绪状态，是影响中学生心理健康的主要问题之一。社会支持作为个体从他人或社会关系网络中获得的一般或特定的支柱性资源，[①②] 也影响着中学生的身心健康与行为模式。那么，当前中学生的社会支持状况与焦虑、抑郁程度如何，它们之间又是什么关系呢？

## 一、对象与方法

### （一）对象

从吉林某中学随机整群抽取 1300 名中学生进行调查，获得有效样本 1250 份，有效回收率 96.15%。其中，男生有 540 人，占 43.20%，女生有 710 人，占 56.80%；年龄 14~19 岁，平均年龄为 16.74±1.20 岁；文科学生有 738 人，占 59.04%，理科学生有 512 人，占 40.96%；来自农村的有 469 人，占 37.52%，来自城市的有 781 人，占 62.48%。

### （二）方法

采用自行设计调查表调查中学生一般情况，包括性别、年龄、专业、地区、有无恋爱对象等。采用社会支持评定量表（SSRS），调查中学生社会支持状况。量表包括客观支持、主观支持和对支持的利用度三个维度。其中，客观支持指中学生所得到的客观的、可见的或实际的支持，包括物质上的直接援助，社会关系

---

① 王雁飞. 社会支持与身心健康关系研究综述 [J]. 心理科学, 2004, 27 (5): 1175–1177.

② 时勘, 范红霞, 贾建民, 等. 我国民众对 SARS 信息的风险认知及心理行为 [J]. 心理学报, 2003, 35 (4): 546–554.

的存在与参与等；主观支持指中学生主观体验到的情感上支持，包括在社会上受尊重、被支持、被理解的情感体验和满意程度；对支持的利用度指中学生对支持的利用情况。量表共 10 个条目，分数越高，表明社会支持状况越好。采用焦虑自评量表（SAS）与自评抑郁量表（SDS），调查中学生焦虑、抑郁程度。焦虑自评量表含有 20 个项目，分为 4 级评分，主要评定项目为所定义的症状出现的频度。焦虑总分由 20 个项目的各个得分相加，再乘以 1.25 以后取整数部分；总分越高，表明焦虑程度越重。自评抑郁量表包括 20 个条目，亦分为 4 级评分，主要评定最近一段时间出现抑郁症状的时间频度。抑郁严重度指数 = 各条目累计分 ÷ 80，指数范围为 0.25 ~ 1.0。根据 Zung 氏标准，指数在 0.5 分以下者为无抑郁；0.50 ~ 0.59 分为轻微至轻度抑郁；0.60 ~ 0.69 分为中至重度抑郁；0.70 分以上为重度抑郁。

（三）统计分析

采用 SPSS 11.0 软件，进行 t 检验、Pearson 相关分析及回归分析。

## 二、结果

（一）中学生社会支持与焦虑、抑郁总体情况

中学生社会支持各维度均分、支持总分显著低于国内常模，差异有统计学意义（p < 0.001）；中学生焦虑总分显著高于国内常模，差异有统计学意义（p < 0.001）。中学生抑郁严重度指数为 0.45 ± 0.09。根据 Zung 氏标准，中学生的总体抑郁水平处于无抑郁程度（见表 1-5-1）。

表 1-5-1 社会支持各维度均分、支持总分及焦虑总分与国内常模①比较 （M ± SD）

| 变量 | 中学生 （n = 1250） | 国内常模 | t |
| --- | --- | --- | --- |
| 主观支持 | 18.25 ± 4.00 | 23.81 ± 4.75 | -49.14*** |
| 客观支持 | 9.42 ± 1.92 | 12.68 ± 3.47 | -60.06*** |
| 对支持的利用度 | 8.01 ± 1.67 | 9.38 ± 2.40 | -29.00*** |
| 支持总分 | 35.68 ± 5.70 | 44.38 ± 8.38 | -53.96*** |
| 焦虑总分 | 40.13 ± 7.86 | 29.78 ± 0.46 | 46.56*** |
| 抑郁严重度指数 | 0.45 ± 0.09 | — | — |

注：*** 表示 p < 0.001。

① 时勘，范红霞，贾建民，等. 我国民众对 SARS 信息的风险认知及心理行为 [J]. 心理学报，2003，35（4）：546 - 554.

（二）不同性别、地区中学生社会支持与焦虑、抑郁比较

t检验显示，男女中学生只在对支持的利用度上的差异有统计学意义（p＜0.01），男性中学生社会支持利用度显著低于女性中学生；男女中学生在主观支持、客观支持、支持总分及焦虑总分、抑郁严重度指数上差异无统计学意义（p＞0.05）。文理科中学生只在焦虑总分上差异有统计学意义（p＜0.05），文科中学生焦虑总分显著高于理科学生；文理科中学生在社会支持各维度、支持总分及抑郁严重度指数上差异无统计学意义（p＞0.05）。来自农村与来自城市的中学生各项指标差异均无统计学意义（p＞0.05）。

（三）社会支持各维度与中学生焦虑、抑郁的相关分析

中学生社会支持的三个维度及支持总分与焦虑总分、抑郁严重度指数均呈显著负相关（r＝－0.29～－0.11，p＜0.001）（见表1－5－2）。

表1－5－2　社会支持各维度与焦虑总分、抑郁严重度指数相关系数表（n＝1250）

| 指标 | 主观支持 | 客观支持 | 对支持的利用度 | 支持总分 |
|---|---|---|---|---|
| 焦虑总分 | －0.11*** | －0.14*** | －0.15*** | －0.17*** |
| 抑郁严重度指数 | －0.22*** | －0.21*** | －0.22*** | －0.29*** |

注：***表示p＜0.001。

（四）社会支持与中学生焦虑、抑郁的多元逐步回归分析

以中学生社会支持的三个维度为自变量，分别以焦虑、抑郁为因变量，采用逐步回归法进行回归分析（见表1－5－3）。客观支持与对支持的利用度在焦虑为因变量的逐步回归分析中进入回归方程，对焦虑程度具有显著预测作用；主观支持、客观支持与对支持的利用度在抑郁为因变量的逐步回归分析中进入回归方程，对抑郁程度具有显著预测作用。

表1－5－3　社会支持与抑郁的多元逐步回归分析（n＝1250）

| 变量 | B | SE | β | t |
|---|---|---|---|---|
| 主观支持 | －3.06E－03 | 0.001 | －0.13 | －4.49*** |
| 客观支持 | －5.86E－03 | 0.001 | －0.12 | －4.16*** |
| 对支持的利用度 | －9.20E－03 | 0.002 | －0.17 | －6.02*** |

注：***表示p＜0.001。

### 三、讨论

研究结果显示，中学生社会支持状况低于全国正常人平均水平，而焦虑程度则高于平均水平。这可能与当前中学生就业形势越来越严峻有关。就业竞争强、压力大使一些中学生对前途感到渺茫，看不到希望，较少获得积极的情感体验和满意程度，容易产生焦虑、抑郁等负性情绪状态。另外，中学生的自尊心比较强，在遇到烦恼或急难情况时，他（她）们可能不愿意主动寻求别人的帮助。中学生焦虑程度虽高于全国平均水平，但并没有严重到能够被称之为焦虑症（焦虑总分为 $58.7 \pm 13.5$）的程度；从总体来看，中学生的抑郁水平处于无抑郁程度。这符合焦虑与抑郁之间的逻辑关系。根据精神病学原理，抑郁症比焦虑症的等级要高，也就是说，焦虑的人不一定抑郁，但抑郁的人一定会焦虑。

从本研究中中学生的社会支持状况与焦虑、抑郁程度的相关关系来看，中学生获得的社会支持及对支持的利用越少，其焦虑、抑郁程度越重；反之亦然。回归分析表明，社会支持对焦虑、抑郁具有显著预测作用。这与阳德华、张连云的研究结果一致。[1][2] 焦虑与抑郁作为不愉快的情绪体验，与个体的心理健康状况密切相关。社会支持既然能够预测焦虑与抑郁，也就自然能够预测个体的心理健康。李慧民认为，社会支持对学生心理健康和人格发展有着极其重要的作用，社会支持不良有碍于学生健康心理与人格的形成和发展以及积极的情绪情感体验的保持。[3] 因此，在高校的心理健康教育中，若要降低焦虑、抑郁给中学生心理健康带来的负面影响，就要注意培养中学生的社会交往与适应能力；帮助他们建立有效的社会支持网络，改善其对社会支持的主观感受，并学会充分利用社会支持。这将有助于中学生身心的健康发展，从而为他们今后的成长与成才打下良好的基础。

① 阳德华. 大学生抑郁、焦虑的影响因素调查 ［J］. 中国心理卫生杂志，2004，18（5）：352 - 355.

② 张连云. 大学生抑郁产生的相关因素研究 ［J］. 贵州师范大学学报（自然科学版），2006，24（3）：46 - 49.

③ 李慧民. 社会支持与大学生心理健康及人格特征的关系 ［J］. 中国学校卫生，2004，25（3）：263 - 264.

# 第六章 中学生自我概念与社会规则认知的发展及其关系

## 一、问题提出

自我概念是由美国心理学家詹姆斯（James）首次提出的。自我概念有广义与狭义之分，其中，广义的自我概念是指人们关于自己的外表、特长、能力和社会接受性等方面的态度、情感和知识的自我觉知，而狭义的自我概念范畴则较小，它大致相当于广义自我概念中"知"的层面。本研究与大多数研究一样，关注的是狭义的自我概念。作为个体对自己的反身性认识，自我概念在中学生心理发展过程中扮演着极其重要的角色，如增加成功的机会、发展良好的人际关系、促进心理健康等。关于自我概念的结构有单维模式与多维模式之分。早期的研究一般把自我概念看成是单维模式，着重于其整体构念。国内对自我概念结构的研究起步较晚，大概始于 20 世纪 90 年代。可能受到国外流行的自我概念观的影响，国内大多数学者如黄希庭、赵必华等[1][2]都赞成自我概念的多维结构模式。

中学阶段是个体自我概念形成的重要时期，他们的自我概念发展应该受到更多的关注。中学生一般以形象思维占主导地位，他们的自我概念往往是比较具体形象的。该阶段的中学生经常描述的是自己一些可以观察到的外部特征，比如自己的长相、衣着、日常行为表现等。有研究者认为，影响中学生自我概念发展的

---

[1] 黄希庭，陈传锋，余华. 老年人自我概念与心理健康的相关研究 [J]. 中国临床心理学杂志，1998，6（4）：222 – 225.

[2] 赵必华，顾海根. 多维自我概念量表的测量等价性研究 [J]. 心理学探新，2008，28（4）：90 – 94.

因素包括环境因素、生物因素以及人际关系等。① 其中，环境因素包括家庭环境、学校环境以及社会大环境，生物因素包括中学生的外貌、智力与身体等，人际关系包括同伴与重要他人，如父母或教师等。总的来说，以往研究或者只局限于研究自我概念单一变量，或者把自我概念作为因变量，研究其他因素对它的影响。自变量与因变量往往是相对的，自我概念作为中学生对自身的认知，也有可能会影响中学生其他的心理特征，因而也有必要作为自变量进行考察。

中学生身心的健康成长离不开对社会规则的正确认知。社会规则也称为社会规范，是指调整某一社会群体中人与人之间关系的行为准则。社会规则认知属于中学生社会认知的重要方面，即对社会规则的认识与理解，并将其内化于心、外化于行，从而建构主体内部的社会行为调节机制。中学生要想成为未来合格的社会成员，就必须在社会化过程中不断习得各种各样的社会规则，使自己更好地融入各种社会群体之中，而习得社会规则的前提就是对其要有正确的认识与理解。中学生对社会规则的认知对于中学生与他人或团体发展合作精神、建构良好的人际间互动模式以及形成与发展自己的道德体系等都具有重要的作用。一般来说，中学生社会规则认知主要包括道德规则认知与习俗规则认知两个方面。道德规则认知是指中学生对基于他人福祉、公平与权利的社会规则的认知。如中学生应该知道，不能朝别的学生泼水、不许偷窃他人东西等，这都属于对道德规则认知的范畴。习俗规则认知是指中学生对被一个社会或文化群体所接受的习俗规范的认知，包括穿着打扮风格、就餐习俗、社交礼节以及一些组织内部的群体规范等。如中学生应该知道，男孩子不留长头发、饭前便后要洗手、对成年人不要直呼其名、上课不要讲话等，这都属于习俗规则认知的范畴。

国内学者张卫等较早地开展对中学生社会规则认知的研究。② 他们发现，6～14 岁的学生随着年龄的增长，社会规则认知能力逐渐提高，逐渐认识到社会习俗规则具有文化背景，不同地区的习俗规范不完全相同。以往有的研究年龄跨度比较大，导致对具体每个年龄段不能做精细的分析；有的没有考虑到中学生社会认知发展的关键期；中学生社会规则认知到底受哪些因素的影响还不是十分清楚；不同的研究结果之间还存在一定的差异。对于研究结果的不一致，这可能是

① Marsh, H. W. Causal ordering of academic self - concept and academic achievement: A multiwave, longitudinal panel analysis [J]. Journal of Educational Psychology, 2000, 82 (4): 646 -656.

② 张卫，徐涛，王穗萍. 我国 6～14 岁学生对道德规则与社会习俗的区分与认知 [J]. 心理发展与教育，1998，14 (1): 21 -25.

因为个体的社会认知能力会受到社会、文化、教育等因素的影响，导致生活在不同国家、城市或农村的中学生其社会认知的发展有差异。所以，关于中学生社会规则的认知还期待更多的研究，只有从这些差异中揭示出共性，才能找到中学生社会规则认知的一般规律。另外，以往研究在研究方法、研究工具上还存在一定的局限性，如有的研究在测验材料的设计上没有考虑到被试的性别因素。中学生已经有了性别意识，面对相同的含有男女主人公的图片测试材料，不同的性别可能对测试结果造成一定的影响。所以，对中学生的社会规则认知进行研究，还需要编制符合其心理发展特点且信效度比较高的量表。

本研究的目的在于，考察中学生自我概念与社会规则认知发展的特点，并拟以自我概念为自变量，以社会规则认知为因变量，进一步考察两者之间的因果关系；同时，拟分别以中学生的自我概念与社会规则认知为例，考察中学生对内社会认知与对外社会认知的关系。本研究的假设是：中学生的自我概念与社会规则认知随着年龄的发展而不断上升，并且表现出性别差异；中学生自我概念可以正向预测社会规则认知；中学生对内的社会认知可以向对外的社会认知加以延伸。

### 二、研究方法

（一）被试

从长春市某中学随机抽取被试 100 人，剔除中途退出或回答不完全被试 9 人，最后获得有效样本 91 人。其中，初一有 32 人（男生有 17 人，女生有 15 人），初二有 30 人（男生有 16 人，女生有 14 人），初三有 29 人（男生有 14 人，女生有 15 人）；全体被试的平均年龄为 14.32 ± 0.76 周岁。所有被试均为汉族，家庭收入水平为中等。

（二）测量工具

1. 自我概念量表

采用朱家雄等修订的中文版自我概念量表调查中学生自我概念的发展状况。该量表最初来源于哈特和派克（Harter & Pike）编制的《个体能力和社会接纳觉知图片量表》（PSPCSA）。为使英文版量表更加符合中国的文化背景与我国学生的实际认知水平，国内学者朱家雄和陆建身对量表进行了修订。此量表具有较好的信度与效度，国内学者在对学生自我概念进行测查时，大多选用该量表。该量表包括四个维度，即认知能力、同伴接纳、身体能力与母亲接纳，每个维度各含有 6 个题项，整个量表一共 24 个题项。其中，认知能力维度主要考察中学生对认知能力的认识与评价；同伴接纳维度主要考察中学生对自己被同伴所接受、接纳程度的认识与评价；身体能力维度主要考察中学生对自己攀爬、跳绳、跳远、跑步等身体运动能力的认识与评价；母亲接纳维度主要考察中学生对自己被母亲所接受、接纳程度的认识与评价。量表采取李克特（Likert）五点量表设计，从"完全不符合"到"完全符合"分别计 1～5 分。本次测量的克隆巴赫信度系数为 0.792，四个分量表克隆巴赫信度系数分别为 0.695、0.743、0.728 和 0.756。另外，本研究还请每位中学生的母亲填写了一份与中学生调查表内容相同的量表。经统计，中学生自我报告与母亲报告之间虽然有一定的差距，但存在中等程度的正相关，总量表的皮尔逊相关系数为 0.652（p < 0.01），四个分量表的相关系数分别为 0.618、0.529、0.587 和 0.636（p < 0.01）。这可以作为本量表具有较好效度的证据。

2. 社会规则认知图片量表

采用自编的社会规则认知图片量表调查中学生社会规则认知状况。根据中学生日常生活中经常会发生的社会规则事件，我们分别选取了道德规则与习俗规则各三种情境进行调查，运用图片＋解说的方式加以呈现。考虑到中学生已经有了性别意识，量表题目所对应的图片分为男生版与女生版，男生做男生版，女生做女生版。两版图片中除了主人公的性别不同之外，其余均保持一样（计分方式参见测验程序部分）。经统计，本次测试中，社会规则认知图片总量表的克隆巴赫信度系数为 0.803，道德规则、习俗规则分量表的克隆巴赫信度系数分别为 0.786、0.795。两周后，随机选择其中的 30 名学生再测，获得的重测信度分别为 0.836、0.815、0.828。采用结构效度即根据维度之间的相关及其与总分的相关来评估该量表的效度。道德规则、习俗规则两分量表之间的相关系数为 0.628（p < 0.01），两分量表与总分之间的相关系数分别为 0.836、0.749（p < 0.01）。

（三）测量程序

施测工作中主试由研究者与 9 名研究助手共同担任。研究助手均为发展与教育心理学专业硕士研究生，熟悉学前教育心理学理论并具有相关研究的实践经验。为保证对所有的被试均实施标准化的测验程序，也便于研究助手更好地熟悉研究内容、测验程序与注意事项等，正式施测前所有的研究助手均接受了较为规范的培训。

一半被试先进行自我概念测量，后进行社会规则认知测量，另一半被试的顺序则相反。整个施测过程大约为 40 分钟。在两次测量的中间会有 5 分钟时间的休息，研究者准备了中学生歌曲、动画片、书籍以及一些饮料、点心与水果等，供被试选用，以防止被试在测验期间可能出现的疲倦、懈怠或其他消极现象。全部测试完成后，随机赠送被试喜欢的物品或食品。

（四）统计分析

采用 SPSS 21.0 统计软件对数据进行录入与整理，并进行描述统计、t 检验、方差分析、相关分析与回归分析等。

### 三、研究结果与分析

（一）被试自我概念发展情况

对各年龄组被试的自我概念得分进行分析，描述性结果如表 1 - 6 - 1 所示。

表 1 - 6 - 1　中学生自我概念测量的描述性结果与年龄差异比较（M ± SD & F）

| 变量 | 低龄组（n = 32） | 中龄组（n = 30） | 高龄组（n = 29） | F | Sig. | LSD |
|---|---|---|---|---|---|---|
| 认知能力 | 16.22 ± 2.45 | 18.03 ± 2.54 | 19.55 ± 2.26 | 14.51 ** | 0.000 | ① < ② < ③ |
| 同伴接纳 | 18.47 ± 2.55 | 19.30 ± 2.72 | 20.21 ± 2.83 | 3.16 * | 0.048 | ① < ② < ③ |
| 身体能力 | 15.97 ± 2.19 | 16.63 ± 2.60 | 17.69 ± 2.59 | 4.86 * | 0.010 | ① < ② < ③ |
| 母亲接纳 | 19.12 ± 2.85 | 19.33 ± 2.20 | 20.03 ± 2.57 | 1.04 | 0.359 | |
| 自我概念总分 | 69.78 ± 4.97 | 73.30 ± 5.26 | 77.48 ± 4.05 | 19.52 ** | 0.000 | ① < ② < ③ |

注：* 表示 p < 0.05，** 表示 p < 0.01；①表示低龄组，②表示中龄组，③表示高龄组。

以年龄组为自变量，以自我概念各维度及总分为因变量，进行单因素方差分析。结果表明，除母亲接纳维度外（p > 0.05），年龄组在各变量上均存在显著差异（p < 0.05，p < 0.01）。事后比较（LSD）的结果表明，高龄组显著高于中龄组，中龄组显著高于低龄组，各年龄组的顺序依次是：低龄组、中龄组、高龄组（见表 1 - 6 - 2）。

表 1 - 6 - 2　中学生自我概念的性别差异比较（t）

| 变量 | 男生（n = 47） | 女生（n = 44） | t | Sig. |
|---|---|---|---|---|
| 认知能力 | 17.95 ± 3.48 | 18.30 ± 3.36 | - 0.48 | 0.658 |
| 同伴接纳 | 18.06 ± 3.76 | 19.87 ± 3.68 | - 2.29 * | 0.028 |
| 身体能力 | 16.56 ± 3.31 | 17.11 ± 3.17 | - 0.80 | 0.416 |
| 母亲接纳 | 18.55 ± 3.54 | 20.12 ± 3.67 | - 2.69 ** | 0.009 |
| 自我概念总分 | 71.15 ± 7.68 | 75.38 ± 8.22 | - 2.51 * | 0.016 |

注：* 表示 p < 0.05，** 表示 p < 0.01。

独立样本 t 检验结果表明，中学生自我概念在认知能力与身体能力维度上差异不显著（p > 0.05），但在同伴接纳、母亲接纳维度与总分上存在显著差异（p < 0.05，p < 0.01），其中男生的得分都显著低于女生（见表 1 - 6 - 2）。从各个年龄阶段上看，低龄男生与女生在自我概念各维度与总分上的差异均不显著（p > 0.05），中龄、高龄男生与女生在同伴接纳、母亲接纳与总分上的差异均显著（p < 0.01），在其他维度上不显著（p > 0.05）。

（二）被试社会规则认知发展情况

对各年龄组被试的社会规则认知得分进行分析，描述性结果如表 1 - 6 - 3 所示。

表 1 - 6 - 3　中学生社会规则认知测量的描述性结果与年龄差异比较（M ± SD & F）

| 变量 | 低龄组（n = 32） | 中龄组（n = 30） | 高龄组（n = 29） | F | Sig. | LSD |
|---|---|---|---|---|---|---|
| 道德规则 | 5.03 ± 0.86 | 5.97 ± 1.00 | 6.48 ± 0.74 | 21.79 ** | 0.000 | ① < ② < ③ |
| 习俗规则 | 4.06 ± 0.84 | 4.93 ± 0.98 | 5.38 ± 0.72 | 18.80 ** | 0.000 | ① < ② < ③ |
| 社会规则总分 | 9.09 ± 1.65 | 10.90 ± 1.79 | 11.86 ± 1.27 | 23.97 ** | 0.000 | ① < ② < ③ |

注：** 表示 p < 0.01；①表示低龄组，②表示中龄组，③表示高龄组。

以年龄组为自变量，分别以社会规则认知两维度及总分为因变量，进行单因素方差分析。结果表明，年龄组在各变量上均存在显著差异（p < 0.05，p < 0.01）。事后比较（LSD）的结果表明，高龄组显著高于中龄组，中龄组显著高于低龄组，各年龄组的顺序依次是：低龄组、中龄组、高龄组（见表 1 - 6 - 3）。各年龄组被试在道德规则、习俗规则与社会规则认知总分上的性别差异均不显著（p > 0.05）。

为了进一步探讨中学生对于道德规则与习俗规则的区分情况，我们对各年龄组被试在道德规则与习俗规则认知上的得分进行两独立样本 t 检验。结果表明，各年龄组均存在显著差异（p < 0.01），其中道德规则的得分显著高于习俗规则（见表 1 - 6 - 4）。

表 1 - 6 - 4　中学生道德规则与习俗规则得分的描述统计与 t 检验（M ± SD & t）

| 年龄组 | 道德规则 | 习俗规则 | t | Sig. |
|---|---|---|---|---|
| 低龄组 | 5.03 ± 0.86 | 4.06 ± 0.84 | 4.56 ** | 0.000 |
| 中龄组 | 5.97 ± 1.00 | 4.93 ± 0.98 | 4.04 ** | 0.000 |
| 高龄组 | 6.48 ± 0.74 | 5.38 ± 0.72 | 5.73 ** | 0.000 |

注：** 表示 p < 0.01。

（三）被试自我概念与社会规则认知的相关分析

皮尔逊相关分析的结果显示，年龄除了与母亲接纳和性别维度相关不显著之外（$p > 0.05$），与自我概念、社会规则认知的各维度与总分上的相关均显著（r值分别为 $0.21 \sim 0.41$，p值均 $< 0.05$ 或 $< 0.01$）；性别除了与母亲接纳维度相关显著外（$r = 0.22$，$p < 0.05$），与自我概念、社会规则认知的各维度与总分上的相关均不显著（$p > 0.05$）。除身体能力维度外，中学生自我概念与社会规则认知各维度及总分之间均呈现显著正相关（r值分别为 $0.22 \sim 0.84$，p值均 $< 0.05$ 或 $< 0.01$）（见表 $1 - 6 - 5$）。这表明，中学生自我概念水平越高，其社会规则认知水平也越高。

表 $1 - 6 - 5$　中学生性别、年龄、自我概念与社会规则认知的皮尔逊相关分析表（r）

| 变量 | 年龄 | 性别 | 认知能力 | 同伴接纳 | 身体能力 | 母亲接纳 | 自我概念总分 | 道德规则 | 习俗规则 |
|---|---|---|---|---|---|---|---|---|---|
| 性别 | 0.04 | — | — | — | — | — | — | — | — |
| 认知能力 | 0.30** | 0.08 | — | — | — | — | — | — | — |
| 同伴接纳 | 0.27** | 0.13 | 0.33** | — | — | — | — | — | — |
| 身体能力 | 0.21* | 0.10 | 0.25* | 0.19* | — | — | — | — | — |
| 母亲接纳 | 0.11 | 0.22* | 0.30** | 0.36** | 0.21* | — | — | — | — |
| 自我概念总分 | 0.28** | 0.15 | 0.61** | 0.59** | 0.23* | 0.45** | — | — | — |
| 道德规则 | 0.38** | 0.07 | 0.40** | 0.39** | 0.14 | 0.27** | 0.61** | — | — |
| 习俗规则 | 0.35** | 0.05 | 0.42** | 0.26* | 0.12 | 0.22* | 0.57** | 0.63** | — |
| 社会规则总分 | 0.41** | 0.11 | 0.44** | 0.35** | 0.15 | 0.26* | 0.64** | 0.84** | 0.75** |

注：* 表示 $p < 0.05$，** 表示 $p < 0.01$。

（四）被试社会规则认知对自我概念的回归分析

以自我概念总分为自变量，分别以道德规则、习俗规则与社会规则总分为因变量，进行一元线性回归。结果显示，自我概念均能正向预测道德规则、习俗规则与社会规则总分（$p < 0.01$），分别能解释其 41%、32%、41% 的变异（见表 $1 - 6 - 6$）。

表1-6-6　中学生社会规则认知对自我概念的回归分析（Reg.）

| 因变量 | β | Beta | t | R | $R^2$ | F |
|---|---|---|---|---|---|---|
| 道德规则 | 0.12 | 0.64 | 7.88** | 0.64 | 0.41 | 62.03** |
| 习俗规则 | 0.10 | 0.57 | 6.47** | 0.57 | 0.32 | 41.87** |
| 社会规则总分 | 0.22 | 0.64 | 7.83** | 0.64 | 0.41 | 61.35** |

注：**表示$p < 0.01$。

## 四、讨论

（一）中学生自我概念发展特点分析

研究结果显示，中学生自我概念总体上随年龄呈现上升的趋势，自我概念水平逐渐提高。中学生的自我概念较少受到地域的影响，表现出一定的共性。中学生自我概念发展的动力一般来自两个方面，一是内部动力，二是外部动力。内部动力主要来自中学生心理与身体的发展，外部动力主要来自中学生成长环境中的重要因素，即重要他人的影响。随着年龄的增加，中学生的感知觉、注意、记忆、想象、思维、言语等能力不断增强，智力也不断提高。同时，中学生的骨骼肌肉系统发育的特点使他（他）们变得活泼好动；在家长与教师的指导下，中学生的运动能力逐渐增强，运动技能水平也不断提高，从而增强了中学生对自己身体能力的认识与评价。在中学生自我概念发展的过程中，重要他人（包括父母、教师或同伴等）发挥着重要的作用。对于中学生而言，重要他人一般是父母，尤其是母亲。在中国传统家庭中，父母扮演的角色往往是严父慈母的形象。母亲在生活上给孩子更多关心，把无私的母爱传递给孩子，她们会给孩子买好吃的、讲故事，拿出更多的时间陪伴孩子，当然也会对孩子表现出一些期望，对孩子进行积极的评价。母亲的陪伴、关心、期待与评价无疑会影响到中学生对自己被母亲所接受、被接纳的认知与评价，从而推动中学生自我概念的发展。另外，在平时的大部分时间里，中学生要在学校与同伴相处。随着中学生年龄与年级的增长，中学生的交往能力逐渐增强，交往范围也逐渐扩大，中学生会结识到更多的同伴。因此，同伴的评价对中学生自我概念发展的影响也在增大。中学生的自我概念从来不是天生的，它是社会的产物，只能通过中学生与母亲或其他家庭成员、同伴以及周围其他人的社会互动而形成与发展的。① 正是这些内外部因素的共同作用下，推动中学生的自我概念水平不断向前发展。从本研究结果看，中学生自我概念上的性别差异在低年龄段表现还不太明显，到了高年龄段就表现较为突出了。这可能是因为在低年龄段，中学生的性别角色特征还不是太明显；但随着年龄的增长，中学生的性别角色与个性心理特征也在随之发展，并逐渐分化。男生变得淘气、好动，攻击性行为增多，而女生变得温柔、乖巧、听话。这种变化会影响到父母与同伴对中学生的评价与反映，反过来就会影响到中学生自己的内心体验与感受。与男生相比，女生更容易感受到自己被父母与同伴所接纳和认同。

值得注意的是，学生的自我概念水平并不总是一直随着年龄的增加而上升的。李晓燕等的研究发现，学生自我概念在 9～11 岁发展平缓，在 12～15 岁逐年下降。② 这可能是因为处于青春期的中学生抽象思维开始占据主导地位，思维开始具有批判性，有了个人主见；他们的自我概念中不但含有对自己内心世界的体验与感受，还含有他人对自己的评价与看法，而处在学龄前阶段的学生不同，他们的思维以具体形象为主，表现出一定的依赖感，并与具体的生活情境相联系；他们的自我概念还比较单纯，没有完全分化，随着经验和年龄的增长而逐渐变得多元、分化。正如哈特（Harter）所言，中学生自我概念发展的一般过程表现为，早期关注稳定的、外在的、看得见的特征，到后来关注可变的、内在的、不可见的特征。③

（二）中学生社会规则认知发展特点分析

本研究结果还显示，与自我概念相类似，中学生的社会规则认知水平也是随着年龄的增长而表现出上升的趋势。社会规则认知作为中学生社会认知的重要内容之一，首先会受到中学生一般认知的影响，特别是针对学龄前中学生。从认知心理学的观点看，中学生的一般认知发展就是其认知功能系统不断完善的变化过程。高龄中学生相对中龄、低龄中学生来说，在知觉、注意、记忆、思维、想象

① Byrne, B. M. & Shavelson, R. J. On the structure of social self – concept for pre – , early, and late adolescents: A test of the Shavelson, Hubner, and Stantonmodel [J]. Journal of Personality & Social Psychology, 2006, 70 (3): 599 – 613.

② 李晓燕，张兴利，施建农. 流动学生自我概念的发展及其与心理健康的关系 [J]. 心理与行为研究，2016, 14 (1): 114 – 119.

③ Harter, S. The construction of self: A development perspective [M]. New York: Guilford Press, 2009: 126 – 148.

等方面都表现出不同的特点，其心理活动更加丰富多彩。如布鲁纳（Bruner）和波塔（Potter）研究了 4 ~ 19 岁被试的工作记忆，发现被试再认图片的平均时间随年龄增长而缩短。① 一般认知发展在各个年龄阶段所形成的思维结构为中学生社会规则认知的发展奠定了良好的基础。有研究表明，中学生智商与六种观点采择水平之间的相关在学前期最高。② 观点采择能力指中学生根据一定的信息对他人的内部心理状态做出理解与判断的能力，是中学生社会认知发展的核心体现，中学生社会规则认知的发展也需要观点采择能力的参与。可以说，中学生社会认知发展也具有一般认知发展的年龄特点。其次，中学生社会规则认知的发展离不开社会交往，两者之间存在密切的关系。国内外均有研究表明，中学生的同伴关系与其社会规则认知之间存在显著性正相关。也就是说，中学生的同伴关系越好，其社会规则认知水平越高。随着年龄的增长，中学生社会交往的需要、动机、对象、范围、深度等都在发生着变化，从而对中学生社会规则认知发展的影响在增强。

关于中学生是否能区分习俗规则和道德规则，主要是看他们对违反这两种规则事件的反应。区分的标准在于，中学生对违反道德规则的反应（如情感反应或口头评论）是否多于习俗规则，或认为前者是否比后者严重得多。本书发现，各年龄组中学生在道德规则与习俗规则认知上的得分均存在显著差异，其中道德规则的得分显著高于习俗规则。这表明，中学生已经能区分出道德规则与习俗规则之间的差异，这也与以往的研究一致。拉哈特等（Lahat et al.）的 ERPs 研究表明，与成年人相比，中学生面对道德规则事件时诱发了更强、更高的 N2 波，而面对习俗规则事件时没有差异。③ 该项研究为中学生在不同社会规则认知上存在差异找到了神经生理学上的证据。中学生对于道德规则与习俗规则的区分能力，其原因首先在于两种规则本身的特征、判断标准及其后果不同。道德规则具有权威强制性、绝对性、不可变更性与跨文化的普遍性，④ 如违背道德规则往往会导致他人的伤害性结果，还往往会受到成人如父母或教师的批评或责备。习俗规则

① 转引自陈帼眉. 学前心理学［M］. 北京：人民教育出版社，2003：111 – 119.

② 张文新. 儿童社会性发展［M］. 北京：北京师范大学出版社，1999：246 – 295.

③ Lahat, A., Helwig, C. C. & Zelazo, P. D. An event – related potential study of adolescents' and young adults' judgments of moral and social conventional violations［J］. Child Development, 2013, 84（3）：955 – 969.

④ Smetana, J. G. Moral development：The social domain theory view. In P. D. Zelazo（Ed.）, Oxford handbook of developmental psychology［M］. New York, NY：Oxford University Press, 2013：832 – 866.

不具有道德强制性，是相对性、可以变通的。与道德规则相比，习俗规则具有情境相对性、权威依赖性和可变性，可以随社会舆论或权威的要求而改变。[①] 如违背习俗规则一般不会造成直接的伤害，也很少受到成人的批评与谴责，中学生对此缺乏直接的体验，从而造成中学生对习俗规则的理解力低于道德规则。这一结果也符合皮亚杰的中学生道德认知发展理论与中学生认知发展的领域特殊论。皮亚杰认为，中学生大都处于他律道德阶段，这一阶段中学生的特点就是认为规则、规范由权威人物制定，不能改变，必须严格遵守，他们往往只根据行为的后果对行为的好坏做出评定。根据中学生认知发展的领域特殊论，中学生会区别对待不同领域的规则。其次，中学生不断发展的认知水平也在推动其社会规则区分能力的发展。中学生的思维不断发展，出现了简单的判断推理。思维的发生与发展，使中学生逐渐开始理解人与人之间的关系，认识到自己的行为所产生的社会性后果，开始出现责任感，撒谎后会有内疚感。此外，该阶段中学生的言语能力发展较快，对社会规则的认知也会产生积极影响。有研究就发现，言语发展快的中学生能更早地区分道德规则与习俗规则。[②] 再次，外界环境因素如父母、教师与同伴的态度也会影响到中学生对不同种类社会规则的区分。在中学生的日常生活中，成人包括中学生的父母与教师往往对中学生违背道德规则的事件给予更多的关注，如批评、训斥、责备，甚至体罚；同伴也会因为自己的利益受侵犯有强烈的反应，甚至会发生肢体冲突，这些都会强化中学生对道德规则的认知，而对于违背习俗规则的事件，成人关注则过少，同伴的反应也不会那么强烈。有些中学生不良的行为习惯就是从家里带到学校的，他们认为在家里可以，在学校同样也可以。另外，社会大环境中包括影视剧对道德规则宣传得比较多，而对习俗规则宣传得相对较少，这在一定程度上也会影响到中学生对道德规则与习俗规则的区分。

（三）中学生自我概念与社会规则认知的关系分析

本研究结果表明，中学生的自我概念与社会规则认知呈现正相关，前者可以正向预测后者，即随着中学生自我概念水平的提高，其社会规则认知水平也在提

①　刘国雄，李红．儿童对社会规则的认知发展研究述评［J］．华东师范大学学报（教育科学版），2013，31（3）：63－69.

②　Smetana, J. G. Social – cognitive domain theory: Consistencies and variations in children's moral and social judgments. In M. Killen & J. G. Smetana （Eds.）, Handbook of moral development ［M］. Mahwah, NJ, US: Lawrence Erlbaum Associates Publishers, 2006: 119－153.

高。从中学生自我概念影响社会规则认知的内在机制来看，可能存在某种充当中介物的心理特质，即中学生自我概念的发展会推动这些心理特质的发展，而这些心理特质的发展又是有利于中学生社会规则认知发展的。那么，这些心理特质是什么呢？我们可以从以往的研究中寻找可能的答案。李晓燕等的研究发现，中学生的自我概念可以正向预测人际交往、认知效能与环境适应等。下面我们依次讨论这几种心理特质在中学生自我概念对社会规则认知影响中的作用。其一，人际交往反映了中学生的人际交往能力与人际关系状况。中学生的人际交往能力越强，越容易建立更多亲密的同伴关系。前面我们已探讨过同伴关系与中学生社会规则认知之间的关系，即中学生的同伴关系越好，其社会规则认知水平也越高。罗查特（Rochat）认为，中学生的自我知识主要通过自我探索和体验自我行为的方式获得，而社会性知识主要是在自我知识的基础上，通过与他人互动、比较而获得。① 也就是说，在中学生自我概念形成的过程中，中学生总是通过与他人（如父母、同伴等）及其周围环境进行互动来评价自己的观点与能力，这种互动对中学生的自我概念产生重要的影响，它反过来又影响中学生对他人的评价及其对周围环境的认知。可见，中学生的社会规则认知依赖于中学生的自我概念，需要在实际社会交往中加以建构，是一个不断发展的动态过程。② 其二，认知效能反映了中学生认知功能与解决问题的能力。中学生认知功能的提升无疑会促进其社会规则认知的发展。林琳琳和秦金亮探讨了学生的自传体记忆与自我概念的发展及其关系。③ 结果发现，自我概念水平高的学生，其自传体记忆内容更丰富、更具体。自传体记忆是对个人生活事件的记忆，也属于个体认知功能的范畴。自传体记忆强的中学生，更容易记忆重要他人、群组活动信息以及与他人有关的信息，这有利于中学生社会规则的认知。其三，环境适应反映了个体遇到生活事件时保持良好心态的能力，这可以归到情绪情感的范畴。人的心理过程包括知、情、意三大过程。知、情、意是互相影响、互相制约的，认知是情感与意志的基础，情绪情感是认知与意志的动力。中学生只有时常具备积极的情绪情感才能积极地认识周围的事物，情感也是衡量中学生认知水平的重要标志之一。所以，环

---

① Rochat，P. Origins of self – concept. In G. Bremner & A. Fogal（Eds.），Blackwell handbook of infant development［M］. Malden，MA：Blackwell，2014：81 – 115.

② 岳训涛. 儿童社会规则认知特点与游戏规则意识的培养［J］. 基础教育研究，2012，25（11）：58 – 59.

③ 林琳琳，秦金亮. 5～9岁学生的自传体记忆与自我概念的发展及其关系［J］. 心理科学，2012，35（1）：135 – 141.

境适应能力也会对中学生的社会规则认知产生积极的影响。当然，上述关于三种心理特质充当中学生自我概念与社会规则认知之间关系的中介物，我们只是基于以往相关研究所作的分析或推论，将来期待进一步的研究加以证实。鉴于自我概念作为中学生对内社会认知核心的内容，社会规则作为中学生对外社会认知的重要内容，我们可以做出进一步的推论，中学生对内的社会认知与对外的社会认知关系密切，前者可以向后者进一步延伸与拓展。

本研究以中学生的自我概念与社会规则认知为例，考察了中学生对内的社会认知与对外的社会认知之间的关系，在一定程度上拓展了中学生自我概念与社会认知领域内的理论，对中学生的社会规范教育实践也具有一定的参考作用。未来的研究中，在对内的社会认知方面，拟考虑将中学生的自我评价、自我体验、自我控制、自尊、自我效能感等变量纳入考察范围；在对外的社会认知方面，可以将中学生对社会类别和群体的认知纳入考察范围；还可以延长中学生年龄段，并考虑中学生的机体变量如性别、家庭教养方式等的影响及其各变量之间的交互效应，从而更全面、更系统地考察中学生的对内与对外社会认知的关系。

### 五、教育启示

本研究结果提示，中学生的自我概念随年龄增加而呈现上升的趋势，并表现出性别差异，其发展的动力主要来自中学生心理与身体的发展以及母亲与同伴的影响。鉴于中学生在不同的年龄阶段，其自我概念是有差异的，家长与教师要充分认识并尊重这种差异；一切要从中学生的实际情况出发，尊重中学生身心发展的年龄特点与规律；对于不同年龄阶段的中学生，其要求也要随之有所区别，不要对中学生有过高的期望与要求；对于不同性别的中学生，要针对其不同的性别角色与个性心理特征，实施差异化的教育方式。作为家长，平时要拿出更多的时间陪伴中学生，给予中学生更多的关爱，培养孩子的被接受、被接纳感；要善于捕捉培养中学生积极自我概念的契机，如中学生日常生活中遇到的一些偶发事件，要给予正确的归因与恰如其分的评价，促进其自我概念的良性发展。另外，要帮助中学生建立与维护良好的同伴关系，使之很好地融入同伴群体之中；适时给中学生传授一些与同伴相处、交流的技巧与策略，使之获得同伴的接受、接纳与积极的评价，从而完善中学生的自我概念。

本研究结果还提示，中学生社会规则认知与一般认知一样，也具有年龄特征，并且后者为前者提供了基础。家长与教师要根据这一特点，在对中学生进行社会认知教育的同时，也要兼顾其一般认知能力的发展；既要注意智力因素的培养，也要注意非智力因素的培养，不要有失偏颇。在培养中学生社会规则认知的同时，也要考虑到中学生自我概念及其一些中介变量的影响，如人际交往、认知效能与环境适应等。当然，中学生社会规则认知的最终目的是把社会规则内化于心，外化于行。这一过程一般要经历三个阶段，即依从性水平、认同性水平与信奉性水平。① 也就是说，中学生社会规则的学习不能只停留在认知的层面，即懂不懂的问题，还要发展到情感与行为的层面，即信不信、行不行的问题。所以，家长与教师还要从中学生的日常实际生活着手，关注中学生的交往情境、情感需求与精神世界，使中学生顺利实现社会规则认知的终极目的。

---

① 陈威. 小学生认知与学习 ［M］. 北京: 高等教育出版社，2013：309 – 334.

# 第七章　从心理学视角看
# 中小学生学业负担

学生的学业负担是中国教育实践中一个客观存在的问题。学业负担过重是应试教育存在的典型弊端，受到教育学者及社会的广泛关注，当前推行素质教育的突破口主要在于减轻学生的学业负担。近些年来，关于减负的呼声一直很高，减负也成为新课改的目标之一。但是，减负不能以降低教学质量与学生学习成绩为代价，减负也并非是减少作业量与学习时间这么简单，减负的真谛应该在于增效，即提高学生的学习效率，减掉那些真正干扰学生学习的负担，实现健康高效学习。这里涉及减负的一个很关键的问题，那就是对于学业负担实质的理解，如理解不到位，就有可能使减负流于形式，或者只做表面文章，造成减负的呼声高而成效低。总的来说，以往研究大都是从教育学或社会学的角度分析和探讨中小学生学业负担问题，而很少从心理学角度即中学生的本身心理因素来揭示学业负担的本质与核心。如施铁如认为，学业负担是学生完成一定学习任务需要的学习时间所引起的学生生理和心理上的负担；[①] 刘合荣从教育哲学的角度审视学生的学业负担，认为学业负担是指当代中小学生在学校里承担的学习任务、履行的学生职责和由于学业、生存及发展竞争所带来的生理和心理的压力，同时也包括其所付出的身心发展代价；[②] 杜立娟认为，学业负担是指受教育者接受教育时，在学业方面应履行的责任、承担的任务和因此承受的生理、心理等方面的压力。[③] 20 世纪 80 年代末，澳大利亚心理学家斯威勒（Sweller）提出了认知负荷理论

---

[①]　施铁如. 学习负担模型与"减负"对策［J］. 教育导刊, 2002, 20 (2)：42 – 45.

[②]　刘合荣. 从人性的角度审视学生对学业负担的承受［J］. 湖北第二师范学院学报, 2012, 29 (10)：88 – 92.

[③]　杜立娟. 减轻中小学生课业负担研究的回溯与前瞻［D］. 沈阳：沈阳师范大学, 2013.

（Cognitive Load Theory，CLT），为我们研究学业负担提供了一个心理学视角。

**一、心理学视阈下的学业负担内涵**

在笔者看来，学业负担的产生至少要有两个要素，一是造成学业负担的客观存在，二是伴随着这种客观存在而产生的主观感受与体验。这两个要素是缺一不可的，缺少一个要素都不能产生学业负担。一方面，中小学生在学校学习中需要完成各种学习课程，包括课程作业、测评、考试及其需要达成的学习目标等；学习过程中还要承担大量的认知加工任务，有大量的材料需要阅读理解，有大量的内容需要记忆、思维与推理，有大量的练习需要动手与动脑操作。这些都是对学生施加的统一的可以量化的客观物，就是能引起学生学业负担的客观存在。另一方面，由于学生之间存在个性差异，每一位学生的知识基础与学习能力也不尽相同，学生对上述客观存在所产生的主观感受与体验也不一样。这种主观体验和学习任务对学生而言的难度、所投入的心理努力程度和学习时间有关，也和学生的学习意愿、学习能力尤其是他们的学习效果密不可分。[①] 所以，学业负担是多样的、不断变化的和不可测量的，每位学生不可能有相同的学业负担。为了应对上述所说的客观存在，学生必然要投入大量的心理资源。所以，从认知负荷的视角看，学业负担是中小学生对学习过程中所投入的心理资源总量的主观感受和体验，这里的心理资源主要包括认知资源投入与情绪资本投入等。下面，我们对其作具体分析。

（一）认知资源投入

认知资源投入是指学生在各种学习任务、学习过程或认知过程中投入的精力、付出的心理努力等，包括学生在学习中所投入的注意、感知、记忆、思维、想象、创造思维等认知成分以及所付出的意志努力的程度。如学生把注意力集中到学习上所付出的心理努力、在课堂听讲时所投入的精力、对概念之间的关系进行判断推理所花费的精力、对学习内容进行深度思考所投入的精力等都属于认知资源投入。由于前期知识经验、学习内容、学习方法与个人兴趣等因素的不同，中小学生在学习过程或学习任务中投入的认知资源成分也不尽相同，如有的学生投入的感知成分多一些，有的记忆成分多一些，有的则在想象上下的功夫大一

① 艾兴．中小学生学业负担：概念、归因与对策——基于当前基础教育课程改革的背景［J］．西南大学学报：社会科学版，2015，41（4）：93 - 97.

些。即使是对同一门课程不同的学生所投入的认知资源成分也是有差异的，如有的学生在课堂上专心致志，而有的学生则容易走神，这里投入的注意资源是不一样的；有的学生对学习内容更强调记忆，有的学生更强调理解，这里投入的记忆与思维的资源是不一样的。认知资源的投入量还与学科的性质有一定关系，如数理化需要的逻辑推理多些，政史地与英语需要的记忆多些，作文需要的想象多些，美术需要更多的创造性思维。根据认知负荷理论，学生学习过程中投入的认知资源成分与分量的差异，会给学生带来高低不同的认知负荷，也会给学生带来对学业负担的不同感受与体验。

（二）情绪资本投入

情绪资本投入是指学生在各种学习任务与学习过程中投入的情绪、情感资源，既包括积极的情绪情感，如积极、向上、乐观、热情、高兴、好奇、兴趣等，也包括消极的情绪情感，如厌倦、愤怒、沮丧、焦虑、恐惧等，还包括学生在学习过程中控制不良情绪、调节不良心情上所花费的心理努力和精力等，如想办法克服学习中的紧张与恐惧心理，使自己的情绪一直保持平和，避免有较大的波动，调整学习中的后悔、内疚心理等。国内学者赵俊峰在访谈研究中发现，学生在学习过程中需要投入大量的情绪资本，学生个人情绪体验不同，对情绪的管理也不尽相同，[①] 所体验的学业负担也会有一定的差异。有的学生要花费很大的努力来管理自己的情绪，如不断调节自己的身心状态，想方设法压抑或缓解自己的消极情绪，防止或减轻消极情绪对学习带来的不利影响，尽量使自己始终保持积极乐观的情绪来促进学习，这自然会影响学生对学业负担的感受和体验。此外，研究还表明，学生情绪的稳定性、对学习的兴趣、考试前的情绪体验、遭遇挫折后情绪调节的快与慢等因素对学业负担均有显著的影响。从整个历程上看，学生的认知资源投入和情绪资本投入都需要消耗一定的时间，学生对时间的知觉以及所感受到的时间压力也会影响到学生对学业负担的主观体验。

总的来说，以往从教育学、社会学等角度所揭示的学业负担大都属于压力观或任务观，即把学业负担看作是一种生理与心理压力、承担的各种学习任务等，更多体现出学业负担消极的、被动的意义，而从心理学角度所揭示的学业负担更多地趋向于一种投资观。在认知负荷视阈下，学生的学业负担可以被看作是一种

---

① 赵俊峰. 解密学业负担：学习过程中的认知负荷研究 ［M］. 北京：科学出版社，2011：46 - 49，58 - 61.

投资,是以学生的认知负荷作为资本对学习活动的投资,除了经济上、物质上的成本之外,学生对学习过程中投入的认知资源、情绪资本与时间知觉等,都属于认知负荷的成本。从经济学的观点看,心理资本投资和其他投资一样,都要追求利益最大化,即使认知负荷资本获取最佳的学习效率,尽量降低对学习不利的外在认知负荷与内在认知负荷,提高对学习有利的相关认知负荷和元认知负荷,这样才能促进学习、提高学习效率,也才能使学习更加符合经济学的原则。因此,从认知负荷的角度看学业负担,可以使我们更多地看到学业负担的积极意义,从而为我们正确、全面理解学业负担提供了一个较为全新的视角。

**二、心理学视阈下减负的若干策略**

以上我们从认知负荷理论的视角分析了中小学生的学业负担,揭示了学业负担的核心与实质,这也为我们找到"减负"的关键,从而为提出切实可行的减负策略提供了一个思路。

(一)教材改革策略

根据认知负荷理论,内在认知负荷主要是由学习材料本身所引起的,材料的性质、难度与内容的多少直接决定着内在认知负荷水平的高低。教材是中小学生学习的主要材料,所以要降低中小学生的内在认知负荷及减轻学生的学业负担,一个比较重要的环节就是对现有的教材进行改革。过去,曾有个流行的观点认为,中国中小学教材与国外,特别是与世界发达国家相比难得多,所以造成了学生较重的负担。最近,有一项国家重大教育课题的最新研究成果,颠覆了这一观点。2014年,由国家教育部规划办批准,集北京师大等全国六所教育部直属重点师范大学的研究力量,对中、美、英、法、德、俄、韩、日、澳、新加坡10个国家的小学、初中、高中除语文、历史外的六科教材进行对比。研究显示,中国小学、初中、高中的数、理、化以及生物、地理、科学教材,难度在世界排第3到第7位,处于国际中等水平。[①] 其实,教材的难度有绝对难度和相对难度之分,绝对难度是指学科内容的抽象程度与深奥程度,相对难度指的是学生已有知识水平与现有内容之间的差距。这种差距越大,教材内容就会超过学生的心理发展水平,学生的认知负荷就会过高,导致学生接受不了,就加重学生的学业负担。从总体上看,中国现阶段中小学教材内容有过于关注教育价值的趋势,而弱

---

① 张晓娇. 如何科学调整中小学教材难度 [N]. 光明日报, 2014 – 05 – 20 (15).

化了其对学生发展的实用性。所以，未来教材改革的重点在于加强课程内容与学生生活以及现代社会和科技发展的联系，关注学生的学习兴趣和经验；对于教材内容的编选除了继续遵循课程内容本身的科学规律与教育教学规律之外，还要贴近学生心理发展水平和已有的知识经验。也就是说，各教育阶段、各年级的教材都要考虑教育对象的现有心理发展水平、知识水平与学生所能达到的水平，不能脱离学生的实际，这也是贯彻苏联心理学家维果茨基提出的遵循学生"最近发展区"的原则。只有这样，才能降低教材的相对难度，减少学生的内在认知负荷，从而提高学生学习效率，减轻学生的学业负担。

（二）多媒体教学设计策略

随着现代科技的发展与普及，在中小学教学中，多媒体教学已成为常见且常用的教学形式，所以，如何通过多媒体教学设计降低学生的认知负荷以及学业负担等问题，也是教师在设计多媒体教学过程中需要考虑的。根据认知负荷理论，外在认知负荷跟材料的组织与呈现方式有关。为此，在多媒体课件的设计过程中，为了降低认知负荷的强度，须对有关学习材料进行合理组织，不要把有趣但与教学关联不大的动画、声音、图片或文字放在课件中。这些材料容易吸引学生的无意注意，消耗学生的心理资源，会提高学生的认知负荷水平。实际上，中小学教学的课件对声音、图片及文字的美观性要求不是很高，重点是强调其科学性与准确性。另外，在教学材料的呈现时，要更多运用表格、图片的形式，容易混淆的内容用红、绿线等加以区分，以便降低学生的外在认知负荷。这种教学材料的呈现方式概括性强、直观形象，既可以节省学生认知加工的资源，降低外在认知负荷，也有利于学生在言语和图像模型之间建立联系，从而促进有意义的学习，增加其学习过程中的相关认知负荷。赖晓云认为，当多媒体课件所呈现的知识难度较大或超出了中学生先前经验的范围时，必须建立当前知识与中学生先前知识之间的联系。比如可以通过超链接的形式提供相关先前知识，或提供先行组织者，即呈现给中学生更高一个层次的抽象性的引导性材料，激活新知识与先前知识之间的关联，从而降低内在认知负荷。① 另外，美国心理学家梅耶提出的多媒体学习认知负荷三元架构理论，及其多媒体教学中产生的若干学习效应，对于教师设计多媒体教学提供了许多有价值的借鉴。

---

① 赖晓云．多媒体教学软件信息设计与加工策略研究——基于梅耶多媒体教学设计原理［J］．电化教育研究，2015，36（1）：77－82．

（三）优化教学语言

教学过程中学生对教师讲课的语言要进行认知加工，教学语言不仅能传递信息，而且本身就是信息；教师的语言表达直接影响学生的认知加工，也自然会影响学生听课过程中外在认知负荷的高低。因此，教师有必要设计好自己的教学语言，以避免学生由于对教学语言的加工而额外占用更多的认知资源，并引起更大的学业负担。如数学教学中经常涉及大量的数字，数字本身是抽象的，在听课过程中，学生如果一直使用抽象思维来进行认知加工，是非常消耗认知资源的，学生也会感到很累。所以，教师的语言表达要清晰准确、简明扼要、逻辑性强，以便减轻学生对语言认知加工的负担，特别是要做到生动形象，把枯燥、抽象的数字化为活泼、生动、形象的学习内容，这样的教学语言不仅能提升课堂教学的活跃气氛，而且能调动学生的形象思维来进行认知加工。这方面也有实验证据，如龚德英和刘电芝等的研究发现，教师教学中的概述（对学习材料主要内容的概括）可以降低学生的内在认知负荷，释放更多的认知资源用于相关的认知加工，从而促进学习成绩的提高。[①] 另外，在课堂教学中，教师的表情、动作、手势及语音、语调等非语言系统也能传递信息内容，学生也需要进行认知加工，从而形成外在认知负荷。因此，教师还要注意恰当地运用非语言系统作为辅助信息的表述与传递。

（四）加强学习的时间管理

中小学生要减轻学业负担，还要注意合理利用好学习时间，提高单位时间的利用率和学习效率。有的学生在学习活动的多个环境上拖沓涣散，不能有效利用时间，致使有效学习时间与名义学习时间的比值较低，学习效率不高。中小学生要对学习时间具有敏感性，可根据自身心理和生理的变化规律合理安排学习时间，抵抗学习中不良因素的制约。一般来说，中学生每天都有几个学习的黄金时间段，包括清晨起床后、上午8点到10点、下午3点到5点，临睡前2小时等。在这些时间段内，学习效率比较高，学生要好好利用起来。根据人类的记忆规律，早上和晚上临睡觉前因为只受前摄或后摄一种抑制的影响，记忆效果较好，所以这些阶段的时间可以用来学习一些需要大量记忆的内容，如背诵语文课文与古诗词、记忆英语单词等，下午与晚上的时间可以用来做数理化题目等一些需要

① 龚德英，刘电芝，张大均．概述和音乐对认知负荷和多媒体学习的影响［J］．心理发展与教育，2008，24（1）：83－87.

逻辑推理、抽象思维的问题。学生还要注意克服外界因素的干扰，国内教育家朱永新提出的时间管理积极能动原则可以为中小学生所借鉴。该原则就是要求人们把自己的主要时间与精力放在影响圈内，要在自己有所作为的事情上下功夫，而不是放在关心圈内，关心那些自己无能为力的事情。① 此外，教师在教学中还要经常有意识地对学生进行时间管理上的元认知教育与训练，以提高学生学习时间利用效率和学习效果，降低学生的学业负担。Swanson 的实验研究发现，无论学生一般能力倾向的高低，高元认知组的学生解题成绩总是优于低元认知组。② 张雅明研究了小学四至六年级学生的元认知发展水平及其与学习成绩之间的关系，结果发现，成绩优秀的学生元认知发展比学习不良儿童起步早，水平高。③ 这表明，元认知可以弥补学生一般能力的不足，在对学习效果的影响上与一般能力倾向相对独立。此外，元认知的体验、监控与调节虽然会产生元认知负荷，但这种负荷类似于相关认知负荷，是对学习有利的，也有助于减轻学生的学业负担。

当然，认知负荷视阈下中小学生的减负也是一个系统工程，非本文的篇幅所能涵盖，但愿以上所谈的几点对于提高中小学生的学习效率，实现健康、高效学习提供一些有价值的参考，起一个抛砖引玉的作用。

① 朱永新. 管理心理学（第三版）［M］. 北京：高等教育出版社，2014：323－325.

② Swanson，H. L. Influence of metacognitive knowledge and aptitude on problem solving ［J］. Journal of Educational Psychology，1990，82（2）：306－314.

③ 张雅明. 元认知发展与教学——学习中的自我监控与调节 ［M］. 合肥：安徽教育出版社，2012：61－73.

# 第八章　中小学生学业负担的
# 积极意义探讨

20世纪90年代以来，在我国中小学教育中的学业负担问题越来越突出，成为社会各界关注的热点之一。以往学者更多地从教育学、社会学角度探讨中小学生学业负担问题，对学业负担的负面、消极意义关注较多。为了更全面、深入地探讨学业负担问题，我们还需从更多的角度去探讨，比如心理学角度。罗生全认为，学业负担是绝对性和相对性的统一，学生只要接受学习，就会产生学业负担，学生的成长离不开合理的负担。① 可见，学业负担应该和其他很多事物一样具有两重性，也是一体两面的，除了消极意义之外，应该存在正面的积极意义。

## 一、从心理学角度认识学业负担的内涵

由于学业负担问题本身的复杂性，关于学业负担的内涵，到目前为止，学者们的看法还不尽一致。如艾兴认为，学习负担是一种客观的存在，即认为学习负担是学业对学生施加的统一的可以量化的客观物，如规定的学习科目、需要达成的学习目标、上课时间、课程作业、测评及考试等。② 这些可以量化的客观物也就是学生要承担的学习任务，中小学生在完成各种学习任务的过程中，必然要消耗各种资源，包括生理的、心理的和时间上的，这些都属于学习负担。所以，施铁如把学业负担概括为一定学习任务所需要的学习时间所引起的学生生理和心理上的负担。③ 刘合荣从教育哲学的角度审视学生的学业负担，认为学业负担是指

---

① 罗生全. 学业负担与学习效能的关系及优化 [J]. 中国教育学刊, 2015, 36 (8): 40-44.
② 艾兴. 中小学生学业负担：概念、归因与对策——基于当前基础教育课程改革的背景 [J]. 西南大学学报：社会科学版, 2015, 41 (4): 93-97.
③ 施铁如. 学业负担模型与"减负"对策 [J]. 教育导刊, 2002, 20 (2): 42-45.

当代中小学生在学校里承担的学习任务、履行的学生职责和由于学业、生存及发展竞争所带来的生理和心理的压力，同时也包括其所付出的身心发展代价。[①] 值得注意的是，伴随着中小学生在承载学习任务及其教育目标的过程中身心的投入与时间的消耗，学生必然会产生一定的主观体验。由于学业任务是多样的、不断变化的和不可测量的，而学生之间又存在着较为显著的个性差异，每位学生的主观感受不同，所体验到的学业负担也就不相同。[②]

综合上述，我们认为，从心理学角度看，学习负担是学生在接受教育教学过程中，为了达到学习目标，所承担的学习任务、消耗的时间和身心投入等引起的生理和心理上的主观感受。这种主观感受和学生对学校学习任务的难度、投入学习时间和心理努力程度有关，也和学生的学习意愿、学习能力尤其是他们的学习效果密不可分。也就是说，当学生的学习兴趣浓厚、学习动机强烈、学习能力比较强、学习效果又比较好时，他们所体验到的学习负担较轻，否则就较重。有研究发现，学业负担的主观感受除了受制于学生本身特点如智力、意志等，还受制于很多学生外在于本身的各方面因素。[③] 其实，学业负担不是单一的与学习任务有关联，还受许多复杂的因素影响，包括学生本身的特点、学习能力、自我效能感、学习态度等主观因素，以及学生承受的学习任务、投入的学习时间等客观因素的影响。所以，学业负担反映了学生的主观感受及其与学习有关的各种主客观因素相互作用形成的复杂关系。

## 二、学业负担的特点与类型

### （一）学业负担的主要特点

只要学生在学习过程中，就会有学习负担的存在。学习是一种紧张的并且更多的时候是一种单调枯燥的脑力劳动，需要付出大量的意志力量，并辅助于情绪情感因素和认知条件。学习负担可以使学生在学习过程中受到一定的强制力因素，使学生在基础认知下，学习新的知识与技能。这也体现出学习负担在学生学习过程中的重要性。学习负担是复杂的，不是单一的因素可以控制的，表现在个

① 刘合荣. 从人性的角度审视学生对学业负担的承受 [J]. 湖北第二师范学院学报, 2012, 29 (10): 88-92.

② 王安全. 论学生学业负担过重的不确定性 [J]. 内蒙古师范大学学报: 教育科学版, 2006, 19 (8): 24-26.

③ 刘合荣. 学业负担问题研究: 从事实到价值的判断与反思 [M]. 武汉: 华中师范大学出版社, 2008: 50-66.

体与所承担任务之间的关系，也表现为个体与外部相关利益者的关系。学业负担具有个体性，即每个人对相同学业负担的承受能力是不一样的，是因学生本身的特点、学习的时间段、具体的学习情境而异的。学业负担具有具体性，即学生需要完成的学业任务是统一的可以量化的客观物，如作业、测试等。学业负担具有独立性，即在判断学业负担轻重时，不能以精确和科学的方法来计算和评价，也不能用逻辑分析的方法来认识，而只能根据具体的学生去理解。学业负担还具有动态性，即学业负担具有动态变化的特点，不是固定不变的，其随个体的教育背景、学习环境、个性特征等因素而变化。

（二）学业负担的类型

根据学业负担是否有助于学生发展与成长的标准，我们将学业负担分为以下两大类：

1. 合理性的学业负担

伴随学生学习活动所产生的，能够促进学生正常的身心自由、和谐发展、认知水平的提高，对学生的发展有积极意义的学业负担，我们称之为合理性的学业负担。合理性的学业负担是培养符合时代要求的个性、人格以及学习终身可用的基础知识和基本技能所必须付出的过程性代价。作为学习主体的学生，想要在未来成为社会主义的建设者，能够取得成功及有发展的人，必须要有完美的个性、极强的适应能力、坚强的意志力，这些都是集中表现为坚强的具有抗挫折能力的人格。塑造这种有抗挫折能力的人格固然需要多种因素的复合作用，但在学习过程中，敢于承担分内责任、敢于接受挑战，这对于以学习为主要任务的学生来说，无疑发挥着极为重要的作用及深远的影响。以学习终身可用的基础知识和基本技能为目标，必须进行相应的知识储备和行为训练，其学业负担不仅是合理的，而且还是必不可缺少的。这种学业负担，在学生还没有理解和认识到学习的意义与价值时，学习那些实践性不强的知识时，起到一定的强制性作用，使学生拥有强大的意志力去学习基础知识与基本技能，对学生的身心健康不会有伤害，而且有助于学生的全面发展。苏联教育家赞可夫提出的高速度、高难度，以理论为主导的教育三原则中也强调强制性因素，体现出竞争中强制性的重要性，这也无疑是对合理性的学习负担在基础知识掌握与基本技能培养中起到的作用，给予了高度的重视。

2. 不合理性的学业负担

不合理性的学业负担就是把教育功利化，妨碍学生成长，使学生的各方面都受到一定损害的学业负担。不合理的学业负担会给学生带来多方面的负面影响，如刘延金等指出，过重地看待教育功利化，就是把教育看成是服务工具，而忽视了学生的个体价值，窒息学生个体生动活泼的全面发展，迫使学生把个体特性培养成无差别的行为技能，只追求外在需求，忽视个体内在需要。[1] 这种教育理念就是把教育单纯地看成是为学生服务的工具，而没有意识到教育其实是培养学生成为完整的人的本质。教育的本质就是合理地促进学生的全面发展，使学生把身心精力投入到学习中，满足本身的内在需求，获得在未来生活中所需求的终身知识与技能，成为完整的人。如学生长期承受这些不合理的学业负担，过度的疲劳就会造成学生在身心方面的伤害，也不能把学生培养成完整的人。所以，不合理的学业负担必须消除或避免。

### 三、学业负担的积极意义

任何事情都是相对的，学业负担也具有两面性，但在以往的研究中，我们看到的大多数是学业负担的消极影响，较为忽视学业负担的积极意义。学业负担之所以存在，也一定有存在的必然性与合理性。从心理学角度看，学业负担的积极意义主要包括以下几个方面：

（一）改变学生的学习态度

合理性的学习负担首先有利于学生改变其学习态度。学习态度是指学生对学习活动中所具有的一种心理倾向，反映了学生对待学习的一种有选择性的内部状态，它是由学生的认知水平、情感体验和行为倾向共同组成的相互关联统一体。对于中小学学生来说，除了家庭及父母可以影响学生的学习态度，再就是在学校中由学习任务带来的学业负担对他们的学习态度也有着较大的影响，而且这些影响是潜移默化的，是通过一种形式上的"压力"而促成的改变。合理性的学业负担使学生可以达到最近发展区，激起自我的近景性动机，对自己的基础知识和基本技能得到相应的提高，从而使学生感受到学习的幸福感与成就感，对枯燥无味的学习产生兴趣与自豪感，就会让学生的学习态度从消极情绪转变到积极态度，从懒惰学习转变成勤奋研习。可以说，学业负担拥有一定的强制性因素，强化学生的意志力，使之从强迫学习慢慢地向主动学习转变，改变学生的学习态

---

① 刘延金，刘建华．学业负担从何而来——基于教育史的回顾［J］．湖南第一师范学院学报，2004，4（3）：68－69.

度，使学生享受学习的过程。

（二）激发学生的学习动机

在学习过程中，学生往往以掌握学习内容承受学业负担和以成绩定向为目标承受学业负担。这些学业负担可以引导学生在学习中的思想和行为，从而形成积极、勤奋、坚持不懈的价值观念和实践行动，又可以促进学生在基础学习的成就之上获得更高水平的自我实现价值和社会价值，规划自己的人生未来，并付出实际的努力。这就是学生本身的内部需要，以实现自己的价值，达到自我实现而激起的学习动机。相对于远景性学习动机，学习负担可以更加快速地激发学生的近景性学习机，使学生主动努力达到最近发展区，进行有效学习，提升自己的全方面能力。学生也会因社会、家庭、教师对自己的关注及要求，承受学业负担，这些学业负担是学生希望达到关注学生的相关人的期望，从而激起外部动机。学业负担可以激起学生的学习动机，使学生为了达到目标主动承担接受学习任务，身心投入，产生自我鼓励行为，进行有效学习。

（三）有利于学习环境的调整

这里所说的学习环境是指学校或者班级的基调、气氛和文化等，即存在于学校环境或课堂教学过程中的各种物理的、社会的以及心理因素的总和。[①] 学习环境一般包括学校环境和课堂环境，学习环境对学生的发展和成长起着重要的作用。学生的学习环境与其学习成绩息息相关，影响着学生的认知和情感，学生在不同的学习环境，会受到不同的学习气氛的影响。已有研究表明，学生感知的课堂环境与其学习的认知或情感结果之间也有关系，学生学习的认知结果常常用学生在某一学科的成绩表示，情感结果则用学生对某一学科的态度、学习动机等表示。[②] 学生的学习负担与学习环境之间也存在着密切的关系。如果班集体的学习气氛浓郁，就会使每一位学生都有学习行为的积极性，班级同学的认知和情感结果就会稳步提高；如果班级同学都在玩，都沉浸在消极学习中，那么这个班级同学的认知水平一定会很低。伴随着学生学习过程中的认知和情感的产生，学生就能体验到学习负担，所以学习负担与学习环境之间存在着间接的相互影响关系。学生在学习某一学科中，学业负担对学习环境有着潜移默化的影响。例如某班学生在学习语文过程中，如果他们所承受的学业负担比其他学科更合理，其语文成

① 马郑豫. 中小学生学习能力、学习环境与学业成就的关系研究——基于13477名中小学生的调查分析 [J]. 中国教育学刊, 2015, 36 (8): 45-60.

② 陆根书, 杨兆芳. 学习环境与学生发展研究述评 [J]. 比较教育研究, 2008, 44 (7): 1-6.

绩就会偏高，结果会造成学生更加喜欢学习语文学科与语文任课教师，对语文所投入的时间也会多于其他学科。可见，学业负担往往是通过对学生的基础知识和基本技能的掌握，间接地调整学习环境，使学习环境更加地适应学生，帮助学生在学习中感受到幸福感。

（四）体现了学生的内在需求

学生承受的学业负担还和其内在的需要之间密不可分。刘合荣认为，学生承受并且不逃避所谓"过重的"学业负担，这种基本事实背后其实隐藏着内在的人性根源，需要从人的自然需求、精神需求和社会需求等方面进行分析，学生的内在需求是其自愿承担学业负担及其学习动力的源泉。① 学生时代是学生发展和成长的重要时期，学业负担对于学生来说是他们所从事的特殊劳动，是历史和时代对他们的职责和分工。随着社会新技术、新知识和丰富的优质人力资源越来越成为制约社会和国家发展的关键因素，无论是社会中的成人，还是学校中的学生，都在寻找机会满足自己的学习需要，学生甚至更渴望这种能够改变自己命运的教育。学业进步和成绩优异就是说明学生在创造劳动价值，至少创造了精神产品，给自己、父母和学校带来成就感与荣誉，给其他同学树立学业榜样和模范，给亲朋好友带来光彩、希望和欣慰。正因为如此，社会、学校、家庭乃至学生自己都对学习成绩有着高度的重视，并愿意付出努力使成绩更上一层楼。学生通过学习，想要满足自己的内在需求，提升自己的文化素养，拥有高端的专业技术，去改变自己未来的生活现状，提高自己的生活水平，希望在社会中能有自己的一席之地。学业负担就成为满足学生自我内在需求的一种重要的途径。从某种意义上说，教育是实现最基本水平的人文关怀，它是可以改变人的命运的重要通道。

（五）有利于学生的身心发展

合理性的学习负担还有利于学生的身心发展。学生在中小学时期，注意力往往还不能实现自己完全控制，注意力不稳定，不能持久；意志力较差，喜欢感情用事，没有很好的自控能力；随着年龄的增长，学生的自我意识和自我评价能力不断增强，不再依靠教师的单一评价来判断自己，而是根据自己的学业成绩和自己的行为和别人的行为进行对照等诸多因素进行一个较独立的自我判断。② 学生在学习过程中，往往靠外界的负担控制自我的注意力，才能在学习及课堂上保持

---

① 刘合荣. 从人性的角度审视学生对学业负担的承受［J］. 湖北第二师范学院学报，2012，29（10）：88 - 92.

② 巴鲁. 小学教育应注意学生的身心发展［J］. 才智，2012，12（14）：76.

较长的注意力。学生的认知能力有限，遇到事情容易感情用事，没有耐性、没有理智的思维去分析、处理事情的能力，学生需要靠外界施加的一种"压力"的催促，以及对心理上造成的逼迫，才能够勉励自己完成相应的任务，培养解决问题的能力。长此以往，才会使学生的意志力变强，拥有自我控制能力，用理智的思维去正确处理生活和学习中发生的事情及问题。学生也会通过考试、作业等形式，与其他人进行比较，对自己产生相应的独立评价，从而对自己产生一定的心理负担和上进的欲望，加上教师与家长的正确引导，使学生的学习活动积极性增强，提高学习兴趣，形成良好的身心健康。学习负担可以使学生的自身因素得到强化，包括：身体素质好，生理承受能力强；心理包括认知、情感、意志等方面。可提高学生在未来的人生道路上，面对困难挫折，大起大伏的遭遇有更强的承载能力以及更强的自我控制能力，使之成为社会完整的人。

总而言之，学业负担会一直伴随着学生的学习活动而存在，有学习就会有学习负担。我们不能一味地只想着把学业负担取消掉，让它消失，这是不太现实的。学业负担是学生内在发展的需要，是改变学习态度、激发学习动机、调节学习环境的重要因素，合理性的学业负担在学生成长与全面发展过程中是不可或缺的。减负的实质在于减去那些不合理的负担，而必须承担那些合理的学业负担。同时，我们不能只看到学业负担的消极一面，还要看到学业负担的积极意义，只有正确地看待学业负担的性质和作用，我们才会对学业负担有一个更深层次的认识，才能找到更加合理的"减负"策略。

# 第九章 中学生学业负担态度与学校满意度：情绪调节自我效能感的中介作用

在我国当今的教育体制下，学业负担是客观存在的，但即使面对同样的学业负担，不同的学生也会有不同的体验。国内学者张锋等首次提出"学业负担态度"概念，并将其定义为学生对自己所承受的学业负荷的稳定的心理倾向和行为方式，具体包括对学业负担的认知、情绪体验和学习行为三个基本维度。① 学校满意度作为学校幸福感的重要组成部分，影响着学生对学校生活的主观感受与评价。② 有研究表明，中学生在总体生活满意度以及对家庭、学校、朋友、自我和生活环境等方面的满意度中，对学校生活满意度水平最低。③ 中学生如果感受到的学业负担过重，就有可能会导致他们对学校生活的不满，这也是中学生学业不良、退学、网络成瘾等学习和行为问题的原因之一。情绪调节自我效能感是个体对能否有效调节自身情绪状态的一种自信程度。④ 情绪调节自我效能感可以在一定范围内调节个体的积极情绪，管理消极情绪并维护自我情绪的调节机制，还可以帮助个体有效应对压力、提高人际关系质量与主观幸福感，最终优化人格结构。⑤ 为进一步了解当前初中生群体学业负担态度、学校满意度与情绪调节自我

---

① 张锋. 中学生学业负担态度量表的编制 [J]. 心理科学，2004，27（2）：449 - 452.

② 田丽丽，刘旺. 中学生学校幸福感及其与能力自我知觉、人格的关系 [J]. 心理发展与教育，2007，23（3）：44 - 49.

③ 孙配贞. 中学生学校满意度：研究进展与发展趋势 [J]. 江苏师范大学学报，2013，39（4）：145 - 148.

④ 窦凯，聂衍刚，王玉洁，等. 中学生情绪调节自我效能感与心理健康的关系 [J]. 中国学校卫生，2012，33（10）：1195 - 1200.

⑤ 田学英，卢家楣. 外倾个体何以有更多正性情绪体验：情绪调节自我效能感的中介作用 [J]. 心理科学，2012，35（3）：631 - 635.

效能感的现状及其三者之间的关系，笔者于 2015 年 11 月对在校初中生进行调查，现将结果报告如下：

## 一、对象与方法

### （一）对象

从长春、哈尔滨、山东潍坊初级中学中各随机抽取 1 所学校，再从每所中学整群随机抽取初一、初二、初三年级各 2 个班，共计 1000 名初中生纳入调查范围。共发放问卷 1000 份，回收问卷 920 份，回收率为 92.00%，获得有效问卷 880 份，有效回收率为 95.65%。其中，男生有 434 名（49.32%），女生有 446 名（50.68%）；年龄在 11 ~ 16 岁，平均年龄 14 ± 1 岁；初一学生有 297 名（33.75%），初二学生有 327 名（37.16%），初三学生有 256 名（29.09%）；农村生源 484 名（55.00%），城镇生源 396 名（45.00%）；独生子女有 393 名（44.66%），非独生子女有 487 名（55.34%）。

### （二）方法

①自行设计调查表，调查初中生的一般情况，包括性别、年龄、年级、生源地、是否独生子女等。②对初中生的学业负担态度调查采用张锋等编制的学业负担态度量表。该量表包括 62 个项目，分为认知（25 项）、情绪（19 项）、行为（18 项）三个维度；采用 5 级计分，分数越高，表明学业负担态度越积极。由于各维度题项不一样，为了便于比较，本研究中我们都统一采用总分与维度的均分计分。三个分量表 Cronbach a 系数分别为 0.864、0.902 和 0.861，信度良好。不同学业成绩学生在该量表的各个维度指标上得分具有显著差异，说明量表具有良好的区分度。本次测量的 Cronbach α 系数为 0.967，三个分量表 Cronbach α 系数分别为 0.925、0.928 和 0.931。③初中生情绪调节自我效能感状况调查采用 Caprara 等最新修订、文书锋等翻译的情绪调节自我效能感量表（Regulatory Emotional Self – Efficacy，RESE）中文版。该量表最早由 Bandura 于 2003 年编制，国内学者黄时华等曾考察过 RESE 中文版在我国初中生群体中的适用性，结果表明具有良好的信效度；[1] 包括三个维度，即表达积极情绪效能感、调节生气/易怒情绪效能感、调节沮丧/痛苦情绪效能感，每个维度均为 4 项，共 12 个项目。采

---

① 黄时华，刘佩玲，张卫，等．情绪调节自我效能感量表在初中生应用中的信效度分析 [J]．中国临床心理学杂志，2012，20（2）：158 – 161.

用李克特 5 级评分，1 代表"很不符合"，5 代表"非常符合"；得分越高，说明调节该情绪的自我效能感越高，掌控能力越强。总量表 Cronbach α 系数为 0.86，各分量表的 Cronbach α 系数分别为 0.83、0.80 和 0.74。本次测量的 Cronbach α 系数为 0.715，各分量表的 Cronbach α 系数分别为 0.666、0.686 和 0.711。④初中生的学校满意度状况调查采用陶芳标等编制的中学生学校生活满意度问卷。①该量表共有 12 个项目，主要包括中学生对自己的学习效果与能力、老师和同学对自己的学习表现、师生及同学关系、从老师和同学那里获得的帮助、学习环境五个方面满意程度的认知与评价；采用 5 级评分，总分为 60 分，越接近总分则学校满意度越高。该量表的信度与效标效度均较好，标准化 Cronbach α 系数为 0.829，重测信度为 0.91，量表总分与 Zung 焦虑自评量表和流量中心用抑郁自评量表评分的相关系数分别为 - 0.464 和 - 0.279。本次测量的 Cronbach α 系数为 0.86。

（三）统计分析

采用 SPSS 17.0 软件对数据进行描述统计、相关分析、回归分析、t 检验等，检验水准 α = 0.05。

二、结果

（一）初中生学业负担态度、情绪调节自我效能感与学校满意度总体状况

初中生学业负担态度各分量表及总分的平均得分如下：认知 2.96 ± 0.74、情绪 3.19 ± 0.86、行为 3.53 ± 0.84，总分 3.23 ± 0.73。按照理论均值 3 分判断，初中生总的学业负担态度的积极性处于中等偏上的水平，但认知分量表得分略低。初中生情绪调节自我效能感各分量表及总分的平均得分如下：表达积极情绪效能感 3.75 ± 0.89、调节生气/易怒情绪效能感 3.22 ± 0.64、调节沮丧/痛苦情绪效能感 2.00 ± 0.50，总分 3.49 ± 0.61。初中生学校满意度总分的平均得分为 3.78 ± 0.64。从得分来看，初中生总的情绪调节自我效能感和学校满意度均处于中等偏上水平，但并未达到积极水平，仍有提升空间。其中，调节沮丧/痛苦情绪的效能感得分较低（低于理论均值 3 分），表明初中生管理这种消极情绪的自我效能感较低。

---

① 陶芳标，孙莹，凤尔翠，等. 中学生学校生活满意度评定问卷的设计与信度、效度评价 [J]. 中国学校卫生，2005，26（12）：987 - 989.

（二）初中生学业负担态度、情绪调节自我效能感与学校满意度的相关分析

表1-9-1结果显示，初中生学业负担态度各维度及总分、情绪调节自我效能感各维度及总分与学校满意度总分之间均呈现显著正相关（r值分别为0.15～0.94，p值均<0.01）。这说明学业负担态度越积极，情绪调节自我效能感越强，则学校满意度就越高。

表1-9-1　初中生学业负担态度、情绪调节自我效能感与
学校满意度的相关系数（r值，n=880）

| 变量 | 认知 | 行为 | 情绪 | 学业负担态度总分 | 表达积极情绪 | 调节生气/易怒情绪 | 调节沮丧/痛苦情绪 | 情绪调节自我效能感总分 |
|---|---|---|---|---|---|---|---|---|
| 行为 | 0.62** | — | — | — | — | — | — | — |
| 情绪 | 0.77** | 0.76** | — | — | — | — | — | — |
| 学业负担态度总分 | 0.88** | 0.89** | 0.94** | — | — | — | — | — |
| 表达积极情绪 | 0.15** | 0.16** | 0.15** | 0.17** | — | — | — | — |
| 调节生气/易怒情绪 | 0.33** | 0.33** | 0.33** | 0.36** | 0.25** | — | — | — |
| 调节沮丧/痛苦情绪 | 0.37** | 0.37** | 0.38** | 0.42** | 0.30** | 0.55** | — | — |
| 情绪调节自我效能感总分 | 0.37** | 0.37** | 0.38** | 0.41** | 0.72** | 0.74** | 0.82** | — |
| 学校满意度总分 | 0.43** | 0.41** | 0.41** | 0.46** | 0.28** | 0.38** | 0.41** | 0.47** |

注：**表示p<0.01。

（三）中介效应检验

按照温忠麟等提出的中介效应检验程序，[①]对情绪调节自我效能感在学业负担态度与学校满意度之间的中介效应进行检验。结果显示，学业负担态度对情绪调节自我效能度（$\beta = 0.34$，$t = 13.33$，$p < 0.01$）、学校满意度（$\beta = 0.40$，$t = 15.52$，$p < 0.01$）均有显著的预测作用。当情绪调节自我效能感变量加入时，学业负担态度对学校满意度的预测作用下降，但仍然显著（$\beta = 0.35$，$t = 10.77$，$p < 0.01$），决定系数 $R^2$ 则由 0.2154 增加到 0.3071，$\Delta R^2$ 为 0.0917，即增加值能解释总变异的 9.17%；同时情绪调节自我效能感也显著预测学校满意度（$\beta =$

① 温忠麟，叶宝娟. 中介效应分析：方法和模型发展［J］. 心理科学进展，2014，22（5）：731-745.

0.26，t = 10.64，p < 0.01）（见表 1 - 9 - 2）。因此，我们可以认为，初中生情绪调节自我效能感在学业负担态度与学校满意度的关系中存在部分中介效应。

表 1 - 9 - 2 初中生情绪调节自我效能感的中介效应依次检验表

|  | 标准化回归方程 | 回归系数检验 |
|---|---|---|
| 第一步 | Y = 0.40X | SE = 0.03，t = 15.52** |
| 第二步 | M = 0.34X | SE = 0.03，t = 13.33** |
| 第三步 | Y = 0.26M | SE = 0.03，t = 10.64** |
|  | Y = 0.35X | SE = 0.03，t = 10.77** |

注：Y 表示学校满意度总分，X 表示学业负担态度总分，M 表示情绪调节自我效能感总分，SE 表示标准误；** 表示 p < 0.01。

### 三、讨论

本次调查中，初中生总的学习负担态度、情绪调节自我效能感和学校满意度均处于中等偏上水平，但并未达到积极水平，仍有提升空间。就学业负担态度而言，情绪和行为维度高于平均值，表明大多数学生能够调整好自己的情绪，接受并完成当前任务；但认知维度低于平均值，这可能和当前初中生的主观感受有关。一些学生认为学业负担较重，作业量及任务过多，所学内容较难。有学者认为，由于缺乏责任与竞争意识，且心理承受能力较弱，导致学生主观上认为学业负担过重。[1] 可见，帮助中学生树立对学业负担积极的、正确的认知是极其有必要的；可因材施教，针对不同的学生分配不同的学习任务，避免学生因学业负担态度消极导致心理压力过重。另外，初中生在情绪调节自我效能感的不同维度上有一定差异，其中，调节沮丧/痛苦情绪的自我效能感得分较低，说明学生对调节该情绪的自信程度偏低，缺乏改善消极情绪状态的自我效能感。可能的原因是中学生还处于半成熟期，内心世界逐渐丰富，情绪体验深刻，而自我意识高涨，依赖性与独立性并存，交友范围逐渐缩小，由此导致消极情绪得不到排解。因此，老师和家长应该关注中学生情绪体验，通过沟通交流帮助中学生排解消极情绪，增加克服消极情绪的成功经验，从而提升消极情绪调节的自我效能感。相对来说，初中生积极情绪调节的自我效能感高于消极情绪。

---

[1] 童星. 我国中小学生学业负担研究述评 [J]. 教育科学论坛，2014，28（7）：73 - 75.

本研究结果还验证了初中生情绪调节自我效能感在学业负担态度与学校幸福感中的部分中介作用，即学业负担态度对学校满意度的影响可以是直接的，也可以通过情绪调节自我效能感的改变而间接影响。一般来说，初中生的学业负担态度越积极，同等学业负担状态下其身心所感受的压力就更小，积极的认知和行为有利于情绪调节和身心健康，从而对学校生活有着更高的体验和评价。张见有等的研究发现，中学生对学校气氛的感知与学校满意度之间呈正相关。[1] 因此，我们可以通过培养中学生树立正确积极的学业认知，面对学业负担有正确的认识和积极的策略，从而提升学校满意度。另外，学业负担态度除了直接影响学校满意度之外，也可以通过情绪调节自我效能感间接影响学校满意度。当学生面临学业负担时，情绪调节自我效能感可以表达积极情绪与调节消极情绪，使之更加积极地对待问题，采取更加合理而高效的措施应对困境。情绪调节效能感的提升，不仅有利于降低负性情绪的影响，更为重要的是，使得中学生在情绪体验上拥有更高水平的控制感与自信心，促使他们对学校、学业及周围环境等保持较高的满意度。[2] 窦凯等的研究表明，当个体相信自己有能力进行情绪调节时，他们更倾向于采用积极的调节策略来维持积极情绪和幸福感，如持续扩大已有的快乐体验，减弱负性情绪体验等。[3] 还有研究表明，情绪调节受经验反馈的影响，通过主动调节消极情绪获得成功经验可以使情绪调节更为积极。[4] 因此，初中生不断地调节消极情绪的影响，可以增加自信心与自我效能感，这对于学业负担压力感的降低与学校满意度的提升都是十分有利的。

本研究结果启示，在今后的学校生活中，教育者应帮助中学生树立对课业量与课业难度等正确的认知，有意识地培养中学生学习的主动性、适应性和计划性，通过提升中学生的认知、行为和态度等策略提升其学校满意度；同时，还要帮助他们采取正确的情绪调节策略，积累更多成功的经验，逐渐提升情绪调节自我效能感，从而最终实现中学生学校满意度及其幸福感的提高。

① 张见有，江慧，韦嘉，等．中学生感知的同学关系和学校满意度对孤独感的影响［J］．中国学校卫生，2014，35（10）：1509－1513.

② 王玉洁，窦凯，聂衍．高职生大五人格与生活满意度：情绪调节效能感的中介作用［J］．中国健康心理学杂志，2014，22（10）：1559－1561.

③ 窦凯，聂衍刚，王玉洁，等．中学生情绪调节自我效能感与主观幸福感情绪调节方式的中介作用［J］．心理科学，2013，36（1）：139－144.

④ Turliuc M. N. , Bujor L. Emotion regulation between determinants and consequences［J］. Procedia Soc Behavl Sci, 2013, 76（3）：848－852.

# 第十章　中学生学业负担与学业自我效能感的关系

中小学生的学业负担问题自 20 世纪 90 年代开始显现，但到现在为止过去了 20 余年，还没有得到完全的解决。以往的研究大都是从教育学或社会学的视角来看待这一问题，要完全解决这一问题，还需要从更多的视角进行分析与探讨。20 世纪 80 年代末，澳大利亚心理学家 Sweller 系统地提出了认知负荷理论。[①] 该理论一经提出便迅速与现代教育教学相结合，现已成为教育心理学领域内最有影响力的理论框架之一，也为我们研究学业负担提供了一个新的心理学视角。学业负担在每个学生身上都是客观存在的，但每个学生对此的主观感受与体验不尽相同。从认知负荷的视角看，学业负担是中小学生对学习过程中所投入的心理资源总量（主要包括认知资源和情绪资本）的主观感受与体验。[②]

近些年，人们逐渐开始关注中学生的学业自我效能感，它是自我效能感的重要组成部分。学业自我效能感是指中学生对自身成功地完成学业任务所具有能力的判断与自信。[③] 学业自我效能感体现了中学生对自己学习行为与能力的自信程度，能促进自我的调节水平，在一定程度上它决定了中学生认知水平与学业成就的高低。鲍学峰等的研究表明，中学生对校园氛围的感知能显著预测其学业自我效能感。[④] 可见，中学生对校园氛围的感受与体验会影响到其学业自我效能感水

① Brünken, R., Plass, J. L. & Leutner, D. Direct measurement of cognitive Load in multimedia learning [J]. Educational Psychologist, 2003, 38 (1): 53 - 61.

② 孙崇勇. 从认知负荷的视角看中小学生学业负担 [J]. 教育探索, 2016, 36 (4): 31 - 32.

③ 陈秋珠. 初中生学业拖延与学业自我效能感关系研究 [J]. 华东师范大学学报（教育科学版），2016, 34 (3): 100 - 106.

④ 鲍学峰，张卫，喻承甫，等. 初中生感知校园氛围与网络游戏成瘾的关系：学业自我效能感的中介效应与父母学业卷入的调节效应 [J]. 心理发展与教育, 2016, 32 (3): 358 - 368.

平的高低。陈永凤、陶君等的研究发现，学习压力与学习自我效能感之间呈显著负相关。[1][2] 认知负荷视阈下的学业负担与校园氛围感知、学业压力有相似之处，都是学生对学习及周围环境的一种内心体验，也可能对学生的学业自我效能感产生显著影响，从而影响他们的学业成就。当然，这还需要实证调查研究加以证实。

为了探析中学生学业负担与学业自我效能感之间的密切关系，笔者于 2017 年 3 月调查了当前中学生群体学业负担与学业自我效能感的现状，并深入分析了两者之间的关系，现将结果报告如下：

## 一、对象与方法

### （一）对象

从吉林省、山东省、河南省的中学各随机抽取 2 所学校，再从各校的每个年级整群随机抽取 2 个班，共计 1520 名中学生纳入调查对象。共发放问卷 1520 份，回收 1446 份，其中有效问卷 1394 份，问卷回收率与有效率分别为 95.13%、96.40%。被试年龄在 12～20 岁，平均年龄 15.82 ± 1.90 岁；其中，男生有 655 名（46.99%），女生有 739 名（53.01%）；初中生有 459 名（32.93%），高中生有 935 名（67.07%）；农村生源有 756 名（54.23%），城镇生源有 638 名（45.76%）；独生子女有 547 名（39.24%），非独生子女有 847 名（60.76%）。

### （二）工具

1. 中学生心理资源投入量表

采用自编的《中学生心理资源投入量表》调查中学生认知负荷视阈下的学业负担状况。量表编制过程中，参考了赵俊峰编制的《学习投入调查问卷》。[3] 该量表共有 13 个题项，包括认知资源投入（7 项）和情绪资本投入（6 项）两个分量表；采取李克特五点量表评分，分数越高，表明学业负担越重；反之，则越轻。本研究中，该量表总的 Cronbach α 系数为 0.915，两分量表分别为 0.873、0.897；两个分量表之间的相关系数为 0.590（p < 0.01），与总分的相关系数分

① 陈永凤，裴先波. 高三学生学习压力与学业自我效能感的相关研究［J］. 中国健康心理学，2010，18（10）：1207 – 1208.

② 陶君. 高中生心理健康和自我效能感及其关系［J］. 中国学校卫生，2013，34（11）：1334 – 1335.

③ 赵俊峰. 解密学业负担：学习过程中的认知负荷研究［M］. 北京：科学出版社，2011：161 – 165.

别为 0.877、0.886（p<0.01）。

2. 学业自我效能感量表

采用梁宇颂等编制的《学业自我效能感量表》调查中学生学业自我效能状况。[①] 该量表共有 22 个题项，包括学习能力自我效能感与学习行为自我效能感两个分量表，各有 11 个题项；采用李克特五点量表评分，分数越高，学业自我效能感越强；反之，则越弱。该量表总的 Cronbach α 系数为 0.835，两个分量表分别为 0.820、0.752。本研究中，该量表 Cronbach α 系数为 0.798，两个分量表分别为 0.791、0.708；两个分量表之间的相关系数为 0.480（p<0.01），与总分的相关系数分别为 0.881、0.838（p<0.01）。

（三）统计分析

采用社会科学统计软件 SPSS 21.0 软件对数据录入与整理，并进行描述统计、t 检验、相关分析与回归分析等。检验水准为 α=0.05。

## 二、结果

（一）中学生学业负担状况

中学生学业负担总分为 51.67±11.02，认知资源投入与情绪资本投入得分分别为 27.79±6.05、23.88±6.30。独立样本 t 检验结果表明，男女生在情绪资本投入与心理资源投入总分上的差异具有统计学意义，其中女生 24.27±6.22、52.25±9.86 显著高于男生 23.43±6.37、51.02±12.17，$t_1$=2.50，p=0.012；$t_2$=2.07，p=0.039。男女生在认知资源投入上的差异不具有统计学意义（p>0.05）。初、高中生在认知资源投入与情绪资本投入上的差异具有统计学意义，其中初中生（28.58±5.76）在认知资源投入上显著高于高中生（26.95±6.15，t=4.86，p=0.000）；但初中生（22.78±6.17）在情绪资本投入上显著低于高中生（24.00±6.41，t=−3.42，p=0.000）。初、高中生在心理资源投入总分上的差异不具有统计学意义（p>0.05）（见表 1−10−1）。

---

① 梁宇颂，周宗奎. 大学生成就目标定向、归因方式与学业自我效能感的研究 ［D］. 武汉：华中师范大学，2000：5−32.

表 1－10－1　中学生认知负荷视阈下学业负担状况的描述性结果与差异比较（M ± SD & t）

| 变量 | 女生（n = 739） | 男生（n = 655） | t₁ 值 | 初中生（n = 459） | 高中生（n = 935） | t₂ 值 |
|---|---|---|---|---|---|---|
| 认知资源投入 | 27.98 ± 5.37 | 27.58 ± 6.74 | 1.19 | 28.58 ± 5.76 | 26.95 ± 6.15 | 4.86 ** |
| 情绪资本投入 | 24.27 ± 6.22 | 23.43 ± 6.37 | 2.50 * | 22.78 ± 6.17 | 24.00 ± 6.41 | －3.42 ** |
| 心理资源投入总分 | 52.25 ± 9.86 | 51.02 ± 12.17 | 2.07 * | 51.36 ± 10.72 | 50.95 ± 11.46 | 0.65 |

注：* 表示 $p < 0.05$，** 表示 $p < 0.01$；$t_1$ 值、$t_2$ 值分别为性别、年级比较结果。

（二）中学生学业自我效能感状况

中学生学业自我效能感总分为 71.54 ± 10.46，学习能力自我效能感与学习行为自我效能感得分分别为 37.81 ± 7.35、35.34 ± 6.24。独立样本 t 检验结果表明，男女生在学习能力自我效能感上的差异具有统计学意义，其中女生（36.37 ± 6.64）显著低于男生（37.15 ± 6.31），$t = -2.25$，$p = 0.024$。男女生在学习行为自我效能感与学业自我效能感总分上的差异均不具有统计学意义（$p > 0.05$）。初、高中生在学习能力自我效能感、学习行为自我效能感与学业自我效能感总分上的差异均具有统计学意义，其中初中生 37.81 ± 7.35、35.34 ± 6.24、73.15 ± 11.81 显著高于高中生 35.79 ± 6.21、34.41 ± 5.40、70.20 ± 10.00，$t_1 = 5.06$，$p = 0.000$；$t_2 = 2.75$，$p = 0.004$；$t_3 = 4.61$，$p = 0.000$（见表 1－10－2）。

表 1－10－2　中学生自我效能感状况的描述性结果与差异比较（M ± SD & t）

| 变量 | 女生（n = 739） | 男生（n = 655） | t₁ 值 | 初中生（n = 459） | 高中生（n = 935） | t₂ 值 |
|---|---|---|---|---|---|---|
| 学习能力自我效能感 | 36.37 ± 6.64 | 37.15 ± 6.31 | －2.25 * | 37.81 ± 7.35 | 35.79 ± 6.21 | 5.06 ** |
| 学习行为自我效能感 | 34.97 ± 5.47 | 34.61 ± 5.84 | 1.19 | 35.34 ± 6.24 | 34.41 ± 5.40 | 2.75 ** |
| 学业自我效能感总分 | 71.34 ± 10.56 | 71.76 ± 10.34 | －0.76 | 73.15 ± 11.81 | 70.20 ± 10.00 | 4.61 ** |

注：* 表示 $p < 0.05$，** 表示 $p < 0.01$；$t_1$ 值、$t_2$ 值分别为性别、年级比较结果。

（三）中学生学业负担与学业自我效能感的相关分析

皮尔逊相关分析结果显示（见表 1－10－3），认知资源投入与自我效能感两维度及总分之间呈显著正相关（r 值分别为 0.13 ~ 0.17，p 值均 < 0.01），情绪资

本投入、心理资源投入总分与自我效能感两维度及总分之间呈显著负相关（r值分别为 $-0.26 \sim -0.15$，p值均 $<0.01$）。

**表1-10-3 中学生认知负荷视阈下的学业负担与学业自我效能感的皮尔逊相关分析（r）**

| 变量 | 认知资源投入 | 情绪资本投入 | 心理资源投入总分 | 学习能力自我效能感 | 学习行为自我效能感 |
|---|---|---|---|---|---|
| 情绪资本投入 | 0.59* | — | — | | |
| 心理资源投入总分 | 0.88* | 0.89* | — | | |
| 学习能力自我效能感 | 0.17* | -0.26* | -0.19* | | |
| 学习行为自我效能感 | 0.13* | -0.19* | -0.15* | 0.48* | |
| 学业自我效能感总和 | 0.16** | -0.26* | -0.19* | 0.88* | 0.84* |

注：*表示 $p<0.05$，**表示 $<0.01$。

**（四）中学生学业自我效能感对学业负担的回归分析**

以学业自我效能感总分为因变量，以认知资源投入与情绪资本投入为自变量，进行多元线性回归分析（见表1-10-4）。结果显示，认知资源投入与情绪资本投入两个变量均进入回归方程，其中，认知资源投入（$\beta=0.21$，$t=3.72$，$p=0.000$）正向预测学业自我效能感，情绪资本投入（$\beta=-0.55$，$t=-10.40$，$p=0.000$）负向预测学业自我效能感，这两个预测变量一共可以解释学业自我效能感14%的变异。这说明，中学生在学习过程中认知资源投入越多，情绪资本投入越少，则学业自我效能感越强。

**表1-10-4 中学生学业自我效能感对认知负荷视阈下学业负担的回归分析（Reg.）**

| 预测变量 | 回归系数 | 标准化回归系数 | t 值 | p 值 | R 值 | $R^2$ 值 | F 值 |
|---|---|---|---|---|---|---|---|
| 认知资源投入 | 0.21 | 0.12 | 3.72** | 0.000 | 0.37 | 0.14 | 58.49** |
| 情绪资本投入 | -0.55 | -0.33 | -10.40** | 0.000 | — | — | — |

注：**表示 $p<0.01$。

## 三、讨论

从本次调查的结果来看，女生在情绪资本投入与心理资源投入总分上显著高于男生，这表明，女生在认知负荷视阈下的学习负担显著高于男生。这可能是因为本研究中把学习负担界定为学习过程中投入心理资源的一种主观体验与感受；而相对于男生，女生的情绪不太稳定，较为多变，心思过于细腻，自尊高，导致对自身素质要求高。从情感体验上看，女生更为敏感，更为深刻。[①] 因此，女生对学习负担的感受更为明显。在年级差异上，初中生在认知资源投入上显著高于高中生，但在情绪资本投入上显著低于高中生，两者在心理资源投入总分差异不显著。这表明，从认知负荷的视角看，初、高中生的学业负担处于伯仲之间，但各有侧重点。与高中生相比，初中生在学习过程中注意的稳定性、持久性不如高中生，他们需要更多的意志力与主观努力来维持自己的有意注意，因而投入的注意资源较多。高中生认知能力较强，知识经验较为丰富，善于运用各种记忆方法，抽象逻辑思维比较多。[②] 因而，高中生在记忆上投入的心理资源较初中生少。中学生随着生理与心理的不断发展，他们情绪的体验也随之变得更为敏感、更为深刻。与初中生相比，高中生情绪波动性较大，逐渐以生理需要为主向以社会性需要为主转变。[③] 高中生在学习过程中面临考试，或遭遇失败、挫折时，他们的紧张感、恐惧感、挫败感、内疚感等更为强烈，导致高中生投入更多的情绪资本。关于学业自我效能感性别上的差异，与刘海波、谢玲平等的研究结果一致。[④][⑤] 这可能是因为男生的抗压能力相对更强，性格上更为坚忍，尤其男生的情绪较稳定，更容易保持自信，自我觉知的水平较高。至于年级上的差异，可能初中生对自我学习能力保持更加乐观积极的态度，能确信自己有足够解决问题的能力，但也不排除一些初中生在并未全面、客观地了解自身学习的情况下而做出较高的评判。

相关与回归分析表明，中学生认知资源投入得越多，学业自我效能感则越强；情绪资本投入得越多，学业自我效能感就越低。中学生在学习过程中需要投入各种认知资源，如在课堂听讲时集中注意力；对学习材料上投入记忆力与深度思考；在概念之间的关系上投入判断与推理等。随着中学生认知资源的不断投

① 孙崇勇，徐双媛. 初中生学校幸福感与学业负担态度的相关关系分析［J］. 现代预防科学，2017，44（1）：69–70.

② 刘国权，孙崇勇，王帅. 高等教育心理学［M］. 长春：吉林大学出版社，2013：63–73.

③ 王华. 我国高中生的情绪特点及影响因素分析与调控［J］. 河西学院学报，2004，20（6）：81–83.

④ 刘海波. 初中生学业自我效能感的培养研究［D］. 呼和浩特：内蒙古师范大学，2015.

⑤ 谢玲平，邹维兴. 中学生依恋对学习自我效能感的影响：自尊的中介作用［J］. 教育测量与评价，2016，9（5）：55–56.

入，其知识面与认识理解力也不断提高，就会使其对自身的能力更加肯定，从而产生更高的学业自我效能感。另外，中学生在学习过程中还需要投入较多的情绪资本，如克服学习中的紧张感与恐惧心理；保持自己的情绪稳定，防止有较大的情绪波动；克服遭遇挫折、失败后内心的内疚、后悔与挫败感等，而面对学业负担，学生产生的负面情绪居多，这容易使他们对自身的能力不自信，或产生不确定的想法，从而降低其学业自我效能感。有研究表明，学生消极学业情绪对其学习自我效能感有负向预测作用。① 值得注意的是，如果情绪资本投入过多会降低学业自我效能感，而更低的学业自我效能感又会减少学生对学业负担的感受与体验，这很容易形成一种恶性循环，这当然不是我们的目的，也是不可取的。从绩效的角度看，最为理想的状态是学生对学业负担的感受与体验程度处于中等，既不要过高也不要过低。所以正确看待学习负担的本质问题就显得尤为重要。减负并非是减少作业量与学习时间那样简单，而在于提高学生的学习效率，减掉那些真正干扰学生学习的负担。② 在日常教育教学中，我们应该着力帮助学生掌握正确的学习方法，注重学生学会管理时间、学会学习、学会调节不良情绪，控制好适度的认知负荷，使其学业自我效能感达到进一步提升，更好地完成学业任务，实现学业目标。从这个意义上说，本研究将对有效调控中学生学业负担，增强其学业自我效能感并提升其心理健康水平具有一定的参考价值。

---

① 王道阳，陆祥，殷欣．流动儿童消极学业情绪对学习自我效能感的影响：情绪调节策略的调节作用［J］．心理发展与教育，2017，33（1）：56－64.

② 孙崇勇．认知负荷理论及其在教学中的运用［M］．北京：清华大学出版社，2017：18－22.

# 第十一章　中学生"心理减负"策略研究

中小学生的学业负担及其"减负"问题由来已久，一直受到社会上的广泛关注。近些年来，国内很多学者从教育学、社会学的角度等对该问题进行了探讨，并提出了许多"减负"的策略。应该说，这些策略在一定程度上起到了减轻中小学生学业负担的效果。为了取得"减负"可持续性的更大效果，我们还需从多个角度进行积极有效的探讨。本章将从心理学视角探讨各种类型的认知负荷与学业负担的关系，并提出相应的"减负"策略，以期对中小学生的"减负"有所裨益。

## 一、认知负荷的含义和理论基础

认知负荷理论（Cognitive Load Theory，CLT）最早是由澳大利亚心理学家 Sweller 于 20 世纪 80 年代末提出的，该理论一经提出，迅速引起国内外众多学者的关注，成为现代教育教学的理论基础。

### （一）认知负荷的含义

虽然认知负荷理论的提出已有 20 多年的时间，但是人们对于认知负荷的概念一直没有统一的界定。Sweller（1988）认为，认知负荷是处理被给信息所需的"心智能量"的水平。[1] Cooper（1998）认为，学习就是以某种方式对知识（或能力）编码并存储在长时记忆中，过后需要时可以被提取和应用。[2] 在他看来，

---

① Sweller J. Cognitive load during problem solving：Effects on learning ［J］. Cognitive Science，1988，12（2）：257 – 285.

② Cooper，G. Research into cognitive load theory and instructional design at UNSW ［C］//School of Education Studies ［C］. The University of New South Wales，Sydney，Australia，1998.

人的长时记忆可以将知识进行归纳和整理，在某一知识点被提取时，其他相关知识也会被相应地反映出来。如果在提取知识过程中并没有完整的图式结构，那么就要重新构建新的理论框架。在国内，也有很多学者对认知负荷做出了界定，如曹宝龙等认为，认知负荷就是一个事例中智力活动强加给工作记忆的总数；① 孙天义等把认知负荷定义为施加到工作记忆中的待处理信息的总量；② 龚德英等则认为，认知负荷是指个体完成特定认知活动所需要的工作记忆资源，也可以理解为个体成功地完成一个认知任务所需要付出的心理努力的量。③ 看得出来，国内外学者大都是从不同的角度侧面地对认知负荷做出自己的界定。综合各位学者的观点，我们认为，认知负荷是指学生在学习或任务完成中进行信息加工所耗费的认知资源总量，它的产生至少具有以下几个条件：①认知负荷与某项具体的任务相联系，没有具体的任务就不会产生认知负荷；②该任务的完成必须要动用工作记忆中有限的资源；③该任务各项操作的顺利进行，必须要有相应心智能量的支持。④

（二）认知负荷的理论基础

归纳起来，认知负荷的理论基础主要包括以下几个方面：

1. 认知资源理论

这一理论来源于心理学上的注意资源有限理论。从学习的角度来说，个体在接受和储存知识时，同样涉及这种资源有限的问题，尤其是在人的工作记忆上，虽然不同的人记忆容量不同，但是总量都是有限的。任何形式的学习和问题解决活动都需要消耗认知资源，当学习变得复杂、问题变得困难就要占用更多的认知资源，学生在心理上就会感受到任务带来的压力，从而导致"负荷"的产生，进一步影响学习效果和效率。但是，个体需要学习的知识是无限量的，长时记忆的储存从理论上来说也是无限量的。如果学生在知识的储存中进行合理的图式建构，控制认知资源的合理分配，将有助于将学习的意识控制加工转变为自动化加工，就会减少学习中的认知负荷，在心理上感到轻松。

2. 图式理论

图式是指围绕某一个主题组织起来的知识表征和储存方式。图式理论认为，

① 曹宝龙，刘慧娟，林崇德. 认知负荷对工作记忆资源分配策略的影响 [J]. 心理发展与教育，2005，31（1）：36 - 42.

② 孙天义，许远理. 认知负荷的理论及主要模型 [J]. 心理研究，2012，5（2）：93 - 96.

③ 龚德英，张大均. 多媒体学习中认知负荷的优化控制 [M]. 北京：新华出版社，2013.4 - 5.

④ 孙崇勇. 认知负荷的理论与实证研究 [M]. 沈阳：辽宁人民出版社，2014：3 - 7，11 - 12.

图式是知识与信息储存的一种经济方式，当图式变得自动化时，加工容量就被释放出来，这样就可将更多的工作记忆用于理解文本或解决问题之类的任务了。①② 可见，图式理论也是基于认知资源理论，其实质是系统深入地探讨长时记忆在理解过程中作用的一种理论模式。③ 图式不是各个部分简单、机械地相加，而是按照一定的规律由各个部分构成的有机整体，它描述的是具有一定概括程度的知识，不是定义。学生的图式构建都是有意义的，随着对知识理解的深入，图式也会发生相应改变；学生可以将图式构建得十分详细，有简单的、复杂的、抽象的、具体的，还可分成不同的子系统，以方便知识的提取。当新知识出现而没有合适的图式时，学生还可以构建新的图式。可见，学生大脑中储存的图式越丰富、越系统，所体验的学习负担就越轻。

3. 建构主义理论

建构主义理论是认知学习理论的一个分支，在 20 世纪后期越来越受到教育者的广泛关注，其理论被大量应用于教学实践活动中。该理论认为，中学生是学生利用感觉吸收并且建构意义的活动过程，这一过程不是被动地接受外部知识，而是同接触的外部世界相互作用的结果；学习的建构过程包括对原有经验的改造与重组两个部分；中学生都是以自己的方式建构对知识、信息的理解，所以不同的人对知识、信息的理解可能有所不同。这就表明在学校教育中学习不仅仅是单纯的教师教学活动，而且是和学生的知识储备与接受能力、教学环境、知识的难易程度以及教师的教学方法等因素息息相关。当然，学习最为重要的决定因素来自学生内部，即知识储备与接受能力。

**二、认知负荷与学业负担的关系**

根据认知负荷影响因素的来源及性质，Sweller 等把认知负荷分有三大类，即内在认知负荷（Intrinsic Cognitive Load，ICL）、外在认知负荷（Extraneous Cognitive Load，ECL）和相关认知负荷（Germane Cognitive Load，GCL）。④ 下面我们将分别探讨这三大类别的认知负荷与学业负担的关系。

①④Paas, F., Renkl, A. & Sweller, J. Cognitive load theory and instructional design：Recent developments [J]. Educational Psychologist, 2003, 38 (1)：1 - 4.

② Kirschner, P. A. Cognitive load theory, Implications of cognitive load theory on the design of learning [J]. Learning and Instruction, 2002, 12 (1)：1 - 10.

③ 雷晓东. 概念流利与图式理论 [J]. 山西师大学报（社会科学版），2010，38 (11)：150 - 152.

（一）内在认知负荷与学业负担的关系

内在认知负荷主要与学习材料或任务的复杂性、学生特长和基本功之间的交互作用有关。Seufert 等又将内在认知负荷分为两类：由学习材料或任务的复杂性（外部因素）导致的内在认知负荷称为外因决定的内在认知负荷；由认知图式的可获得性所决定的内在认知负荷称为内因决定的内在认知负荷。① 认知图式的可获得性受中学生先前知识经验的影响，属于内部因素。

1. 外因决定的内在认知负荷与学业负担的关系

从外因决定的内在认知负荷的角度来说，学习任务或活动的复杂程度与学生消耗的认知资源量呈正相关。消耗的认知资源量越多，其认知负荷的感受也就愈加明显。课堂上，学生总是对刚刚接触的新知识表示难以接受，于是，教师需要花大量的时间和精力来为学生打好基础知识，以便在此基础上进行深入的学习，同时也减缓在新课程开始时，由于学生对于新知识的未知而感受到的学业负担，而在学习过程中，当学生遇到较困难、难以理解的知识点时也会体验到这种内在认知负荷。当这种认知负荷较大时，学生就明显感受到学业负担的压力，很容易有意识地逃避困难，放弃对于该知识点的学习。如果不能及时帮助学生克服困难，对于中小学生来说，就很容易丧失对该门课程学习的兴趣。基于外因决定的内在认知负荷的这种特性，新课标对于每门课程的每一个知识点都要有详细的说明，以便教师很好地把握，从而有效地降低这种内在认知负荷。

2. 内因决定的内在认知负荷与学业负担的关系

从内因决定的内在认知负荷角度来说，认知图式的可得性，也就是学生的先前学习知识即学生的图式水平在学习过程中起着先行组织者的作用。图式建构有利于信息在长时记忆中的储存和组织化，并且降低工作记忆负荷。② 中学生已经具有一定的图式构建能力，但在图式的具体内容、复杂性程度等方面存在个体差异。如果在学习中，在相同的任务材料复杂程度下，学生的长时记忆里没有现成的图式可用，那么临时构建新的图式结构会让中学生感受到较高的内在认知负荷，也就会体会到该门课程所带来的学业负担。同样的如果学生的长时记忆里存有现成的图式，而学习材料复杂程度较高，学生同样会感受到较高的内在认知负

① Seufert, T. , Janen, I. & Brunken, R. The impact of intrinsic cognitive load on the effectiveness of graphical help for coherence formation ［J］. Computer in Human Behavior, 2007, 23（3）：1055 – 1071.

② Kirschner, P. A. Cognitive load theory, Implications of cognitive load theory on the design of learning ［J］. Learning and Instruction, 2002, 12（1）：1 – 10.

荷。比如，刚上初中的学生对于学业负担所带来的压力感受并不大，等到初二年级增加了物理、化学课程，由于对于课程的陌生性，学生能明显体会到学业负担。

（二）外在认知负荷与学业负担的关系

外在认知负荷主要与学习材料的组织和呈现方式有关，被认为是由学习过程中对学习没有直接贡献的心理活动引起的。[①] 显然，外在认知负荷的增加会起到消极的学习效果，降低学习效率，加重学生的学业负担。下面我们分别来探讨传统与现代两种教学模式下外在认知负荷与学业负担的关系。

1. 传统教学模式下外在认知负荷与学业负担的关系

在传统教学模式下，以老师和教材为中心的枯燥严苛的教学环境，及其填鸭式教学对学生的学习并没有起到多大的促进作用，甚至会促使处于青春期的学生们产生强烈的逆反心理。学生在学习中，面对冗杂的课程、枯燥的教学环境和繁杂的学习任务感受到强烈的学业负担。这种学业负担并没有起到积极有效的促进学生学习的效果，反而使学生丧失对学习的好奇心和兴趣，麻木地、机械地接受知识，把学生变成学习的机器而不是全面发展的人。大量有关认知负荷的实验研究表明，过去我们日常认知的教学任务中，有很多对于学生认知世界和接受知识并没有多大帮助，但是这方面的学习占用学生很大部分的认知资源，这也就是平时我们所说的无用信息。接收大量无用信息容易导致学生认知资源不够，认知负荷就比较高，当学生学习新知识时就会感到学业负担较重。例如，在中学历史教学中，教师总是要求学生背诵近代史某条约签订的详细时间、地点、代表人物，甚至详细的赔款数目等。其实，这并不能加深学生对于该段历史背后意义的理解与掌握，反而让学生感到厌倦与乏味，增加学生的学业负担。

2. 现代教学模式下外在认知负荷与学业负担的关系

自从新课改以来，教学强调以学生为中心，活跃课堂气氛，鼓励学生个性发展。这一改变也使得教学材料及方式呈现多样化，学习活动更加丰富，有效学习增加，无用信息减少。在一定程度上降低了学生的外在认知负荷，减轻了学生学业负担，从而对促进学习起到一定的积极作用。新课改后，教学框架清晰明了，教学目的明确，学生较之前可以更加系统地接受知识，对于自己的学业可以设立个性化目标，课程的学习更加自由轻松。这使得原来分散的注意可以集中在某一

---

① 孙崇勇．认知负荷的测量及其在多媒体学习中的应用［D］．苏州：苏州大学，2012.

问题进行集中思考，避免认知资源的浪费。这样不但提高了学习的趣味性，增强了学生挑战问题的勇气；同时，在这种环境下的学习，可以减少学生对于学业负担的感受。例如，任务型教学法的流行，就是对减少外在认知负荷最好的诠释。在任务型教学法中，教师被明确地要求制定好课程计划的目标、任务以及预期达到的效果。学生在这种教学法下可以迅速地掌握课程重点与难点，避免走弯路，这就有利于学生降低外在认知负荷，在一定程度上减少了学生学业负担带来的压力。

（三）相关认知负荷与学业负担的关系

在完成某一任务的过程中，当中学生把未用完的剩余认知资源用到与学习直接相关的加工（如重组、提取、比较和推理等）时，就会产生相关认知负荷。[①]相关认知负荷并不是表面意义上的相关，它与其他类型的认知负荷一样，都会占用工作记忆的资源，会对学习产生影响。但是这种影响是积极的，也就是说中学生拥有一定的相关认知负荷会促进学习，使学生对学习过程更加有条理，学习更加有意义。这主要是因为相关认知负荷占用的工作记忆资源主要用于搜寻、图式构建和自动化。

一些实验表明，在耗时较长的学习任务中，尤其是那些时间长、跨度大的学习任务，即使已经将中学生的内在认知负荷和外在认知负荷降到最低，仍然不能发挥相关认知负荷的积极作用。这说明，中学生并不总是能主动地将剩余的认知资源有效地利用起来，这就需要教育者提供帮助和引导。例如，教师在讲授一些问题解决方法时，在同学们都能很好接受的前提下，可以引导学生进行发散思维的训练，鼓励学生一题多解、一文多写。这不但可以提高学生对于学科的兴趣，同时也可以进一步帮助学生构建图式和知识框架，让学生感觉到不是在学业负担的重压之下进行学习，而是能更轻松、愉快地学习。当然，由于不同学生对于认知负荷及学业负担的感受不同，所以在运用相关认知负荷时也是因人而异的，教师要针对不同程度的学生给予有差异的帮助和引导。

### 三、从认知负荷的角度看中小学"减负"策略

以上我们了解了各种类型的认知负荷与学业负担的关系，在此基础上，我们

---

① Sweller, J. Cognitive load theory, learning difficulty, an instructional design［J］. Learning and Instruction, 1994, 4（3）: 295－312.

从认知负荷的视角来探讨中小学生的"减负"策略，希望能为减轻他们的学业负担提供一些帮助。

（一）认知负荷视阈下的教师行为改变策略

教师作为学生在学习中的主要引导者，在学生接受知识时起着至关重要的作用，学生都具有向师性。因此，我们首先要从教师的行为出发，采取相应措施降低学生的内在认知负荷和外在认知负荷，来减少学生对学业负担的感受。

1. 多样化的教学设计

根据中小学生心理发展的阶段特征，从童年期到少年期是学生抽象思维逐渐成熟的阶段。但是直到青年期之前，这种抽象思维都需要一定具体形象的支撑。在国外，很多小学教材并不是单纯的文字说明，而是图片式教学，有一些教材甚至可以展示立体图片，以提高学生的学习兴趣。学生在学习过程中把教材当作课外读物，在游戏中学习。这一过程中学生并没有感受到巨大的学业负担，反而更愿意探究书本里的知识。这对于我国的现行教学也是一种启示。在上面的理论分析中我们提到，虽然内在认知负荷是不容易被改变的，因为知识的难易程度一般是由大纲所决定的，但是教师可以灵活地使用不同的教学设计，让学生在接受知识时变得容易或者愿意接受知识。

从降低外在认知负荷的角度来说，教师在进行教学设计时应该注意以下两点：其一，设计教学时明确该科的总教学目标，但在具体到每一节课的教师目标时可以稍微灵活一些。由自由目标效应可知，当学习目标不太明确或者有多个学习目标时，中学生自行确定目标有助于学习和迁移，避免认知资源的浪费，保持注意集中。[①] 例如，在几何问题解决中，我们要求中学生尽可能求出各个角的值比要求他们去求某个特定角的值，更能促进学习。其二，教师可以根据学生的具体状况，将多个相近的、有联系的知识统一讲解。这样有利于帮助学生将知识归纳、区分，将零散的知识点整合，还可以帮助学生降低图式建构所消耗的认知资源，在一定程度上减少对于学业负担的感受。从降低内在认知负荷的角度来说，虽然教学内容是教学大纲所规定的，是不容改变和减少的，但是教师可以适当调整教学顺序，使教学内容由"浅"入"深"，教学任务由"简"到"繁"。具体地说，就是将复杂的教学目标分解，让学生慢慢体会和接受；布置作业时也逐步进行，从掌握基本概念到对知识的应用。实际教学中，Pollock 等提出的独立元素

---

① 庞维国. 认知负荷理论及其教学涵义［J］. 当代教育科学, 2011, 26（12）: 23 - 28.

法就值得借鉴。该法实质就是一种先"简"后"繁"的二次呈现策略,即在呈现学习任务时分两次,第一次通过压缩或简化的办法呈现该学习任务的简洁版本,第二次是在第一次简洁版本的基础上呈现其完整版本。①

2. 有效引导学生构建图式

虽然图式构建是学生自主构建的学习行为,但是中小学生由于受到心智水平的限制,还不具备完整的图式建构能力。如果学生建构的图式较为简单与单一,则不利于今后知识的输入、加工、储存与提取。因此,教师在日常教学活动中要有意识地引导学生进行图式构建。例如,教师可以在课程教学中将本节课所学的知识进行框架展示,这样一方面,教学内容清晰明了;另一方面,也为学生的知识构建做一个引导。新课改课程结构的变化,要求中小学教师从原来的知识复制者转变为学生自主学习的促进者,要求教师注重培养学生构建图式的能力与各种学习能力。如果学生可以合理地将知识进行构建,那么对于今后的学习将会轻松许多,感受到的学业负担也会减少许多。所以,教师要从学生学习新知识开始,就注意培养学生的图式构建能力,让学生在娱乐中学习,快乐轻松地学习。

(二)认知负荷视阈下的学生行为改变策略

学生是学习的主体,学业负担在本质上是学生的一种主观感受。由于学生个体之间存在差异,不同的学生对学业负担的感受也有所不同。所以,学生是"减负"的内因,我们还需要从学生的角度探讨"减负"策略。

1. 改变学生的学习方式

传统教学模式下,学生以接受学习为主,过于强调机械训练,甚至死记硬背。这种学习方式导致学生对学习缺乏兴趣,不能对知识加以灵活运用,容易造成比较高的认知负荷,学生感受到的学业负担也比较重。我们可以通过改变学生学习方式,培养学生学习兴趣,以便降低学生的无效认知负荷,提高有效认知负荷,进而减少学生对学业负担的感受。当然,有效学习方式有很多,这里我们只提出两种,起到抛砖引玉的作用。其一,鼓励学生个性化学习。中小学生,尤其是小学生,处于学习的懵懂阶段,我们应面对不同智力发展水平、不同优势的学生鼓励其个性化的学习方式。例如,在英语学习中,有的学生喜欢说,有的学生喜欢写。喜欢说的学生往往阅读能力比较强,喜欢写的学生往往写作能力比较

① 汪明,曹道平. 基于认知负荷理论的有效教学设计研究 [J]. 现代教育技术, 2013, 14 (5): 16-19.

强。那么对于这两类学生来说，他们的学习方法就应该是不同的。其二，注重学生的非正式与偶发学习。学生在课堂上学习的时间、空间毕竟有限，我们应鼓励学生进行更多的非正式与偶发学习，来获取个性化知识，建构独特的知识结构，培养鲜明的兴趣与特长。非正式与偶发的学习理论是由美国成人教育学者马席克（Marsick）和瓦特金斯（Watkins）提出的。他们认为，正式学习是由典型的学习动机发起的、基于课堂的、组织严密的学习，而非正式学习与偶发学习可能在学习机构中发生，也有可能不在，但不是典型的基于课堂的、组织严密的学习，学习的主动权主要在中学生手中。① 学生一旦掌握了学习主动权，就很容易对学习产生兴趣，减少对学习的抵触情绪，这就有利于降低认知负荷，减少对学习负担的感受。

2. 改变学生的涉猎范围

我们知道，内在认知负荷主要受中学生先前知识的影响。为降低学生的内在认知负荷，促进学生学习的兴趣与动机，我们在教材的内容设置上要更加贴近学生的生活，使学生能感受到学有所用、学有所值。例如，如果中学物理、化学等课程贴近学生的日常生活，学生就会将日常生活中的各种现象与教材中介绍的知识相联系，就能降低认知负荷，加深对理论知识的理解。同时，还要注意不同年级、不同学科之间知识的横向、纵向联系。如小学的健康教育课程增加一些生长发育、青春期保健、健康行为与生活方式的知识，就可以为将来中学生物课程的学习做一些铺垫。所以，为降低学生的内在认知负荷及学业负担，教师应鼓励学生在学习之余多涉猎一些其他方面的知识。学生在平时应多注意观察、多读书，增加对事物的涉猎范围。对于中小学生来说，兴趣是最大的学习动力，也是最佳的减少学业负担的方式。对于一些基础比较好的学生，还可以对感兴趣的事物进行深入研究，以便增加相关认知负荷，降低总的认知负荷。这样，学生通过增大涉猎范围，不但可以开阔视野，弥补学校课程的不足，丰富其知识储备与先前的知识经验，还有利于学习过程中知识与图式的建构，不至于在学习新知识时感受到累与辛苦。

认知负荷理论以认知资源理论、图式理论与建构主义理论为基础，主要从资源分配的角度考察学习及其认知加工过程。虽然这一理论还处于不断发展之中，到目前为止还不是那么完美，但足以为我们探讨中小学学业负担及其"减负"

① 曾李红，高志敏. 非正式学习与偶发性学习初探［J］. 成人教育，2006，26（3）：3 - 7.

策略提供一个新的思路和视角。所谓的"减负"并不是把学业负担降低到最低程度，而是要为每个中学生找到恰当的学业负担水平，帮助中学生调控自己的学业负担。学业负担与学习效果之间的关系可能像学习动机与学习效果之间的关系，也是一种倒 U 型的曲线关系，无论学业负担过高或过低，都会使学习效率降低，适度的学业负担可以促进学生的学习。当然，对于学生来说，对认知负荷及学业负担的主观感受除了受已有的知识基础、兴趣等因素影响外，还有可能受到其动机、元认知、自我效能感等因素的影响，这些都值得我们进一步研究。

# 第二篇 人格专题

人格教育是一种发展学生的心理素质、培养健康和适应现代社会需要的人才教育。通过有目的的人格教育可以促进中学生健全人格的形成发展，从而为培养真正的国家和社会所要求的全面发展的高素质人才服务。广大教育工作者有必要了解当代中学生的人格发展特点及其影响因素，以便有针对性地对中学生进行恰当的人格教育。本篇主要探讨了中学生的人格特征、人格类型与影响因素，以及与创造性等变量关系。

# 第一章 中学生人格特征、类型及影响因素分析

要对中学生进行心理健康教育，重要的就是要了解他们的人格类型及其影响因素。人格是人的心理行为基础，是影响人身心健康的关键性因素之一。Joyce等的研究发现，人格类型是调控抑郁和不良行为的重要缓冲器。[①] 不同人格类型的人在行为风格和行为动机方面有所不同，造成社会生活领域的丰富性、多样性、复杂性与矛盾性。[②] 另外，不同人格类型对应不同的人格特征，而人格特征与心理健康状况存在一定的相关性。[③] 对中学生的人格类型状况进行调查，探讨其人格类型与人口统计学变量之间的关系，可为中学生的人格健康教育提供依据。

## 一、对象与方法

### （一）对象

从吉林省 4 所中学整群抽取 720 名中学生进行调查，共发放 720 份问卷，回收率为 100%，最后获得有效样本为 688 份，有效率为 95.56%。其中，男生有 340 人，女生有 348 人；年龄在 15～20 岁，平均年龄 17±1 岁；来自农村的有 418 人，来自城市的有 270 人；初三年级有 140 人，高一年级有 152 人，高二年级有 214 人，高三年级有 182 人。

---

① Joyce A., Bill H., Rutger E. et al. Co-occurrence of depression and delinquency in personality types [J]. European Journal of Personality, 2007, 24 (21): 235-256。

② 施春华，王记彩. 934 例研究生的人格类型研究 [J]. 江苏教育学院学报（社会科学版），2008，24 (1): 36-39.

③ 程绍珍，杨明. 河南省高校大学生人格特征与心理健康状况的调查 [J]. 现代预防医学，2006，33 (12): 2402-2403.

（二）方法

采用自行设计调查表调查中学生的一般情况，包括性别、年龄、年级、生源地、家庭收入情况等。人格问卷采用艾森克人格问卷（EPQ 成人卷）。该问卷共88 题，每一题有是、否 2 个答案，分别计分 1、0 分，部分为反向计分；4 个分量表测量人格的四个维度：精神质（P）测量负面情绪反应和暴力倾向，高分表现为孤独、冷酷、敌视、怪异等偏于负面的人格特征；内外向（E）测量性格的内外向，分数越高表示越外向；神经质（N）测量情绪的稳定与否，分数越高表示越不稳定；掩饰性（L）测量掩饰倾向和纯朴性，分数越高表示回答得越不真实。根据被试 E 量表、N 量表所得的原始分，按常模换算成标准分，并以此在被试的量表剖析图上找出其人格维变的分布状况；再根据 E 量表和 N 量表的关系，在所划分九种人格类型的四个象限即外向不稳、外向稳定、内向不稳、内向稳定范围内找到被试所属的人格类型。[①]

以班级为单位进行集体测试，施测时间大约 20 分钟，完成后当场收回问卷。

（三）统计分析

采用 SPSS 17.0 软件对数据进行描述统计、$\chi^2$ 检验等。

二、结果

（一）不同年龄中学生人格类型总体分布状况

中学生人格类型排在前三位的是情绪稳定型（29.11%）、外向稳定型（20.25%）、内向稳定型（16.46%），这三种类型共占 65.82%。从总体分布状况看，人格类型随着年龄的不同有统计学意义（$\chi^2 = 96.73$，$p < 0.001$）。情绪稳定型在各年龄层次分布均较多；外向稳定型中，19～20 岁较 16～18 岁分布多，随着年龄的增长有逐渐增多的趋势；内向稳定型中，16～17 岁较 18～20 岁分布多，随着年龄的增长有逐渐减少的趋势（见表 2-1-1）。

表 2-1-1　中学生人格类型分布概况（%）

| 人格类型 | 人数 | 外向 | 内向 | 情绪稳定 | 情绪不稳 | 中间 | 外向稳定 | 外向不稳 | 内向稳定 | 内向不稳 | $\chi^2$ |
|---|---|---|---|---|---|---|---|---|---|---|---|
| 15～16 岁 | 96 | 0 | 0 | 50.00 | 10.00 | 0 | 0 | 0 | 20.00 | 20.00 | 3.60 |

① 龚耀先. 艾森克个性问卷手册［M］. 长沙：湖南医学院出版社，1986：35-49.

续表

| 人格类型 | 人数 | 外向 | 内向 | 情绪稳定 | 情绪不稳 | 中间 | 外向稳定 | 外向不稳 | 内向稳定 | 内向不稳 | $\chi^2$ |
|---|---|---|---|---|---|---|---|---|---|---|---|
| 16～17岁 | 138 | 3.46 | 10.34 | 13.79 | 13.79 | 20.69 | 10.34 | 0 | 27.59 | 0 | 7.45 |
| 17～18岁 | 221 | 0 | 0 | 34.38 | 12.50 | 12.50 | 12.50 | 9.38 | 18.74 | 0 | 8.13 |
| 18～19岁 | 144 | 0 | 8.63 | 31.03 | 5.17 | 5.17 | 27.59 | 1.72 | 17.24 | 3.45 | 42.41*** |
| 19～20岁 | 89 | 0 | 6.90 | 27.55 | 13.79 | 6.90 | 31.03 | 10.34 | 0 | 3.49 | 14.21* |
| 总计 | 688 | 0.63 | 6.33 | 29.11 | 10.13 | 9.469 | 20.25 | 4.43 | 16.46 | 3.17 | 96.73*** |

注：＊表示 p＜0.05，＊＊＊表示 p＜0.001。

## （二）中学生人口统计学变量与人格类型关系

进一步考察人口统计学变量与中学生人格类型之间的相互关系。经卡方检验，男女中学生人格类型的分布无统计学意义（p＞0.05），表明各种人格类型的分布在男女之间是趋于一致的。来自城镇与来自农村的中学生人格类型的分布有统计学意义（p＞0.05），表明生源地对中学生人格类型的影响不大。不同年级的中学生人格类型的分布有统计学意义（p＜0.05），表明年级对中学生人格类型的影响是显著的，且不同年级的人格类型分布趋势与年龄是一致的。不同家庭经济收入的中学生人格类型的分布有统计学意义（p＜0.001），表明家庭经济收入与中学生的人格类型有着密切的关系。生活在收入较低（人均月收入800元以下）环境中的学生，人格类型比较分散，九种类型都有，而生活在较高收入（人均月收入1501元以上）环境中的学生，人格集中在几个比较健康的类型上，包括外向稳定型、情绪稳定型、内向稳定型。也就是说，随着家庭收入的增长，中学生的人格变得越来越健康，逐渐形成以外向稳定型为主的人格类型（见表2－1－2）。

表2－1－2　人口统计学变量与中学生人格类型的关系（％）

| 变量 | | 外向 | 内向 | 情绪稳定 | 情绪不稳 | 中间 | 外向稳定 | 外向不稳 | 内向稳定 | 内向不稳 | $\chi^2$ |
|---|---|---|---|---|---|---|---|---|---|---|---|
| 性别 | 男 | 0 | 8.25 | 29.90 | 6.18 | 5.15 | 22.68 | 5.15 | 18.56 | 4.13 | 14.37 |
| | 女 | 1.64 | 3.28 | 27.87 | 16.39 | 16.39 | 16.39 | 3.28 | 13.10 | 1.64 | |
| 生源地 | 农村 | 0 | 6.45 | 20.97 | 14.52 | 8.06 | 27.42 | 8.16 | 12.91 | 1.61 | 12.32 |
| | 城镇 | 1.04 | 6.25 | 34.38 | 7.29 | 10.42 | 15.63 | 2.09 | 18.75 | 4.17 | |

续表

| 变量 | | 外向 | 内向 | 情绪稳定 | 情绪不稳 | 中间 | 外向稳定 | 外向不稳 | 内向稳定 | 内向不稳 | $\chi^2$ |
|---|---|---|---|---|---|---|---|---|---|---|---|
| 年级 | 初三 | 0 | 10.81 | 29.73 | 8.10 | 10.81 | 5.41 | 5.41 | 24.32 | 5.41 | 39.11* |
| | 高一 | 1.61 | 6.45 | 33.87 | 6.45 | 6.45 | 22.58 | 0 | 19.35 | 3.23 | |
| | 高二 | 0 | 4.55 | 27.27 | 11.36 | 15.91 | 22.73 | 4.55 | 11.36 | 2.27 | |
| | 高三 | 0 | 0 | 13.33 | 26.67 | 0 | 40.00 | 20.00 | 0 | 0 | |
| 家庭收入<br>（元/月） | 800以下 | 1.59 | 7.94 | 19.05 | 17.46 | 12.70 | 7.94 | 6.35 | 19.04 | 7.94 | 53.80*** |
| | 800~1500 | 0 | 10.64 | 36.17 | 10.64 | 14.89 | 14.89 | 0 | 12.77 | 0 | |
| | 1501~3000 | 0 | 0 | 40.74 | 0 | 0 | 40.74 | 3.71 | 14.81 | 0 | |
| | 3000以上 | 0 | 0 | 28.57 | 0 | 0 | 42.86 | 9.52 | 19.05 | 0 | |

注：*表示 $p < 0.05$，***表示 $p < 0.001$。

### 三、讨论与分析

研究结果显示，中学生的人格类型分布排在前三位的是情绪稳定型、外向稳定型和内向稳定型，其中情绪稳定型约占 1/3 的比例。可见，中学生的人格类型正朝着健康、良性的方向发展。中学生人格类型随年龄增长，外向稳定型逐渐增多，内向稳定型逐渐减少，人格发展更加完善。这与以往研究不一致。[1] 这种状况可能与中学生接受教育的程度及不同年龄段心理发展特点相关，从高中到大学阶段毕竟是中学生人格发生重大转变的时期。从研究结果来看，家庭收入较低的中学生人格类型分布较均匀，当家庭收入增高时，则表现比较健康的外向稳定型特点。王雁等调查了北京市 10～14 岁学生的人格类型，也得出了类似的结果，这说明家庭经济收入对于孩子人格发展有较大影响。[2] 王耘等的研究发现，低经济收入家庭的母亲对孩子的需要不敏感，容易忽略对孩子的关注。[3] 所以，教育工作者要特别关注家庭经济收入低的中学生。

---

① 余欣欣，郑雪. 大学生健康人格特点及与主观幸福感关系 [J]. 中国公共卫生，2008，24（4）：507－509.

② 王雁，刘艳红，李永梅. 北京 10～14 岁儿童少年的人格类型及影响因素 [J]. 中国临床康复，2005，33（8）：7481－7483.

③ 王耘，陶沙，李玲. 家庭环境对母亲抚养方式的影响 [J]. 心理发展与教育，1999，15（4）：17－21.

# 第二章　中学生人格特质及其
# 手机成瘾倾向的影响

　　近些年来，国内一些学者开始关注中学生这一特殊群体的人格特质。随着现代智能手机与网络的普及，手机成瘾逐渐成为一种较为普遍的现象，并引起社会的关注。国外研究者把手机成瘾定义为一种人们与手机相互作用的行为成瘾，[①]属于"问题性手机使用"的现象。[②] 国内有学者认为，手机成瘾是由于对手机的过度使用而产生的依赖，伴随着这种依赖个体所出现的强烈心理体验和某些行为的不适。[③] 手机成瘾与网络成瘾有一定的区别，也有一些相似之处。网络成瘾出现得比较早，大约在 20 世纪 90 年代中期出现，其终端是电脑。手机成瘾与网络成瘾的终端虽然不同，但在本质上一样，都是源自对网络的依赖。目前关于中学生人格特质与手机成瘾之间关系的研究还不多见，那么两者之间的关系如何，是否也像网络成瘾那样呢？

## 一、对象与方法

### （一）对象

　　采用整群随机取样的方法抽取吉林某在校中学生作为调查对象，共发放问卷 650 份，回收 621 份，回收率为 95.53%；有效问卷 586 份，有效回收率为 94.36%。被试年龄位于 15～20 岁，平均年龄为 17.62 ± 1.51 岁。其中，男生有

---

　　① Griffiths M. Internet addiction: Does it really exist? Psychology and the Internet: Intrapersonal, Interpersonal, and Transpersonal Implications [M]. San Diego, CA: Academic Press, 2008: 61–75.

　　② Bianchi A. & Phillips J. G. Psychological predictors of problem mobile phone use [J]. Cyber Psy & Behav, 2005, 8 (1): 39–51.

　　③ 王小运，伍安春. 大学生手机成瘾行为的成因及其对策 [J]. 重庆邮电大学学报（社会科学版），2012，24 (1): 40–43.

188 人，女生有 398 人；初三有 209 人，高一有 194 人，高二有 148 人，高三有 35 人；文科有 232 人，理科有 354 人；独生子女有 372 人，非独生子女有 214 人。

（二）研究工具

1. 艾森克人格量表

采用陈仲庚修订的艾森克人格量表成人版（EPQ）[①] 调查中学生人格特质。本量表包含 E、N、P、L 四个分量表，共计 85 个题项。所有题项均为是非选择题，选"是"计 1 分，选"否"计 0 分。E 分量表（21 题）即外倾性，高于 15 分性格外向，低于 8 分性格内向。N 分量表（24 题）即情绪性，高于 14 分情绪不稳定，低于 9 分情绪稳定；P 分量表（20 题）即精神质，不是指精神病，高于 8 分可能孤独、冷漠、与人难以相处；L 分量表（20 题）测定受测者的掩饰情况，高于 18 分可能有掩饰倾向，测验结果失真。EPQ 具有较高的信效度，其所测结果得到了多项研究的印证。

2. 中学生手机成瘾倾向量表

采用熊婕等编制的学生手机成瘾倾向量表调查中学生手机成瘾倾向状况。[②] 该量表一共包括四个维度，即戒断症状、凸显行为、社交抚慰与心境改变，共计 16 个题项，采用李克特（Likert）五点量表点计分法，从完全不符合到完全符合，分别计 1~5 分。各维度得分采用均分，以 ≥3 分（理论均值）为手机成瘾倾向率判断标准，得分越高，表明手机成瘾倾向越严重；反之，则越轻。总量表的克隆巴赫 α 信度系数为 0.83，各分量表分别为 0.80、0.64、0.68、0.55；总量表的重测信度为 0.91，各分量表分别为 0.85、0.75、0.76、0.79。从结构效度看，各个维度之间的皮尔逊相关系数在 0.24~0.61（$p < 0.05$），各个维度与总分之间的皮尔逊相关系数在 0.55~0.89（$p < 0.05$）。综合各种信效度的指标，该量表达到测量学标准，可以作为测量工具使用。

（三）调查方法

本研究为横断面调查，以班级为单位进行集体施测。测试前，先由主试宣读统一的指导语与注意事项，采用匿名调查，鼓励被试真实作答。问卷填答完毕后，主试当场收回。整个施测时间大约为 35 分钟。

① 陈仲庚. 艾森克人格问卷的项目分析 [J]. 心理学报，1983，15（2）：211-218.
② 熊婕，周宗奎，陈武，等. 大学生手机成瘾倾向量表的编制 [J]. 中国心理卫生杂志，2012，26（3）：222-225.

（四）统计方法

采用 SPSS 20.0 进行数据录入与统计分析，采用描述统计、t 检验、$\chi^2$ 检验、相关分析与回归分析等方法，检验水准 $\alpha = 0.05$。

## 二、结果

（一）中学生人格特点

中学生人格 L 维度得分（11.18 ± 3.32）低于高分标准 18 分，表明本次测验结果真实有效。E、N、P 各维度得分均位于低分与高分的标准之间，从转化的常模 T 分来看，中学生 E 维度属于倾向外向型，N、P 两维度都属于中间型。两独立样本 t 检验结果表明（见表 2 – 2 – 1），中学生人格在 N、P 维度上的性别与专业差异具有统计学意义（$p < 0.05$，$p < 0.01$），在 E 维度上的性别、专业差异均不具有统计学意义（$p > 0.05$）。

表 2 – 2 – 1　中学生人格特点分析（x ± s & t）

| 人格维度 | 总计（n = 586） | 男生（n = 188） | 女生（n = 398） | $t_1$ | 文科（n = 232） | 理科（n = 354） | $t_2$ |
|---|---|---|---|---|---|---|---|
| E | 12.63 ± 4.10 | 12.90 ± 4.11 | 12.52 ± 4.09 | 1.05 | 12.50 ± 4.27 | 12.73 ± 3.99 | – 0.66 |
| N | 12.96 ± 5.00 | 12.23 ± 4.96 | 13.31 ± 4.98 | – 2.42 * | 13.57 ± 5.22 | 12.63 ± 4.82 | 2.02 * |
| P | 6.04 ± 3.12 | 7.23 ± 3.27 | 5.49 ± 2.89 | 6.10 ** | 5.40 ± 3.02 | 6.45 ± 3.11 | – 3.98 ** |
| L | 11.18 ± 3.32 | 10.93 ± 3.05 | 11.30 ± 3.43 | – 1.24 | 11.19 ± 3.62 | 11.17 ± 3.11 | 0.08 |

注：* 表示 $p < 0.05$，** 表示 $p < 0.01$。

（二）中学生手机成瘾倾向状况

从得分来看，中学生手机成瘾倾向得分低于理论均值 3 分，处于中等以下的水平。按 ≥3 的标准来看，手机成瘾倾向率在 30.72%，即有将近 1/3 的中学生具有手机成瘾倾向（见表 2 – 2 – 2）。卡方检验表明，中学生手机成瘾倾向率在年级分布上的差异具有统计学意义（$\chi^2 = 18.84$，$p < 0.01$），其中，从高到低的顺序依次是：高一（47.42%）、初三（31.58%）、高二（27.70%）、高三（25.71%）。其分布在性别、专业、是否独生子女的差异均不具有统计学意义（$p > 0.05$）。

表2－2－2　中学生手机成瘾倾向的描述性统计（M&SD）

| 变量 | M | SD | 得分≥3 人数 | 成瘾倾向率（％） |
|---|---|---|---|---|
| 戒断症状 | 2.85 | 0.78 | 289 | 49.32 |
| 凸显行为 | 2.42 | 0.77 | 157 | 26.79 |
| 社交抚慰 | 2.49 | 0.85 | 194 | 33.11 |
| 心境改变 | 2.53 | 0.83 | 228 | 38.91 |
| 手机成瘾倾向总分 | 2.60 | 0.71 | 180 | 30.72 |

注：n = 586。

（三）中学生人格与手机成瘾倾向的相关分析

皮尔逊相关分析的结果表明，中学生人格 N、P 维度与手机成瘾倾向各维度及总分均呈显著正相关（r=0.14~0.28，p 均<0.01）。中学生人格 E 维度只与社交抚慰呈显著负相关（r = － 0.17，p < 0.01），与其他维度及总分相关均不显著（p>0.05）（见表2－2－3）。

表2－2－3　中学生人格与手机成瘾倾向的相关系数表（r）

| 变量 | E | N | P | 戒断症状 | 凸显行为 | 社交抚慰 | 心境改变 |
|---|---|---|---|---|---|---|---|
| N | － 0.13 ** | — | — | — | — | — | — |
| P | － 0.10 * | 0.25 ** | — | — | — | — | — |
| 戒断症状 | 0.05 | 0.28 ** | 0.14 ** | — | — | — | — |
| 凸显行为 | 0.06 | 0.21 ** | 0.25 ** | 0.68 ** | — | — | — |
| 社交抚慰 | － 0.17 ** | 0.23 ** | 0.19 ** | 0.58 ** | 0.55 ** | — | — |
| 心境改变 | 0.03 | 0.22 ** | 0.21 ** | 0.64 ** | 0.61 ** | 0.48 ** | — |
| 手机成瘾倾向 | 0.07 | 0.28 ** | 0.23 ** | 0.89 ** | 0.82 ** | 0.73 ** | 0.79 ** |

注：* 表示 p<0.05，** 表示 p<0.01。

（四）中学生手机成瘾倾向对人格的回归分析

为进一步考察中学生人格特质与手机成瘾倾向之间的关系，我们以中学生人格各维度为预测变量，以手机成瘾倾向总分为因变量，采用全部进入法，进行多元线性回归分析。根据上述相关分析的结果，E 维度与手机成瘾倾向总分相关不显著，在此我们只对 N、P 维度作进一步的分析。结果显示，中学生人格的 N、P 维度均能正向预测手机成瘾倾向（p<0.01），两者可以解释12%的手机成瘾倾向（见表2－2－4）。

表 2 - 2 - 4 中学生手机成瘾倾向对人格的回归分析（Reg.）

| 预测变量 | β | Beta | t | R | $R^2$ | F |
|---|---|---|---|---|---|---|
| N | 0.03 | 0.24 | 5.83 ** | 0.34 | 0.12 | 35.92 ** |
| P | 0.04 | 0.19 | 4.53 ** | — | — | — |

注：** 表示 $p < 0.01$。

### 三、讨论与分析

本研究显示，中学生人格在 E 维度上属于倾向外向型，在 N、P 维度上都属于中间型，人格特质整体发展良好。另外，N、P 维度的性别与专业差异具有统计学意义。就总体而言，当代中学生乐观、自信、活泼、人际关系较好，在情绪上有时会有波动，一般都能控制在理智的范围之内。可能受传统文化因素的影响与男女个性心理上的差异，中学生人格在 N、P 维度上存在一定的性别差异。至于专业上的差异，可能和文理科中学生的学习方式、思维习惯不同有关系。有研究表明，文科生好奇心更强，情感体验更为深刻；理科生更为严谨、负责、责任心强。[1] 本研究还显示，中学生手机成瘾倾向处于中等以下的水平，有将近 1/3 的中学生具有手机成瘾倾向，这可能和中学生的学习、就业及其他的心理压力有关。值得注意的是，手机成瘾倾向在年级分布上的差异具有统计学意义，高三最为严重。经过了两年多的学习，高三学生对生活环境与学习方式都已熟悉，各种人际关系也已建立。他们有条件把更多的时间倾注在手机上，沉迷于两人世界、网上购物、手机游戏等，所以手机成瘾倾向最为严重。

本研究还发现，中学生人格 N、P 维度与手机成瘾倾向各维度及总分均呈显著正相关，且能正向预测后者。这表明，情绪不稳定、忧郁、害羞、冷淡、固执、喜欢独处的中学生手机成瘾倾向更严重；而好交际、活泼、主动、自信、无忧无虑的中学生则较轻。精神质的个体一般孤独，喜欢独处，不关心他人，难以适应外部环境，[2] 同时还嗜好新奇与不寻常的事物，为追求新异会完全忽视危险的存在。[3] 一些中学生不太善于与人沟通，在人际交往中往往存在一定的障碍；

① 孙崇勇. 大学生创造性 4C 认知及其与大五人格的关系 [J]. 应用心理学，2016，22（1）：67 - 75.

② 李苑文. 网络、手机成瘾中学生的同伴依恋与孤独感的特点及其关系研究 [D]. 武汉：华中师范大学，2013.

③ ［美］兰迪·拉森，戴维·巴斯. 人格特质 [M]. 北京：人民邮电出版社，2012：40 - 61.

自我评价较低，甚至会自卑，在面临当前的学习、情感、就业等压力时，很可能会选择手机上网，寻找排解自己压抑、孤独的场所，宣泄自己的不良情绪。通过各种手机交友平台，中学生能满足现实生活中满足不了的尊重感、归属感、成就感等心理需求，满足对外部世界强烈的好奇心与求知欲，从而对手机也就越来依赖了。有研究表明，人格特质与网络游戏成瘾之间存在着选择性的亲和。[①] 与之相类似，中学生的人格特质与手机成瘾倾向之间可能也存在着某种选择性亲和。一方面，并不是某种特定的人格特质对应着手机成瘾倾向；另一方面，也不是所有的特定人格特质都会导致手机成瘾倾向，而是说中学生人格特质与手机成瘾倾向之间可能存在相互影响、相互制约的机制。从一定意义上说，某些特定的人格特质可能是手机成瘾倾向的根本动力，正是这些人格特质导致了中学生手机成瘾倾向的发生；同时，手机成瘾倾向的发展及程度的加深又强化了这些特定人格特质的发展。所以，中学生人格中的 N、P 特质可能就属于这些特定人格特质的一部分。

基于人格的复杂性、多层次性、多侧面性，任何一种人格量表都只能测查人格的某些维度，而不能测查出人格的所有维度。本研究只从艾森克人格量表的 E、N、P 三个维度考察了中学生的人格特质与手机成瘾倾向的关系，这就意味着放弃了从人格其他维度考察它们二者之间的关系。从这个角度而言，本研究具有一定的局限性。在将来的研究中，可以进一步尝试采用其他的人格量表考察它们二者之间的关系，以便与本研究结果比较或相互印证。

---

① 庞勇，何明升. 网络成瘾与病态人格的选择性亲和 ［J］. 学术交流，2005，21（11）：131 - 134.

# 第三章　环境因素对中学生人格健康发展的影响

　　行为遗传学家一般采用两项基础研究设计，即双生子研究和抚养研究来评估遗传和环境在人格发展过程中所扮演的角色。对遗传影响人格的观点最有力、最一致的证据来自双生子研究。但是，用双生子来研究遗传对人格的影响存在一些问题。比如，这类研究都有一个很重要的假设，即双生子有相同的成长环境。双生子虽然在看似相同的环境下长大，甚至穿戴相同，但他们可能参加不同的活动，有不同的朋友，对父母的关爱有不同的感受等。因此，即使是双生子虽然在同一家庭中生活，但因不同的环境因素影响人格仍可能存在着差异。行为遗传学家把影响孩子人格发展的环境因素分为两个部分，即共享环境（Shared Environment）和非共享环境（Nonshared Environment）。

## 一、共享环境对中学生人格健康发展的影响

　　共享环境是指在同一个家庭长大的孩子所共同享有的环境，如家庭的经济状况、家庭气氛、教养方式、父母的教育程度与社会地位以及周边环境等。这些因素为家庭成员共同分享，对他们在人格特征、行为方式等会造成一定的影响，但这种影响较小。我们有时会发现，在同一家庭环境和气氛下长大的孩子，会具有一些相同的人格特征。如同在家庭暴力的环境下长大的孩子，容易形成自闭、攻击等人格特征；同在体贴、温暖的家庭环境长大的孩子，容易形成成熟、独立、友好等人格特征；同在一个离异家庭长大的孩子容易形成内向、孤僻、偏执等人格特征，或存在某些心理障碍。于是，我们可能会认为，孩子之所以具有这些相同的人格特征或行为方式，完全是因为共享环境因素造成的，其实不然。

　　Plomin 等认为，共享环境一般不会造成家庭成员在人格特质、价值观和社会

态度等方面的相似性。① 共享环境虽然为孩子获得某种体验与人生阅历提供了足够的空间，但是，这些体验并非都与孩子所处的共享环境相联系。心理学家发现，有些父母离异或父母死亡较早的孩子，在其成人后容易产生抑郁或焦虑等心理现象。这就像上述我们所举的例子一样，很容易给人一个错觉：丧失父母似乎是造成兄弟姐妹之间彼此相似的一种特定的共享环境因素。事实上，子女对父母离异或死亡的感受和体验是有所不同的，这就不能归于共享环境因素了。一项名为非共享环境与中学生发展（Nonshared Environment and Adolescent Development，NEAD）的研究着重考察了家庭环境对中学生的影响，发现中学生的非共享经历与其反社会行为、抑郁等问题行为有高相关。②

**二、非共享环境对中学生人格健康发展的影响**

非共享环境是指在同一个家庭长大的孩子并不分享的环境。例如，兄弟姐妹出生的顺序、年龄分布、身体素质、心理素质、受父母宠爱程度等，这些因素即使对于同一家庭的成员来说也是互不相同的，或者说不为家庭成员所共同享有。关于出生顺序影响孩子人格发展的问题，很早就引起人们的普遍关注。长子（女）在次子（女）未出生之前，接受了像独生子女那样的待遇；然后次子（女）的出生，又被给予一定的权威和责任，容易形成慎重、自尊、细心、现实、协调等特征，而小子（女）由于受到双亲、哥哥（姐姐）的溺爱、放任、袒护等，容易形成依赖性重、独立性差、幼稚、任性或腼腆、胆小、悲观等特征。

心理学家通过实证研究发现，除遗传因素外，主要是非共享环境的影响造成了人格个体差异的变化。比较极端的例子是同卵双生子在人格自陈量表的得分中，遗传通常可以解释40%的变异，共享环境为0，非共享环境加上测量误差负责解释60%的变异。这类量表一般至少有80%的一致性，这意味着约20%的变异可归于测量误差。因此，除这些误差外非共享环境造成了40%的变异。③ 正是这些独特的非共享环境，而不是家庭中的共享环境，使同一家庭中的孩子们彼此不同。同一家庭的孩子受父母宠爱程度的不同也会导致人格上的差异。父母往往

①　Plomin, R. & Daniels, D. Why are children in the same family so different from one another? ［J］. Behavioral and Brain Sciences, 1987 （10）：1 – 16.

②③Lawrence A. Pervin, Oliver P. John 主编. 黄希庭主译. 人格手册：理论与研究（第二版）［M］. 上海：华东师范大学出版社，2003：339 – 340.

会说对所有孩子的抚养都是相同的，而孩子们往往认为父母给他们的照料和培养有很大的不同，因为不同的孩子对父母的关爱有不同的知觉和体验。Daniels（1986）用自己修订的人格测量量表，对同一家庭的同胞兄弟和姐妹进行测量，结果发现获得更多母爱的孩子更容易社会化，人格发展得更健康。① "母爱"这个概念并不是新的，这些研究的贡献主要在于，把影响人格发展的母爱作为非共享环境因素来理解，并且把焦点集中在家庭内部的母爱差异上。

值得注意的是，非共享环境并不仅仅限于家庭内部环境。当人们开始步入社会时，家庭之外的环境更有可能成为非共享环境的影响。例如，同伴、教师、邻居，或从更广的意义讲，孩子个人经历的生活事件等都属于非共享环境的范畴，这些因素比家庭内部因素对当今孩子的人格发展具有更大的影响。可以这样说，整个 20 世纪，家庭的社会地位与人格发展的相关性在下降。随着人们社会经济地位的不断攀升，共享环境对人格发展的影响在下降，而家庭以外的非共享环境影响在上升。

### 三、家庭之外的非共享环境与中学生的人格健康发展

（一）同伴与中学生的人格健康发展

随着中学生的成长，他们的社会交往日益扩大，即使是来自同一家庭中的孩子，其交往对象也可能不同。除父母和其他家庭成员之外，与中学生交往最多的可能是同伴，包括学校的同学、邻居的小孩、团体中的成员等。孩子的同伴群体对孩子人格健康发展有着重要而深远的影响。美国心理学家 J. R. Harris 综述了大量研究资料，提出了"群体社会化发展理论"。② 他认为对孩子人格留下明显而长远影响的环境是他们与同伴的非共享环境。孩子在家庭中习得的行为并不总能迁移到家庭之外的环境中去，孩子是独立地习得如何在家庭内外行为的；孩子往往参加并认同于一个社会群体，以此来学习如何在家庭外为人处世。此外，社会文化的传递也主要是通过群体，而不是由家庭单独完成的。没有亲密的同伴，孩子可能表现出很多的适应不良，同伴是儿童、中学生社会化与人格发展过程中一个非常重要的因素。

中学生许多人格特征的形成都会受到同伴的影响。同伴可以是中学生学习和

① Daniels, D. Differential experiences of siblings in the same family as predictors of adolescent sibling personality differences [J]. Journal of Personality and Social Psychology, 1986 (51): 339 – 346.

② 陈会昌等. 中学生对家庭影响和同伴群体影响的接受性 [J]. 心理科学, 1998, (3): 264 – 265.

模仿的榜样，正所谓"近朱者赤，近墨者黑"。如与具有攻击性人格特征的同伴交往，则中学生容易形成反社会性的人格；与具有利己行为的同伴交往，中学生容易形成自私自利的特点；与团结互助的同伴交往，中学生则可能较多地发展合作与助人的特点；与慷慨大方的同伴交往，中学生则会不知不觉之中学习和发展这种大方的特征。在与同伴相处的过程中，中学生逐渐学会克制与忍让，学会合作与竞争或攻击等行为；他们对父母的依赖逐渐减少，独立性日益增加；他们在同伴群体中参与不同的活动，扮演或学习主动的与被动的、领导者或被领导者等不同的角色，这些活动都会影响着他的人格发展。从行为主义心理学的角度看，同伴是孩子行为强化的源泉。孩子的某些行为如受到同伴的鼓励或赞赏，则他倾向于保持这种行为；如某些行为遭受反对，则这种行为可能消退。

孩子的自我意识或自我概念的形成和发展也会受到同伴的影响。根据社会心理学理论，生活中某些人对个体的自我概念发展有着尤其重要的影响，这些人被称作"重要他人"（significant others）。① 对于孩子来说，在学龄前阶段，重要他人主要是家长；到小学阶段，教师开始发挥可能超过家长的影响力；从小学高年级阶段开始，同伴的影响力明显增强。中学生从同伴那里接受信息，感受别人和社会对他的看法与期望，于是进一步认识自己，促进自我意识或自我概念的发展。中学生也从同伴那里获得同龄人对生活、对社会的看法或态度，或对人对事的态度，有积极的也有消极的，这些态度和观点将对他的行为产生较大的影响。中学生还经常从同伴或同伴群体中获得反馈，他们对中学生的评价有助于中学生形成自我评价；同伴交往使中学生学会用他人的眼光而不仅仅用自己的眼光认识他人和社会，这也是中学生社会性发展的一个重要方面。

同伴关系对孩子人格健康的影响不仅限于中学生阶段，即使是他们到了成年阶段，同事或好友的影响也是不可忽视的。如好友对人对事和对人生的看法会影响他的态度；好友的行为和榜样可以影响他的行为；好友对生活的乐观态度，刻苦奋斗精神，会影响他对人生的态度。在人生转折关头，与朋友一番交谈，可以使他茅塞顿开，所谓"听君一席话，胜读十年书"，使他明确人生的意义，改变生活观念，从而整个人的行为也会随之改变。

（二）教师与中学生的人格健康发展

来自同一家庭的孩子，可能上不同的学校，或上相同的学校而遇见不同的老

<hr />

① 章志光．社会心理学［M］．北京：人民教育出版社，1996：99．

师。因此，教师也可被看成是影响中学生人格健康发展的非共享环境。

教师也许是对中学生人格健康发展至关重要的人物，其影响可能对中学生的一生都有重要意义。教师往往是中学生崇敬的对象，学习模仿的榜样，中学生不仅从教师那里学习知识，而且学习怎样为人。他们观察和模仿教师的举止、言行、态度，教师的思想、信念，对事对人的态度会潜移默化地影响着中学生人生观的形成。教师对中学生行为的赞赏或批评，塑造着中学生的行为特征。美国人本主义心理学家马斯洛在他的需要层次论中把尊重的需要作为人的基本需要之一。当教师尊重中学生、平等对待中学生，满足中学生尊重的需要后，中学生就会相信自己的力量，对自己充满信心；就会获得真实和坦率，更少虚伪，更能表现自己，也能懂得别人，更自然地与人相处。若中学生尊重的需要得不到满足，就容易怀疑自己，产生自卑和无能的感觉。当教师对中学生给予热情和鼓励，就会促进中学生的自信心发展，使中学生敢于面对失败，将来更富于创造性。我国研究人员曾以"好教师应具备什么条件"为题在中学生中进行过调查，排在前十位的条件是：热情、耐心；因材施教；公正、不偏心；学识渊博；工作方法；工作态度；关心学生；平易近人；以身作则；关注学生兴趣。在另一项以中国、美国、日本三国中学生为对象的调查中人们发现，三国中学生都把教师"理解中学生""待人公平""和蔼可亲""乐于言谈"这四项条件排在了前面。因此，教师不但要有丰富的专业知识，更应具备良好的人格特征。

教师不同的教育管理方式会对中学生的人格产生不同的影响。具有民主型教育管理方式的教师有较强的民主意识，尊重学生的人格、才能和个别差异，鼓励学生发表自己的意见，愿意帮助与指导学生。在这种方式下，学生具有合作精神，责任感、集体荣誉感强，成就动机较高，容易形成自信、自尊、诚实、情绪稳定等良好的人格特征。具有权威型教育管理方式的教师过分强调自己的权威，要求学生绝对服从；不鼓励学生发表自己的意见，缺乏和学生的交流；很少对学生表扬，斥责和训斥较多。在这种方式下，学生可能压抑、被动，情绪不稳定，缺乏自信、责任感与合作精神，容易形成暴躁、易怒、攻击他人等不良的人格特征，而具有放任型教育管理方式的教师对学生的管理缺乏责任心，放任自流或漠不关心；既不鼓励学生，也不反对学生，不参加学生的活动。这种教育管理方式极易使学生形成冷漠、孤僻、不合群、缺乏感情的人格特征。

相比而言，在上述三类教育管理方式中，民主型的教育管理方式效果最好。国内外的研究都表明，民主型的教育管理方式对中学生的人格健康发展各方面均有良好的影响。当然，其他两种教育管理方式对中学生的人格发展也不是没有一点积极影响，但总的来说是其消极影响大于积极影响。

(三) 生活事件与中学生的人格健康发展

生活事件指中学生在生活中遇到的各种各样的事件、变故或问题。其中，有些事件对于来自同一家庭中的孩子来说是唯一的、独特的，即使是同一生活事件，不同的人也许会有不同的态度和体验，相应地就会有不同性质和不同强度的心理反应。许多研究都表明，生活事件能够引起中学生心理生理反应进而影响中学生的人格与心理健康问题。丁新华等通过实证研究探讨了中学生具体生活事件和抑郁状况的关系。[①] 他们发现中学生的生活事件，诸如与同学或好友发生纠纷、被盗或丢失东西、考试失败或不理想、受人歧视与冷遇、受批评或处分、被罚款、恋爱不顺利或失恋等都与中学生的抑郁症呈显著正相关。王凤芝等（2005）认为，随着生活事件负荷的增加，中学生发生心理障碍的危险增加，特别是负性生活事件是导致心理健康问题的直接原因。[②]

生活事件对中学生人格健康发展的影响大小取决于事件的刺激属性（包括事件的性质、强度和频度等），还受制于中学生所处的社会支持系统的缓冲作用。社会支持又称社会网络，是指中学生来自于社会各方面，包括学校、家庭、同伴、亲属等给予精神上和物质上的帮助和支持，具有减轻应激的作用。学校通过各门课程渗透的心理健康教育、专门的心理咨询与辅导活动以及班级、团队活动等，不仅为中学生提供了增进心理健康的知识，提高其抗挫能力，同时提供了一个良好的社会支持系统，当他们遇到应激生活事件时能够得到有效的帮助，以减轻应激生活事件对其人格健康发展的影响。此外，家庭也应为中学生提供良好的社会支持。从家庭来说，除了提供经济上的支持外，更应对中学生在学习、生活、个人情感问题方面给予更多的关心，适当降低对他们的期望值，以减轻他们担心无法回报父母而产生太大的心理压力。

生活事件对中学生人格的影响随着年龄的增长而不断上升，这一方面可能与成年期这些事件发生的频率增加有关，另一方面可能与整个生命周期内这些事件对人格影响的不断积累有关。

上述所列举的家庭之外的同伴、教师与生活事件等非共享环境因素只是影响

① 丁新华等．中学生生活事件与抑郁的关系 [J]．中国心理卫生杂志，2002，16 (11)：788．
② 王凤芝等．医学生负性生活事件现况分析 [J]．中国公共卫生，2005，21 (11)：1407．

中学生人格健康发展中的社会环境因素中的一些重要内容，这些因素本身并不是孤立的，而是相互联系、共同作用的，特别是社会环境因素与遗传因素之间的相互作用，持续影响着中学生人格的发展。这些因素之间的联系是非常复杂的，各因素作用的大小也不尽相同，还有一些别的影响因素，这些都是需要进一步研究的问题。

# 第四章　贫困中学生人格特征与心理健康关系

贫困中学生作为一个特殊群体，是指由于家庭经济困难，无力支付教育费用，或支付教育费用很困难的学生。[①] 对贫困中学生进行心理健康教育应了解他们的人格特征。人格是人的心理行为基础，是影响人身心健康的关键性因素之一。不同人格类型对应不同的人格特征，而人格特征与心理健康状况存在一定的相关性。[②] Joyce 等的研究[③]发现，人格特征是调控抑郁和不良行为的重要缓冲器。已有研究还表明，中学生的家庭经济状况影响其人格发展，贫困中学生群体的人格有明显差异，并且心理压力较大。[④] 那么，贫困中学生的人格与心理健康的现状如何，两者关系又如何呢？为此，我们进行了此项调查，现将结果报告如下：

## 一、对象与方法

### （一）对象

抽取四平市 450 名贫困中学生进行调查，选取的标准包括：来自国家级贫困县；父母均是农民；月生活费在 500 元以下。共发放 450 份问卷，回收 450 份问

---

① 国家教育部，财政部. 关于对高等学校生活特别困难的学生进行资助的通知（教财 < 93 > 51 号文件）［Z］. 2015.

② 程绍珍，杨明. 河南省高校大学生人格特征与心理健康状况的调查［J］. 现代预防医学，2006，33（12）：2402 - 2403.

③ Joyce A. , Bill H. , Rutger E. , et al. Co - occurrence of depression and delinquency in personality types［J］. European Journal of Personality，2007，24（21）：235 - 256.

④ 孔德生，张静. 贫困大学生人格类型的聚类分析［J］. 中国心理卫生杂志，2005，19（11）：737 - 740.

卷，回收率为100%，最后获得有效样本446份，有效率为99.11%。

（二）方法

采用自行设计调查表调查贫困中学生的一般情况，包括性别、年龄、年级、是否独生子女、文理科、是否学生干部等。采用国内学者陈仲庚修订的成人艾森克人格量表（EPQ）[①]调查贫困中学生人格特征。该量表共有85项问题，分为P（精神质，20项）、E（内外向，21项）、N（情绪稳定性，24项）、L（掩饰性，20项）四个维度，每一题有是、否2个答案，分别计分1、0分，部分为反向计分，各分量表的项目数即是它们的最高分。P分量表高分表示古怪、孤僻、行为不适应，低分表示能与人相处、态度温和、善解人意；E分量表高分表示为外向，低分表示为内向；N分量表高分表示情绪不稳定，低分表示情绪稳定；L分量表反映掩饰倾向。采用症状自评量表（SCL-90）[②]调查贫困中学生心理健康状况。量表含有9个因子，共90个项目，内容涉及躯体症状、人际关系、情绪状态、生活习惯、饮食睡眠等方面。量表的每个题目均以5级评分制计分，得分越高，表明心理健康水平越低；反之，则表明心理健康水平越高。由心理学专业研究生担任主试，指导被试阅读问卷指导语后，进行不记名填答，完成后当场收回问卷。施测时间大约25分钟。

（三）统计方法

采用SPSS 16.0软件进行描述统计、t检验、Pearson相关分析与回归分析。

二、结果

（一）基本情况

男生有182人（40.81%），女生有264人（59.19%）；年龄为15~21岁，平均年龄18.60±0.99岁；初三有127人（28.48%），高一有139人（31.66%），高二有132人（29.60%），高三有48人（10.76%）；独生子女有274人（61.43%），非独生子女有172人（38.57%）；文科有253人（56.73%），理科有193人（44.27%）；学生干部有115人（25.78%），非学生干部有331人（74.21%）。

① 陈仲庚. 艾森克人格问卷简式量表中国版（EPQ-RSC）的使用手册 [M]. 北京：北京大学，1998.

② 汪向东，王希林，马弘. 心理卫生评定量表手册（增订版）[M]. 北京：中国心理卫生杂志社，1999：31-35.

（二）贫困中学生人格特征状况分析

把贫困中学生 EPQ 各分量表得分与全国常模比较，t 检验结果显示，男女生 P 分量表得分与常模差异无统计学意义（p＞0.05）；男女生 E 分量表得分显著高于常模（p＜0.05，p＜0.01）；女生 N 分量表得分显著高于常模（p＜0.01），L 分量表得分显著低于常模（p＜0.01），男生 N、L 分量表得分与常模差异无统计学意义（p＞0.05）（见表 2-4-1）。

表 2-4-1　贫困中学生人格 EPQ 各维度与常模比较（M±SD）

| 分量表 | 男生（n＝182） | 全国男常模（n＝368） | 女生（n＝264） | 全国女常模（n＝275） | $t_1$ | $p_1$ | $t_2$ | $p_2$ |
|---|---|---|---|---|---|---|---|---|
| 精神质（P） | 5.63±2.24 | 6.08±3.22 | 5.12±2.61 | 5.34±2.95 | -0.99 | 0.330 | -1.17 | 0.245 |
| 内外向（E） | 12.25±5.03 | 9.93±4.39 | 12.31±4.53 | 9.03±4.12 | 2.26 | 0.034 | 10.20 | 0.000 |
| 神经质（N） | 10.42±5.19 | 10.06±4.62 | 12.47±4.96 | 10.98±4.66 | 0.34 | 0.739 | 6.85 | 0.000 |
| 掩饰性（L） | 12.00±4.56 | 13.30±5.77 | 11.04±3.17 | 11.99±3.50 | -1.37 | 0.186 | -4.19 | 0.000 |

注：$t_1$、$p_1$ 为贫困男中学生与全国男常模均值差异的显著性检验，$t_2$、$p_2$ 为贫困女中学生与全国女常模均值差异的显著性检验。

（三）贫困中学生心理健康水平总体状况

t 检验显示，贫困中学生 SCL-90 的 9 个因子分均值高于国内青年常模，[①] 差异有统计学意义（t＝2.95～7.41，p＜0.01）。从这个结果来看，贫困中学生的心理健康水平显著低于全国正常青年的平均水平（见表 2-4-2）。

表 2-4-2　贫困中学生 SCL-90 因子均分与全国青年常模比较（M±SD）

| 因子 | 贫困中学生（n＝446） | 青年常模（n＝781） | t | p |
|---|---|---|---|---|
| 躯体化 | 1.47±0.43 | 1.34±0.45 | 4.37 | 0.000 |
| 强迫性 | 1.97±0.57 | 1.69±0.61 | 7.41 | 0.000 |
| 人际敏感 | 1.88±0.63 | 1.76±0.67 | 2.95 | 0.003 |
| 抑郁 | 1.69±0.58 | 1.57±0.61 | 3.12 | 0.002 |
| 焦虑 | 1.62±0.54 | 1.42±0.43 | 5.62 | 0.000 |

---

①　金华，吴文源，张明园．中国正常人 SCL-90 评定结果的初步分析 [J]．中国神经精神疾病杂志，1986，12（5）：260-263.

续表

| 因子 | 贫困中学生（n=446） | 青年常模（n=781） | t | p |
|------|------|------|------|------|
| 敌对 | 1.68±0.61 | 1.50±0.57 | 4.44 | 0.000 |
| 恐怖 | 1.46±0.49 | 1.33±0.47 | 3.98 | 0.000 |
| 偏执 | 1.80±0.62 | 1.52±0.60 | 6.77 | 0.000 |
| 精神病性 | 1.56±0.47 | 1.36±0.47 | 6.23 | 0.000 |

（四）贫困中学生人格特征及其与心理健康水平的相关分析

贫困中学生 EPQ 各分量表与 SCL-90 各因子间的 Pearson 相关分析显示，P、N 分量表与 SCL 各因子分别呈显著正相关（$r = 0.17 \sim 0.61$，$p < 0.05$，$p < 0.01$）；除躯体化、敌对、偏执因子外，E 分量表与 SCL 各因子呈显著负相关（$r = -0.14 \sim -0.27$，$p < 0.05$，$p < 0.01$）（见表2-4-3）。

表2-4-3　贫困中学生人格特征与心理健康水平的相关分析（r）

| 分量表 | 躯体化 | 强迫性 | 人际敏感 | 抑郁 | 焦虑 | 敌对 | 恐怖 | 偏执 | 精神病性 |
|------|------|------|------|------|------|------|------|------|------|
| 精神质（P） | 0.17* | 0.27** | 0.18** | 0.27** | 0.22** | 0.29* | 0.10 | 0.33** | 0.20** |
| 内外向（E） | -0.09 | -0.14* | -0.24** | -0.27** | -0.15* | -0.05 | -0.17* | -0.06 | -0.19** |
| 神经质（N） | 0.43** | 0.52** | 0.61** | 0.57** | 0.55** | 0.53** | 0.38** | 0.43** | 0.57** |

注：*表示 $p < 0.05$，**表示 $p < 0.01$。

（五）贫困中学生人格特征对心理健康的多元回归分析

相关分析表明，贫困中学生的人格特征与心理健康水平之间有较为显著的相关，为了进一步了解两者的内在关系，本研究以 SCL-90 的总症状知识为因变量，以 EPQ 的人格维度即精神质、内外向、神经质为自变量，进行多元逐步回归分析，考察预测心理健康水平的人格因素。结果表明，精神质、神经质进入回归方程，对心理健康水平具有显著的正向预测作用（见表2-4-4）。

表2-4-4　中学生人格状况对心理健康水平的回归（n=446）

| 变量 | B | SE | Beta | t | p |
|------|------|------|------|------|------|
| Constant | 80.78 | 8.83 | — | 9.15 | 0.000 |
| 精神质（P） | 2.25 | 0.77 | 0.16 | 2.92 | 0.004 |
| 内外向（E） | -0.52 | 0.43 | -0.06 | -1.20 | 0.231 |
| 神经质（N） | 4.34 | 0.40 | 0.58 | 10.82 | 0.000 |

注：$F = 51.50$，$p = 0.000$，$R^2 = 0.417$。

### 三、讨论与分析

从本研究结果来看，贫困中学生在精神病质倾向上与正常青年相差不大；在内外倾向上，男女生都表现为偏外向，好交际，对他人表示关心，能与他人友好相处，比较容易适应外部环境；在情绪上，女生表现为情绪不太稳定，有时可能焦虑、紧张、担忧，遇到刺激情绪反应较为强烈；在掩饰上，女生表现更为诚实，有较高的信任度。这与以往的研究①不大一致。近年来，随着国家助学贷款制度的实施，以及社会各界以及高校自身对贫困中学生的支持与帮助，贫困中学生的人格特征正在发生相对的变化。另外，贫困中学生的心理健康水平显著低于全国青年的平均水平，这与以往的研究②③是一致的。这可能与贫困中学生既要承受大学学习的压力，又要应对自己经济上的压力，还要肩负着把握和规划自己未来等多重应激有关。所以，贫困中学生的心理健康状况仍不容乐观，值得教育工作者的关注。

相关分析表明，贫困中学生的精神质、神经质与心身症状呈正相关，内外向与心身症状呈负相关，即聋哑中学生的情绪越不稳定、性格越内向，越表现为抑郁，情感、心境越苦闷，人际交往越敏感、不自在，与人交往越有更大的自卑感。对于其他群体的相关研究与本结果基本一致。④ 可见，情绪作为预测心理健康的指标是十分合理的，情绪是心理健康的晴雨表，它直接影响贫困中学生身心健康。多元逐步回归分析表明，贫困中学生的精神质、神经质是预测其心理健康状况的重要变量。也就是说，贫困中学生的心理健康因素一方面受其人格中的"精神病质"的影响，另一方面受其人格特征中情绪性的影响，尤以后者影响较大。这可能因为贫困中学生正在处在由青春后期向成人期的转变阶段，心理上还未完全成熟，因而人格表现出较多的矛盾性。作为社会弱势群体，贫困中学生

① 程绍珍，杨明. 河南省高校大学生人格特征与心理健康状况的调查 ［J］. 现代预防医学，2006，33（12）：2402－2403.

② 蒲清平，高微，王会丽，等. 贫困中学生心理健康实证研究 ［J］. 重庆大学学报（社会科学版），2010，16（1）：158－162.

③ 黄建中，王嘉. 医学生心理健康状况与人格特征的相关分析 ［J］. 现代预防医学，2003，30（2）：154－155.

④ Joseph G.，Grzywacz，Sara A. Quandt，Julie Early，et al. Leaving family for work：Ambivalence and mental health among mexican migrant farmworker men ［J］. Journal of Immigrant and Minority Health，2006，8（1）：85－97.

（特别是女生）有时表现比较敏感，自我保护的意识可能比正常人更强一些，在情绪上容易激动，比其他人更容易体验到挫折，这在一定程度上也会影响到心理健康。由于贫困中学生的特殊性，取样较为困难，本次调查的样本量相对较少，要想获得更为真实可靠的结果，还须运用观察法、访谈法等研究方法加以佐证，并增大样本量，这些都是今后研究要考虑的问题。

# 第五章　个体价值观定位和集体性社会认同的关系

## 一、最佳特性理论

最佳特性理论假定集体性的社会认同根源于两个截然相反的社会动机之间的相互作用。[①] 第一种动机就是个体的包容需要（Need for Inclusion），即个体渴望成为更大型团体当中的一员，并深深地植根于其中，被其同化。包容需要的极端形式是它将会延伸到个体的整个生命周期。与此相对应，第二种动机就是个体的异化需要（Need for Differentiation），它反映了个体与他人异化的需要即个体渴望与他人与众不同的需要。这种需要的极端形式表现为个体自我对其他所有人强烈的不满。根据最佳特性理论，这两种动机之所以具有驱动性，是因为需要动机或激发水平随着当前状态与预期顶点（完全纳入或完全包容）之间距离的增大而增强。

这两种动机随着反作用力的驱动（包容需要和异化需要互为反作用力）而互相抑制。随着个体进入更大、更具有包容力的社会团体，包容需要的驱动力下降而异化需要的驱动力水平则上升；相应地，随着个体进入更小、更具有排他性的社会团体，个体趋向于对更大的社会团体的不满，这样，异化需要的动机逐渐消退而包容需要的动机水平在上升。这种反作用力促使个体的需要动机朝向一个均衡点，在这个点上，个体自我延伸为集体自我；个体同时满足上述两种需要，既可以完全满足包容性也可以完全满足排他性。

---

① Brewer, M. B. The social self: On being the same and different at the same time [J]. Personality and Social Psychology Bulletin, 2001（17）：475－482.

最佳特性理论假定社会性动机对于集体性社会认同来说十分重要，这一点由已经完成的经验主义实证得到证实。实验研究的结果表明，同化需要和异化需要的驱动力可以提高团体特性的重要性；① 包容的威胁会加深团体特性品质的自我刻板化；② 对团体差异性的威胁会加剧过度的排他性和团体之间的异化。③ 当完成或修复最佳团体一致性的努力涉及个人自我利益的代价时，集体自我的重要性就显得尤其明显，这一点也得到一些研究的支持。这些研究表明个体对被诬陷的团体抱以深深的同情；特性团体的认同会导致内团体的同化，甚至在它使个人自尊散失时，也是如此；④ 异化需要的驱动力会提升特性低状态的少数内团体的价值，使之超过高状态的多数内团体的价值；⑤ 包容或差异性的威胁会加剧自我刻板化，甚至会加剧对团体差异性的消极评估。⑥

## 二、个体价值观定位与需要的激发

作为社会存在的反映，价值观是社会成员用来评价行为、事物以及从各种可能的目标中选择自己合意目标的准则。价值观通过人们的行为取向及对事物的评价、态度反映出来，是驱使人们行为的内部动力；它支配和调节一切社会行为，涉及社会生活的各个领域。价值观是个体基本目标的认知表征，是个体以自身需要为尺度对事物重要性认识的观念系统；⑦ 作为区分好坏标准并指导个体行为的心理倾向系统的价值观不仅仅属于认知范畴，也充满着情感和意志。⑧ 价值观不仅影响个人的行为，还影响着群体行为和整个组织行为。

① Pickett, C. A., Silver, M. & Brewer, M. B. Group identification as a function and of assimilation and differentiation needs [J]. Personality and Sodial Psychology, 2007 (12): 271 – 285.

② Brewer, M. B. & Picket, C. A. Distinctiveness motives as a source of the social self. In T. Tyler, R. Kramer, & O. John (Eds.), the psychology of the social self [M]. New York: Academic Press, 2008: 71 – 87.

③ Pickett, C. A. The role of assimilation and differentiation needs in the perception and categorization of in – groups and out – groups members [J]. British Journal of Social Psychology, 2004 (18): 131 – 144.

④ Brewer, M. B. & Weber, J. G. Self – evaluation effects of interpersonal versus intergroup social comparison [J]. Journal of Personality and Social Psychology, 2004 (66): 268 – 275.

⑤ Brewer, M. B., Manzi. J. & Shaw, J. In – group identification as a function of depersonalization, distinctiveness, and status [J]. Psychological Science, 2003 (4): 88 – 92.

⑥ Branscombe, N. R. & Ellemers. N. Coping with group – based discrimination: Individualistic versus group – level strategies. In J. Swim & Stangor (Eds.), Prejudice: The target's perspective [M]. New York: Academic Press, 2008, 243 – 266.

⑦ 张进辅. 现代青年心理学 [M]. 重庆: 重庆出版社, 2002: 255.

⑧ 黄希庭. 心理学导论 [M]. 北京: 人民出版社, 1991: 207.

（一）关系型集体主义价值观与团体型集体主义价值观

集体主义的一种形式——关系型集体主义强调人际间的关系、互相合作、互相依赖以及在一个紧密联系在一起的社会关系网中对某些特定他人的关心。关系型集体主义对家庭、亲密朋友以及所属社区所感觉到的义务感、责任感的程度很高。集体主义的另一种形式——团体型集体主义强调从总体上对团体的依赖感和责任感，把服从作为团体的规范和权威，集体利益置于个人利益之上。团体型集体主义者的价值观从总体上与团体本身的规模和黏合度密切相关，而与个体的同伴及团体成员不相关。

虽然关系型集体主义和团体型的集体主义并不是互相排斥的价值观系统，但是有必要指出谁具有优先权，因为有时候，它们是相处冲突的。在下面这种情况下，即当个人爱好与他人爱好相冲突时，或当亲密的个人关系与集体的职责和责任相冲突时，个人主义者的价值观，关系型集体主义者的价值观和团体型集体主义者的价值观的相对重要性将决定个体怎样做。个体主要价值观的定位在于在某一特殊时间内从与之对抗的价值观中优先选择某一价值观。

处于一定文化背景下的各类团体中都有许多规范和期望，这些规范和期望随个人主义价值观，关系型集体主义价值观以及团体型集体主义价值观的重要性所处位置的不同而有所不同。有些团体是由团体成员之间的人际结合度所确定；[①]有些团体是由集体目标和需要有强烈的责任感、服从性以及对团体利益的关心等构成的观念所确定；有些团体是由带有鼓励个体责任感和自我表达规范的利益共享所确定。我们的意图在于把关系型集体主义和团体型集体主义概念化为价值观定位，即个体作为特殊团体成员在团体规范和期望的背景下的展示。

（二）集体主义价值观定位与需要的激发

关系型集体主义者和团体型集体主义者的价值观都强调义务感、互相依赖和对内团体中其他人的责任，这就意味着集体主义者的社会认同是一个高投入的项目。同时，团体包容的回报也很高，因为团体提供了安全感，保证团体成员间的互相帮助。但是，就对团体成员、同伴尽一些义务和职责而需要花去时间和财力而言，团体包容的代价与回报等量。在这种价值观系统下，团体成员的回报和潜在的代价与团体的规模和排外性相联系。当团体内的责任感很强，都同意遵守规

① Prentice, D., Miller, D. & Lightdale, J. Asymmetries in attachments to groups and to their members: Distinguishing between common – identity and common – bond groups［J］. Personality and Sodial Psychology, 2004 (23)：484 – 493.

范和惩罚条例时，团体包容的回报就可以在一个相对来说比较小且排外的社会单元中得到满足。说得更正式一些，随着团体成员从其他同伴中接受帮助和支持的可能性接近100%，越来越少的团体成员需要确保在需要得到帮助的时候能够得到。由于集体价值观和规范的存在，要把团体的范围延伸得更广，或把团体成员的恩惠施加给那些很明显不遵守团体规范的人，其代价就很大。这样说来，集体主义者应该高度关注内团体的差异性，应该区分内团体的规范和外团体的规范。

这些集体主义者的价值观定位对包容需要和异化需要的高度和倾斜度有直接的影响。集体主义团体成员的回报（和对他人互相依赖的显著性）意味着在包容维度截取的点上，包容需要的强度很高。然而，在社会单元中，一旦包容性已经达到，更高层次的包容需要就会迅速下降。另外，维持集体主义者的团体联系所付出的代价意味着异化需要的强度很高，并且随着社会单元的包容性程度上升而急速上升。其结果要么通过失去包容性，要么通过失去团体特性来限制最佳认同的范围和该认同威胁敏感性的高级层次。

虽然我们把基本样式都描绘成关系型集体主义价值观定位和团体型集体主义价值观定位，但是这两种类型的集体主义却有些不同的含义，因为团体特性的维度最为重要。就关系型价值观而言，在互相依赖和责任感的成本很高之前，内团体网络中能够容纳团体成员的数量是最主要的束缚。这样，关系型集体主义者对内团体规模的扩大很敏感。另外，团体型集体主义者的价值观对团体规模的变化不太敏感。既然团体型集体主义者们对集体整体的利益负有责任和义务，而不是对团体成员个人负有责任和义务，那么，团体规模的扩大对于团体型集体主义者和对于关系型集体主义者的意义就有些不同。虽然，团体成员的数量会影响到团体利益的多少，但事实上，支撑公共团体的个体越多，也意味着每个个体所承受的负担就越少。这样说来，团体成员对团体规模的关心与对团体界限的不透明性相比就显得不那么重要了。

（三）个人主义价值观定位与需要的激发

与集体主义价值观相对应的是个人主义价值观。个人主义者假定在解决个体成就需要和他人利益需要的冲突时，倾向于个人利益优先。在这种价值观体系下，个体对团体和团体成员的责任感并不绝对可靠。这样，内团体包容性的潜在回报是分散的、不确定的，个体为了获得和团体成员一样的安全感和互相帮助的回报，就需要成为规模更大、更具有包容性的社会单元中的一员。

个人主义价值观定位的特性会导致包容需要的激发相对缓慢和异化需要（该

需要可以通过加强个人责任感和自我表达得到缓慢的满足）的激发水平相对低下。对于个人主义者而言，集体性社会认同最佳特性点位于相对高的包容性层次上，且对该点的任一方向的偏离具有广泛的容忍力。因此，具有个人主义价值观定位的个体应在社会团体的广大领域中适度地展现高层次的社会认同，同时，对内团体的多样性和团体间的相似性具有一定宽容性。

### 三、价值观定位与集体性社会认同

#### （一）价值观定位与集体性社会认同的假设

理论阐述到如此的深度已经具有很清楚的推理性：有关价值观定位和集体性社会认同之间的关系就会产生出许多假设。这些假设是有关各集体性社会认同在力度和排外性方面的差异。虽然有关价值观和集体性认同之间关系的系统性研究发表得还很少，但关于个体主义社会和集体主义社会比较的跨文化研究给假设一些支持。该研究认为，与集体主义文化相比，集体主义者的价值观定位与内、外团体成员在行为上的明显区别是密切联系的。[①] 然而，这一比较仅仅为我们的假设提供了间接的支持，更直接的证据将来自于对个体主义和集体主义文化中不同类型的集体主义认同变量间互相关系的评估，也来自于对个人主义者和集体主义者对内团体包容和异化威胁做出反应力量的验证。

这些初始的基本研究给了我们关于价值观定位和社会认同动机之间关系的假设以有力的支持。就团体特征与内团体的高认同有密切联系的角度而言，具有个人主义和集体主义价值观的个体从系统上讲则有根本的不同。美国的研究显示，与那些具有集体主义价值观定位的人相比，个体主义者对更大型、包容性更强的社会团体具有认同性，而很少关心内团体的差异性在加拿大做的实验研究也为假设寻找到了支持。[②] 该假设认为，内团体的认同性和集体主义者之中（而不是在个体主义者之中）的团体间的异化（对内团体的偏见）有相当大的联系。以色列的一项研究也证实了我们关于关系型集体主义和团体型集体主义之间区别的含义之设想。对于那些具有强烈关系型价值观的人来说，其团体认同性受团体的相对规模的限制，但对于具有集体主义价值观定位的人来说，团体规模并不是内团

---

① Brewer, M. B. & Rocces, S. Individual values, social identity, and optimal distinctiveness: Individual self, relational self, collective self [J]. Psychological Science, 2005 (9): 229 – 234.

② Meeres, S. L. & Grant, P. R. Enhancing collective and personal self – esteem through differentiation: Further exploration of Hinkle & Brown's taxonomy [J]. British Journal of Social Psychology, 2010 (38): 21 – 34.

体差异性的关键性维度。综合起来，这些结果表明，价值观定位也会影响个体在多大程度上受到我们所属内团体包容性潜在增加的威胁，或影响个体在多大程度上受到内团体和外团体之间异化性潜在减少的威胁。但是，这些假设至今还没有得到直接的证实。

（二）价值观定位与集体性社会认同的复杂性

到此为止，我们仅就价值观定位与单一社会团体认同之间的关系做了论述。但是，我们所讨论的个体主义型价值观和集体主义型价值观之间差异性还有更深层次的含义，即个体如何面对复合团体成员，复合内团体的认同又是如何分布的。

当个体从属于一个以上的内团体时，就要以一种很复杂的方式来看待这种复合内团体。一方面，如果个体把各团体看作是彼此之间高度相似，那个体对复合团体的认同就会高度一致，并且也很容易把复合团体成员看作单个的、具有同质性的内团体成员。然而，当个体把复合内团体看作是在典型价值观和特性上有所不同时，那个体对复合内团体的社会认同和其他团体成员的社会认同就有很大的差异，有时还存在潜在的冲突。另一方面，当某个内团体只拥有部分认可的成员时，同样一个人在一种背景下可能是内团体成员（能分享团体认同的利益），而在另一种背景下在可能是外团体成员（排除在团体认同的利益之外）。把上述认同复杂性的两个方面综合起来看，如果个体把复合团体看作有差异或不重合的，那他将把内团体认同为异质的和包容的；如果个体把复合内团体看作高度相似或重合的，那他将把内团体认同为简单、同质和排外的。

以此类推，与社会认同之下的包容和异化需要激发密切联系的价值观也与社会认同的复杂性相联系。内团体成员异质，非重合，彼此之间互不相同的这种意识与集体主义价值观定位是相冲突的，因为集体主义者认为内团体和外团体之间有显著的区别。社会认同的复杂性也与总体上具有安全、稳定、协调和秩序特征的保护型价值观所附属的高度重要性相冲突。那么，我们期望社会认同的复杂性对于那些重视变化甚于保护的开放型个体来说，其复杂程度更低；也期望对于那些重视关系性和团体性甚于个体主义性价值观定位的集体主义者来说，其复杂程度更低。

总之，在社会认同最佳特性模型的基点上，价值观定位分别对包容需要和异化需要的激发有不同的影响；而后者决定了集体性社会认同的力度、硬度和复杂性。实证研究表明，虽然个体价值观定位并不是集体性社会认同在卓越性、重要性和责任感方面的唯一决定因素，但个体价值观对集体性社会认同的影响还是显著的。

# 第六章 中学生创造性4C认知 及其与大五人格的关系

## 一、研究背景

随着创造性研究逐渐地深入到越来越多的心理学领域，对创造性的内涵与结构进行具体而明确的界定就显得十分必要。过去传统的创造性研究更多地关注创造性主体是谁、创造性是什么等类似的问题，于是便有了创造性经典的二分法，即把创造性分为日常创造性与杰出创造性。日常创造性，也称为"小C"创造性（Little - C），这种创造性几乎人人都具有，包含的是普通人平常生活的各个方面，如人们把易拉罐做成洗澡的喷头就属于这种创造性。杰出创造性，也称为"大C"（Big - C），这种创造性只有伟人才具备，一般解决特别难的问题，或者创造出天才的作品，如爱因斯坦提出相对论、达·芬奇的艺术创作等都能体现出该创造性。创造性"小C"与"大C"的二分法实际上反映了创造性这一心理学概念研究的两种取向，即个体主义取向和社会文化取向。[①] 个体主义取向关注人们日常生活方面表现出来的各种创造性，其创造性主体是普通的个体；社会文化取向关注伟人或有巨大、特殊成就之人表现出的创造性，其创造性主体是伟人或天才。"大C"创造性的一个很重要的标志是至少要有生成一种产品，并且该产品要被某一领域知识渊博的社会群体共同认定为适宜的、新颖的和有社会价值的。[②]

---

① 陈斌斌，王婉婷. 进化心理学视野下的创造力研究［J］. 苏州大学学报（教育科学版），2014，2（4）：14 - 23.

② Sawyer, R. K. Explaining creativity: The science of human innovation ［M］. Oxford: Oxford University Press, 2012.

总的说来，传统的创造性研究二分法更多地关注创造性的主体与创造性的结果等问题，为了更加全面而深入地探讨创造性的本质与核心，还应关注创造性的过程、能力、兴趣、创造性潜力等。于是，Kaufman 和 Beghetto 在二分法的基础上提出了创造性 4C 模型。① 他们认为，除了以上两种创造性外，还存在另外两种，即"微 C"创造性（Mini - C）与"专 C"创造性（Pro - C）。"微 C"创造性包含了学习过程中的内在创造性，也就是对经验、行为和事件所作的新颖、个别化和有意义的解释。比如写诗、作画、创作儿童短故事就属于"微 C"创造性。"微 C"创造性的提出大大拓展了当代创造性的概念，能保证学生的创造潜力得到培养，而不至于被忽略和丢失。"专 C"创造性主要指任何创造性领域里表现出来的专业水准，它代表了超越于"小 C"而又没有达到"大 C"水平的发展性进步。一般来说，"大 C"创造性通常是需要花费很长时间的，甚至数十年的时间才能达到真正的影响力，如装潢设计师根据用户的需求与愿望创造出实用及美学并重的全新空间就属于这种创造性。所以，"专 C"创造性可以用来解释这些没有达到杰出创造性水平的专业创作者的活动。

Kaufman 和 Beghetto 认为，创造性的研究一般有两个途径：一个途径是通过研究者提出的关于创造性的外显理论，包括 Guilford 的智力结构理论，Sternberg 等的创造性投资理论等；② 另一个途径是探讨非研究人员对于创造性的认知，也就是向一些非专业人士提出一些关于创造性的问题，这些问题有可能是直接的，如直接询问创造性的定义；也有可能是间接的，如通过评估描述有关产品、人物或过程的语句所表现出的创造性，挖掘对创造性的内隐认知。一般来说，创造性总是带有一些神秘主义的色彩，所以人们往往很容易重视大 C 而忽略小 C 的重要性。③ 岳晓东曾调查了北京、广州、香港、台北中学生对创造性人才的认知，④ 结果发现，四地的中学生皆首推政治名人，次推科技界名人，最不看重的创造力人才是艺术界和音乐界名人。这表明，两岸四地的中学生比较重视大 C，而不太

① Kaufman, J. C. & Beghetto, R. A. Beyond big and little: The four C model of creativity [J]. Review of General Psychology, 2009, 13 (1): 1 - 12.

② Kaufman, J. C. & Beghetto, R. A. Do people recognize the four Cs? Examining layperson conceptions of creativity [J]. Psychology of Aesthetics, Creativity, and the Arts, 2013, 7 (3): 229 - 236.

③ Sternberg, R. J. & Lubart, T. I. The concepts of creativity: Prospects and paradigms. In R. J. Sternberg (Ed.), Handbook of creativity [M]. New York: Cambridge University Press, 1999: 3 - 15.

④ 岳晓东. 两岸四地中学生对创造力特征及创造力人才的认知调查 [J]. 心理学报, 2001, 33 (2): 148 - 154.

重视专 C。微 C 因为涉及个体内部创造性的心智过程，以个体独特的洞察力与解释力为主要表现形式，可能更容易被人们所忽视。而微 C 一旦被忽视，就会影响到个体创造性特别是创造潜力的培养。根据创造性 4C 模型，每个人都具有创造性，并且都是从微 C 开始，微 C 是所有人创造性的起源，没有微 C 就没有大 C。在一般情况下，微 C 可以转变为小 C，只有非常少的人才能从微 C 直接跳跃到专 C，大部分人都要经历一个长期的过渡期才能进入到专 C，而在非常特殊的情况下，专 C 才有可能转变为大 C。创造性 4C 模型基本上代表了个体创造性一生的发展轨迹。可见，大 C 的形成不是一蹴而就的，它离不开微 C 的最初发现、小 C 的技能技巧的发展以及专 C 才能的磨炼，需要各种水平的创造性的长期积累，这符合量变与质变的相互转换的唯物辩证法原理。那么，作为重要的创造性主体之一，当代中学生是否知晓与理解创造性的各种类型与水平，这有待作进一步的研究。

创造性的内涵极其丰富和复杂，尽管到目前为止，专家学者对创造性的认识还没有统一，但基本上达成一个共识，即创造性涉及认知、人格和社会环境三大方面。其中，与个体相关的特征主要表现为认知和人格。① 创造性作为一种思维品质而言，与个体的个性特征关系密切，个性特征是影响个体创造性行为的重要因素之一。所以，创造性的培养不仅是一个能力开发的问题，也是个性特征培养的问题。受 1950 年 Guilford 在美国心理学会演讲的影响，美国加州大学伯克利分校较早地开始研究创造性人格的特质。研究者们发现，具有较高创造性的个体都具有以下特质：高于平均的智力、洞察力、观察力、经验开放性、平衡的人格等。② 到 20 世纪 90 年代末，大量的研究确定了创造性个体的其他特质，如善于表达、独立性、广泛的兴趣、决策的灵活性、精力充沛、喜欢冒险等。③ 国内心理学家林崇德在其研究中，将创造性人格概括为刚毅的性格、健康的情感、积极的个性意识倾向、坚强的意志和良好的习惯等特质。④ 关于人格特质与创造性的关系目前还存在争议，其原因很多，如不同的研究者采用不同的研究方法与研究

① 蔡华俭，符起俊，桑标，许静. 创造性的公众观的调查研究——关于高创造性的特征 [J]. 心理科学，2001，24（1）：46 - 49.

② MacKinnon, D. W. In search of human effectiveness [M]. Buffalo, NY: Creative Education Foundation, 1998.

③ Feist, G. J. A meta - analysis of personality in scientific and artistic creativity [J]. Personality and Social Psychology Review, 1998（2）：290 - 309.

④ 林崇德. 创造性人才·创造性教育·创造性学习 [J]. 中国教育学刊，2000，21（1）：5 - 8.

样本来研究创造性人格，或对创造性人格的理解不同等。① 当然，也有可能是不同的研究者对创造性本身的认知有差异。近些年来，国家一直强调学生非智力因素的培养，其实质就是在强调通过培养学生的人格、意志品质与动机等因素来开发、培养学生的智力与创造性。中学生作为社会的一个特殊群体，是未来推动社会发展的栋梁之材，其创造性的程度对于国家、民族的兴旺发展具有重要的作用。中学生关于创造性的认知对他们的日常生活、学习与工作有着重要的影响，更为重要的是，人格特征与其创造性的培养与发展有着直接的关系。所以，要探讨中学生创造性 4C 认知的问题，人格是一个重要的考察变量。本次研究的主要目的是考察中学生对创造性 4C 的认知，即中学生对各种创造性重要性程度的认知差异，以及中学生对创造性 4C 认知上的差异与人格之间的关系。

**二、对象与方法**

**（一）被试**

随机整群抽取 2400 名中学生进行调查。共发出问卷 2400 份，回收 2325 份，回收率为 96.88%；经剔除无效问卷后得到有效问卷 2272 份，有效回收率为 97.72%。其中男生有 916 人，女生有 1356 人；年龄跨度在 18～24 岁，平均年龄为 20.24 ± 1.17 岁；初三有 706 人，高一有 640 人，高二有 584 人，高三有 342 人；省级中学有 856 人，区级中学有 808 人，市级中学有 608 人。

**（二）测量工具**

采用 Kaufman 和 Beghetto（2013）编制的创造性 4C 认知量表（Perceptions of Creativity 4C Scale，PC4CS）调查中学生创造性认知现状。该量表共 18 个题项，分为四个分量表，其中大 C、微 C、无 C 分量表各 4 个题项，专 C/小 C 分量表 6 个题项。每个题项都是描述有关产品、人物或过程的语句，如 "创造性天才" "具有传奇色彩的创造性作品" 等，要求被试根据自己的真实感受评价每个语句所表现出的创造性程度，采用 likert5 级评分（1 = 完全没有创造性，2 = 不太有创造性，3 = 不确定，4 = 比较有创造性，5 = 非常具有创造性）。为了探讨公众对低水平创造性与无创造性在认知上有无差异，该量表还增加了代表无创造性（简称无 C）维度的 4 个题项。总量表的 Cronbach α 系数为 0.85，重测信度为 0.82，

---

① 李西营，刘小先，申继亮. 中学生创造性人格和创造性的关系：来自中美比较的证据［J］. 心理学探新，2014，34（2）：186－192.

各分量表的 Cronbach α 系数在 0.72 ~ 0.81。以 Rudowicz – Hui 的创造力概念调查量表为效标，效标效度为 0.77。该量表具有较好的信、效度，可以作为测量工具进行调查。

中学生人格调查采用 NEO – FFI（Neuroticism Extraversion Openness Five – Factor Inventory）即大五人格中文简化版量表，共有 60 个项目，采取 likert5 级评分，包括神经质、外向性、开放性、宜人性、责任心 5 个分量表，每个分量表各有 12 个项目。NEO – FFI 量表最初由美国心理学家 Costa 和 McCrae 编制，后国内学者杨坚、戴晓阳等与他们合作在中国进行研究而形成中文版条目，该量表在中国大陆的样本中也具有良好的信度，各分量表的 Cronbach α 系数均在 0.75 ~ 0.91，重测信度系数均在 0.65 ~ 0.82（Costa & McCrae，1989）。[1]

（三）施测过程

以班级为单位进行集体施测，由心理学专业研究生或任课教师担任主试。每次调查时主试均宣读指导语，以消除被试顾虑，避免社会赞许性效应等消极因素的影响。被试当场作答，答完后统一回收。施测时间为 20 分钟左右。

（四）统计方法

采用 SPSS 20.0 统计软件进行数据的输入和描述统计、方差检验、相关分析与回归分析。

### 三、结果

（一）中学生创造性 4C 认知与大五人格总体现状

中学生创造性 4C 认知与大五人格各维度描述性结果（见表 2 – 6 – 1）。因为创造性 4C 认知量表中微 C 维度题项与其他维度题项不相等，为便于比较，维度使用均分。从各维度得分来看，大 C 得分（3.83 ± 0.89）最高，其次是微 C（3.50 ± 0.81）、专 C/小 C（3.02 ± 0.71），无 C 得分最低（2.39 ± 0.93）。这表明，中学生普遍认为，大 C 比微 C 更具有创造性，微 C 比专 C 或小 C 更具有创造性，最不具有创造性的是无 C。

① Costa, P. T. & McCrae, R. R. The NEO – PI/NEO – FFL manual supplement [M]. Odessa, FL: Psychological Assessment Resources, Inc., 1989.

表2-6-1　中学生在创造性4C认知与大五人格各维度得分的描述统计（M & SD）

| 变量 | M | SD |
|---|---|---|
| 大C | 3.83 | 0.89 |
| 专C/小C | 3.02 | 0.71 |
| 微C | 3.50 | 0.81 |
| 无C | 2.39 | 0.93 |
| 神经质 | 34.87 | 7.29 |
| 外向性 | 38.70 | 5.95 |
| 开放性 | 40.18 | 5.77 |
| 宜人性 | 41.75 | 5.70 |
| 责任心 | 41.67 | 6.33 |

注：n = 2272。

（二）不同学校类别的中学生在创造性4C认知上的差异

为了探讨不同学校类别的中学生在创造性4C认知上的差异，以学校类别为自变量，以创造性4C四个维度为因变量作多变量变异数分析。结果表明，在整体上，学校类型差异达到极其显著水平（Wilk's Lambda = 0.98，F = 7.25，p = 0.000）。具体来说，学校类别在大C（F（2，2269）= 14.74，η = 0.11，p < 0.01）、微C（F（2，2269）= 13.14，η = 0.11，p < 0.01）的认知得分上差异显著，在专C/小C、无C上差异不显著（p > 0.05）（见表2-6-2）。事后比较的结果显示，在对大C的认知上，区级中学显著高于省级中学，省级中学显著高于市级中学；在对微C的认知上，区级中学显著高于市级中学，市级中学显著高于省级中学。

表2-6-2　不同学校类别的中学生创造性4C认知描述性结果及显著性检验（$\bar{x} \pm s$ & F）

| 变量 | 省级（n = 856） | 区级（n = 808） | 市级（n = 608） | F（2，2269） | Sig. |
|---|---|---|---|---|---|
| 大C | 3.89 ± 0.86 | 3.93 ± 0.82 | 3.70 ± 0.95 | 14.74** | 0.000 |
| 专C/小C | 3.03 ± 0.69 | 3.01 ± 0.79 | 3.03 ± 0.64 | 0.32 | 0.729 |
| 微C | 3.41 ± 0.82 | 3.61 ± 0.83 | 3.46 ± 0.78 | 13.14** | 0.000 |
| 无C | 2.41 ± 0.93 | 2.44 ± 0.95 | 2.36 ± 0.82 | 1.61 | 0.200 |

注：** 表示 p < 0.01；n = 2272。

（三）中学生创造性4C认知与大五人格的关系

鉴于学校类别对中学生的创造性4C认知有一定的影响，根据周浩和龙立荣

（2004）所介绍的共同方法偏差的统计检验与控制方法，以学校类别为协变量，作中学生创造性4C与大五人格各维度之间的偏相关分析。结果表明，两者之间存在一定程度相关（$p < 0.05$，$p < 0.01$）（见表2-6-3）。

表2-6-3　中学生创造性4C认知与大五人格各维度的偏相关系数（r）

| 变量 | 大C | 专C/小C | 微C | 无C |
|---|---|---|---|---|
| 神经质 | 0.03 | -0.10** | -0.06 | -0.01 |
| 外向性 | -0.08** | 0.03 | 0.11** | 0.15** |
| 开放性 | 0.24** | 0.01 | 0.27** | -0.14 |
| 宜人性 | 0.03 | 0.01 | 0.03 | -0.16** |
| 责任心 | -0.08 | 0.18** | 0.11** | -0.08** |

注：** 表示 $p < 0.01$。

为了进一步探讨中学生创造性4C认知与大五人格的关系，以大五人格各维度为自变量，分别以创造性4C四个维度为因变量进行多元回归分析。结果表明，开放性正向预测大C（$\beta = 0.15$，$p < 0.01$）、微C（$\beta = 0.27$，$p < 0.01$）；外向性负向预测大C（$\beta = -0.08$，$p < 0.01$）、正向预测微C（$\beta = 0.12$，$p < 0.01$）；责任心能正向预测专C/小C（$\beta = 0.10$，$p < 0.05$）、微C（$\beta = 0.16$，$p < 0.01$）；负向预测无C（$\beta = -0.09$，$p < 0.01$）；神经质负向预测专C/小C（$\beta = -1.11$，$p < 0.01$）；宜人性负向预测无C（$\beta = -0.15$，$p < 0.01$）（见表2-6-4）。

表2-6-4　中学生创造性4C认知对大五人格的回归分析表

| 预测变量 | 因变量 | F | Sig. | β | t | Sig. |
|---|---|---|---|---|---|---|
| 开放性 | 大C | 12.78 | 0.000 | 0.15 | 7.22 | 0.000 |
| 外向性 |  |  |  | -0.08 | -3.29 | 0.001 |
| 神经质 | 专C/小C | 5.78 | 0.000 | -1.11 | -4.10 | 0.000 |
| 责任心 |  |  |  | 0.10 | 2.32 | 0.020 |
| 外向性 | 微C | 19.27 | 0.000 | 0.12 | 2.82 | 0.005 |
| 开放性 |  |  |  | 0.27 | 7.45 | 0.000 |
| 责任心 |  |  |  | 0.16 | 2.85 | 0.004 |
| 宜人性 | 无C | 24.15 | 0.000 | -0.15 | -6.69 | 0.000 |
| 责任心 |  |  |  | -0.09 | -3.71 | 0.000 |

## 四、讨论与分析

### (一) 中学生创造性 4C 认知现状分析

从创造性 4C 各维度的均分来看，从高到低依次是：大 C、微 C、专 C/小 C、无 C，这表明中学生普遍认为，大 C 比微 C 更具有创造性，微 C 比专 C 或小 C 更具有创造性，最不具有创造性的是无 C。一般来说，一谈到创造性，人们总是把它与古往今来的重大科学技术发明的成就联系在一起，在对学生进行的创造教育或超长教育而举办的报告或出版的书籍中，也多以中外科学、技术、文学上的重大突破为示范。所以，中学生对大 C 较为重视。值得注意的是，研究中中学生微 C 的得分并不低，仅次于大 C，表明中学生对微 C 也比较重视，没有像人们所设想得那样被忽略。当然，许多研究也发现，专家与新手在评估创造性时也存在差异性。[1] 这也许是因为 21 世纪的中学生比较有个性，能积极思考、积极学习，对外界新鲜事物接受比较快，能欣赏到自己与他人带有个性化、有创见的言论与解释。另外，从结果来看，中学生虽然对大 C 比较重视，但对专 C 或小 C 则相对忽略，其得分仅比无 C 高，这印证了以前的研究。[2][3] 究其原因，一方面，可能由于受传统文化的影响，中国人看创造性实则重实用性而轻艺术性，所以大都从政治与科技的角度看待个人的创造性表现，而很少从文学和艺术的角度加以判断。另一方面，在一定程度上，高学历者代表了专业创作者。近些年，高校毕业生的就业形势日益严峻，一些手持博士、硕士证书的高学历者在就业市场上也遭遇挫折，无法在社会上表现出与学历相称的高素质，于是高学历在一些人心目中贬值，自然对高学历者所制作的创造性作品的评价打折，从而影响中学生对专 C 的判断。这提醒教育工作者，在未来对学生的创造性培养中，应该帮助学生建立一种全方位、多元化的大创造性观，以更加平常化、生活化的方式理解与对待创造性的各种类型与深刻内涵，以期加以开发和利用，把学生的创造潜能变为现实。可见，对创造性的认知教育不能采取单一的或片面的认知模式，否则就会对学生的创新教育带来负面的影响。另外，研究还发现，学校类别在中学生对大

① Kaufman, J. C. & Baer, J. Beyond new and appropriate: Who decides what is creative? [J]. Creativity Research Journal, 2012, 24 (1), 83-91.

② Sternberg, R. J. & Lubart, T. I. The concepts of creativity: Prospects and paradigms. In R. J. Sternberg (Ed.), Handbook of creativity [M]. New York: Cambridge University Press, 1999: 3-15.

③ 岳晓东. 两岸四地中学生对创造力特征及创造力人才的认知调查 [J]. 心理学报, 2001, 33 (2): 148-154.

C、微 C 的认知上差异显著，学校类别对应的是中学生学习成绩与认知水平的不同，这表明，学习成绩与认知水平对中学生创造性 4C 认知有一定的影响。由于受篇幅等其他因素的限制，研究中笔者没有做其他更多变量的分析，但还是可以作进一步的推论，中学生对创造性 4C 的认知是可以改变的，随着社会发展与环境的变化而变化，并受到人口统计学变量带来的影响。当然，这期待进一步的研究加以证实。

（二）中学生创造性 4C 认知差异与大五人格的关系分析

研究结果显示，大五人格中的开放性与大 C、微 C 呈显著正相关，并能正向预测，这也印证了以往的相关研究。[1][2] 有研究认为，开放性是创造性强有力的预测者，它能预测创造性的很多领域，如艺术、科学与人类学，还能预测各种水平的创造性，包括创造思维风格、目标、业余爱好和成就。[3] 在日常生活中，开放性得分高的人往往富有想象力和创造力、好奇心强、兴趣颇广、善于欣赏艺术、对美的事物比较敏感、情感体验深刻、能够迎接挑战、具有开放的价值观等，这些特质对于创造发明、艺术创作等创造性活动来说都是十分重要的。在以往的研究中，开放性能预测创造性得分中 10%[4] 到 50%（Sawyer，2012）的变异，大部分的研究则发现两者的相关系数在 0.30 左右。[5] Silvia 等（2008）的研究发现，那些对外部世界或新的体验趋于开放的人更具有创造性，更有可能对创造性感兴趣。姚若松等的研究也发现，开放性得分高的员工对于新生事物和观念乐于接受，在工作中能产生一些新的想法，因此工作绩效较高。[6] 可见，大五人

① Carson, S., Peterson, J. B. & Higgins, D. H. Reliability, validity, and factor structure of the Creative Achievement Questionnaire ［J］. Creativity Research Journal, 2005, 17 (1): 37 - 50.

② Silvia, P. J., Nusbaum, E. C., Berg, C., Martin, C. & O'Connor, A. Openness to experience, plasticity, and creativity: Exploring lower order, higher - order, and interactive effects ［J］. Journal of Research in Personality, 2012, 43 (6), 1087 - 1090.

③ Silvia, P. J., Winterstein, B. P., Willse, J. T., Barona, C. M., Cram, J. T., Hess, K. I., Martinez, J. L. & Richard, C. A. Assessing creativity with divergent thinking tasks: Exploring the reliability and validity of new subjective scoring methods ［J］. Psychology of Aesthetics, Creativity, and the Arts, 2008, 2 (2), 68 - 85.

④ Furnham, A., Keser, A., Arteche, A., Chamorro - Premuzic, T. & Swami, V. Self and other - estimates of multiple abilities in Britain and Turkey: A cross - cultural comparison of subjective ratings of intelligence ［J］. International Journal of Psychology, 2010, 44 (6), 434 - 442.

⑤ Sawyer, R. K. Explaining Creativity: The Science of Human Innovation ［M］. Oxford: Oxford University Press, 2012.

⑥ 姚若松、陈怀锦、苗群鹰. 企业员工大五人格与关系绩效的相关研究 ［J］. 心理学探新，2013，33 (4): 374 - 379.

格中与创造性关系最为密切的是开放性，不管是对于大 C，还是对于微 C 而言，想象力、好奇、兴趣、敏感性等个性品质都是必不可少的，开放性对于创造潜能的开发与创造性的培养也是十分重要的。不过，虽然创造性与开放性的关系密切，但也只是表明两者之间存在一定程度的重叠，开放性能独立地解释创造性成就的一些变异，不能因此就把创造性等同于开放性，它们之间似乎存在某些区别效度。

虽然对于微 C 的实际重要性还存在一定的争议，但是研究结果显示，外向性、开放性、责任心均能正向预测微 C，也就是说，那些越认为微 C 有创造性的中学生在人格上越倾向于外向、开放，有责任心。外向者乐于和人相处，充满活力，常常怀有积极的情绪体验；责任心得分高的人行为规范、可靠、有能力、有责任心。所以，在人格上外向、开放、有责任心的中学生可能已经经历过或表现出微 C 创造性，获得过微 C 创造性的体验，所以他们也能更好地理解与认识到微 C 创造性的重要性。值得注意的是，研究中，责任心除了正向预测微 C 以外，还能正向预测专 C/小 C。这表明责任心与创造性的关系也是比较密切的，该特质对于创造性培养也是比较重要的，与懒散、马虎、自控能力弱的个体相比，严谨、讲究、自控能力强的个体更能对某行动或事件给出个性化色彩的诠释，也更能获得扎实的专业基础知识，而这些条件都是创造性发展必备的。在创造性所有的维度当中，神经质只负向预测专 C/小 C，这可能是因为专 C/小 C 比较高的个体一般神经质得分较低，即表现为情绪稳定，较少情绪化，比较平静，较少烦恼。至于研究发现的外向性负向预测大 C，即外向性得分低的中学生认为大 C 更有创造性，可能是因为安静、沉稳、谨慎、抑制性强的人更能取得显著的创造性成就。"孤独的天才"是许多高创造性者的刻板印象。毕竟，为了写作、绘画或在实验室里做实验，创作者通常必须独自一人。不能忍受独处的个体不太可能发展他们的技能，因为练习音乐或学习数学等活动都需要忍受孤独寂寞，只有那些能忍受独处的个体才能掌握某个领域的专业知识，最终发展成为大 C 创新者。①

**五、结论**

（1）在专 C 与小 C 合为一个因素的条件下，中学生能区分出各种水平的创

---

① ［美］希斯赞特米哈伊．创造力：心流与创新心理学［M］．黄珏萍，译．杭州：浙江人民出版社，2015：55 - 72.

造性。在认知上，中学生比较重视大 C，其次是微 C，对专 C/小 C 则相对较为忽视。专业对中学生创造性 4C 认知有一定的影响。

（2）中学生创造性 4C 认知与大五人格各维度之间有一定程度相关，其中开放性能正向预测大 C 与微 C，责任心能正向预测专 C/小 C 与微 C，表明中学生人格中的开放性、责任心与创造性认知的关系密切，对于中学生创造性培养与创造性潜能的开发较为重要。

# 第七章 中学生"四实"职业品格的内涵与培养策略

　　党的十六届五中全会提出了"构建有中国特色的和谐社会"的新观念。"和谐社会"是全面系统的和谐，它强调人与人的和谐，社会内部各阶层、各利益团体之间的和谐，既要形成经济、政治、文化等各子系统内部的和谐，又要形成各个系统之间的和谐关系，使之共同发展。当前，"和谐社会"这个具有"时代印记"的特殊名词，已经成为建设有中国特色社会主义国家的时代主题。"构建和谐社会主义社会"作为一面鲜明的旗帜，已经根植于中国建设的方方面面。"和谐社会"离不开"和谐教育"的支持，"教育和谐"是实现"社会和谐"的内在要求，而培养合格的人才，则是实现"教育和谐"的关键因素。中学生作为未来高层次、高技能的操作型和应用型人才，要想成为和谐人的个体，须具备良好的职业品格与职业技能。

## 一、中学生"四实"职业品格的内涵

　　职业品格是指学生在职业行为与工作作风等方面表现出来的思想、认识、态度和品质等。[①] 从这个定义出发，再结合中学生的具体特点，我们可以把中学生的职业品格概括为"四实"，即朴实的职业品质、踏实的职业作风、务实的职业态度、现实的职业理想与行为取向。下面，笔者对其作进一步的阐释。

### （一）朴实的职业品质

　　朴实的职业品质体现为淳朴、真爱、诚信、稳重，质朴实在而不浮华，这是中学生职业品质的外化表现，也是他们塑造自身形象的根本所在。朴实是中学生

---

① 曾毅. 彰显学生职业品格［N］. 光明日报，2006 – 01 – 15.

追求事业成功的前提和基础，是中学生追求自身独立人格、发展建立自身品格的基本条件。作为未来高层次的应用型人才，中学生保持朴实的职业品格，要自觉树立服务社会、奉献事业的职业精神。

（二）踏实的职业作风

踏实的职业作风体现为勤恳、守业、实在、尽职，这是中学生未来工作职责的基本要求，也是爱岗敬业的集体体现。作为未来的操作型、应用型人才，中学生要做到勤勤恳恳、踏实奉献、坚守职位、爱岗敬业。踏实的职业作风有助于中学生形成高素质、高信仰、高标准的职业要求，是中学生形成崇高、健康品格的前提条件，是在未来的工作实践中人格魅力之所在和职业精神的体现，是未来事业的灵魂和精髓。

（三）务实的职业态度

务实的职业态度体现为讲究实际，从实际出发、实事求是，这是中学生未来职业能力培养和提高的基础，也是中学生实现其自身价值的基础。务实是中国古代农耕文化较早形成的一种民族精神。孔子不谈"怪、力、乱、神"，就已把目光聚焦在社会生活上。王符的《潜夫论》说："大人不华，君子务实。"王守仁的《传习录》说："名与实对，务实之心重一分，则务名之心轻一分。"这些思想，就是中国传统文化注重现实、崇尚实干精神的体现。它排斥虚妄，拒绝空想，鄙视华而不实，追求充实而有活力的人生；务实精神作为传统美德，仍在我们当代生活中熠熠生辉。务实表现在学习方面，即知道就是知道，不知道就是不知道。务实体现了智慧，知道自己有不懂的地方本身就是一种进步。如果以不知为知，不仅不务实，而且会影响自己的进步。在日常生活中，中学生应该注意使自己的言行一致，如果只是夸夸其谈，而在行动上一事无成，那就会被别人视为"言论上的巨人，行动上的矮子"。只有坚持务实的职业态度，才能成就过硬的职业技能，探索创新的执教理念。

（四）现实的职业理想与行为取向

现实的职业理想和行为取向体现为成熟理智、勇于创新、与时俱进，这是中学生时代精神的集中表现，它最大的特点是将中学生自身的远大理想与现实的教育需求有机结合。中学生坚持现实的职业理想与行为取向，要不断提升自己的理想追求与精神境界。现实职业品格的积极意义则具体地体现在对中学生就业观念的正确引导上。中学生改变以往的就业观念，即要树立适应的观念，适合自己的就是最好的；灵活的观念，即先就业，后择业，再创业；四海为家的观念，即哪里需要哪里是家,改变"故土难离,拈轻怕重"的观念,倡导"勇于拼搏,无私奉献"的精神。现实的职业追求,是理想与现实、认识与实践、个人与社会在思想观念上的高度统一。这种以现实为尺度就业观的转变,可以降低中学生就业的期望值,使他们灵活就业和自主创业的比例不断提高。地方高职院校对学生现实职业理想的规定,则主要以适应社会和教育的需求为导向,培养适应经济发展和社会进步人才为目标,引导学生树立教育新形势下的创新观念。现实理想和牺牲精神,并与务实的职业态度紧密结合,还可有效地提升教学质量和教学层次,注重"传授知识,培养能力,提高素质"三方面的协调发展。

朴实、踏实、务实与现实这四个方面,紧密融合,构成一个和谐统一的整体。它紧紧抓住提高中学生职业素质和职业精神这个重点,实现学校"和谐育人"的教学思想,从而使每个学生不仅具有较强的专业知识、专业技能,还具有崇高的专业理想和奋斗拼搏精神,使每个学生都能实现自身和谐、健康、全面的发展。"四实"职业品格的核心思想就是打造优质教育群体,实现教育公正、公平,促进教育的均衡发展,培养学生与自己、社会、自然的和谐相处,使他们成长为构建和谐社会的中坚力量。[1]

## 二、中学生"四实"职业品格的培养策略

### (一)设置适合职业品格培养的课程体系

高职院校课程是教学活动赖以展开的依据,教学过程就是按课程所提出的计划,通过教师和学生的双边活动,从而实现课程所规定的各项教学目标的过程。从这个意义上说,课程是高等教育目的和高等学校培养目标的重要实现途径,[2]课程也必然成为中学生"四实"职业品质的主要载体。因此,构建科学的、合理的以及适应当代教育形式发展与教师专业化需要的教师教育课程体系,对于培养中学生"四实"职业品格是相当重要的。这一方面要求课程的设置要有"层次结构",即课程与课程之间有纵向联系,各种课程的安排在时间上有逻辑顺序;另一方面要求课程的设置要有"形式结构",即课程与课程之间有相关性与交叉性,在课程的设置上又有所取舍与侧重,以求达到整体结构的优化。

---

① 李春宝,宋大伟.聚焦"四实"职业品格打造优质教育群体,促进城乡教育均衡发展[EB/OL].(2006-10-11) http://www.fyeedu.net/info/52565-2.htm.
② 薛天祥,赵文华,周海涛.高等教育学[M].桂林:广西师范大学出版社,2001:229-232.

（二）营造职业品格培养的文化氛围

高职院校的校园文化是社会亚文化的一种。大学亚文化对大学内的个人及群体发生影响，它规定着在大学生活的个人与群体的价值观与行为表现。[①] 大学亚文化按照不同群体的价值观与不同的行为表现分为大学教师亚文化、大学生亚文化、学习文化、教学文化、管理文化与服务文化等。要培养中学生"四实"的职业品格，就要建设融合渗透型的校园文化，使学习文化、教学文化、管理文化与服务文化互相融合渗透，使中学生在真正意义上，兼具中学生、教者、导者和服务者的角色，同时也参与管理；最终建立起全民皆学、全民皆教、全民参管的书香责任型校园文化。另外，还要使校园文化与职场文化相互渗透，使学生更多地了解职场，理解职业和精通职业，使为学文化、精术文化与做人敦品文化互相融合渗透，最终使学生能够在为学、精术和做人的过程中成就"四实"品格，并让"四实"品格贯穿于学生的为学、精术和做人过程中，使学生的职业技能和职业品格培育在文化层面上实现相互渗透，相互融合。

（三）强化教学实践环节

为落实务实的职业态度，提高中学生的综合素质，为社会培养合格人才，还必须建立以实验实习教学为主体，以校园文化活动、社会实践活动为两翼，以毕业论文（设计）为重点的实践教学体系，以保证学生的实践教学能力培养。学校的实验课开出率要达到100%，实验室的开放时间要满足学生的需求，开放时间与实验项目等都要在校园网上公布，要有一定比例的综合性与设计性实验课。为保证实习实效，还要建立起若干个不同专业的实习基地，将从教技能全程化，使教育实习突破单一的教学环节，贯穿于本科教学的始终。这样，学生在学习中不间断地进行实践训练，使他们走上工作岗位后以最快的速度、最佳的状态实现角色的转换。

（四）加强就业取向与就业价值观的指导

对中学生"四实"职业品格的培养还包括对中学生进行就业取向与就业价值观的指导。通过贯穿在校期间全程化、分阶段培养，使中学生具备初步适应社会的能力，能够在未来的竞争中脱颖而出。中学生在未来的就业过程中，可能会遇到许许多多意想不到的困难和挫折，学校应当加强中学生的就业取向与就业价

---

① 胡建华，陈列，周川，等. 高等教育学新论（第二版）［M］. 南京：江苏教育出版社，2006：203－208.

值观的指导工作。从职业品格培养的角度，学校应为中学生提供必要的心理咨询和心理指导，帮助中学生形成正确的就业取向与就业价值观，避免实惠型、攀比型、虚荣型、依赖型等心理误区，以便形成务实的择业价值观。

提升中学生职业品质的过程，也是帮助他们逐步实现社会化的过程，这是提高中学生职业素质的关键所在。通过对中学生朴实、踏实、务实与现实的职业品格培养，可以铸造他们的四种意识：即责任意识、规范意识、服务意识、合作意识；两种精神，即积极进取精神和勇于创新精神；一个理念，即爱岗敬业、无私奉献的理念。这些恰恰是用人单位较为关注的从业品格。

# 第三篇 学习心理专题

---

在教学中，教师必须依据中学生的学习心理规律，对中学生进行科学的引导，以便充分发挥中学生学习的积极性、主动性，促进中学生主动学习，以期收到良好的教学与学习效果。本篇主要探讨了归纳、学习风格、学习材料呈现方式、元认知、言语伴随性手势、学习材料背景颜色等因素对中学生的学习成绩与学习效果的影响，以及中学生创造性培养等问题。

# 第一章　多媒体学习中归纳对中学生学习成绩的影响

　　谈到归纳，人们总是把它和演绎联系起来。归纳和演绎是两种不同的逻辑思维方法，归纳是由个别到一般的概括，演绎则是从一般到个别的推理。在实际的学习过程中，归纳经常有这种表现形式，即中学生主动或被动地抽取与提炼学习材料的重点或要点，并列举出来，使之有条理性。其中，主动地归纳也就是中学生自我归纳，被动地归纳也就是向中学生呈现教育者归纳好的材料，由中学生进行阅读与识记，即教育者归纳。不管是中学生自我归纳，还是教育者归纳，都会消耗中学生的认知资源，从而产生一定的认知负荷。由于人与人之间的归纳意识与归纳水平有一定的差异，如一些人在学习过程中明显地表现出归纳意识，归纳的学习材料重点或要点很到位，有利于识记与理解，而有些人在学习过程中却没有归纳意识，归纳的学习材料重点或要点模糊，偏离中心与主题，或者不精练，这就不利于中学生对学习材料的识记与理解，甚至还会对学习带来干扰的负作用，进而影响到中学生的学习效果。

## 一、引言

　　国内学者龚德英等对归纳的相关研究具有代表性。她们在一项研究中，探讨了概述与音乐对认知负荷与多媒体学习的影响。结果发现，概述降低了被试的认知负荷，促成了迁移成绩的提高，但对于记忆测试成绩没有显著的影响。[①] 龚德英等的研究中，概述的操作性定义是对学习材料主要内容的概括，与归纳的含义

---

　　① 龚德英，刘电芝，张大均. 概述和音乐对认知负荷和多媒体学习的影响 [J]. 心理发展与教育，2008，24（1）：83 – 87.

比较接近。就教育者归纳而言，学习者相当于多学习了一次材料，加深了对学习材料的理解，为后面的学习积累了一定的知识基础，有助于降低学习者相对的内在认知负荷，这也就降低了认知负荷的总量。就自我归纳而言，学习者需要抽取与提炼学习材料的重点或要点，对学习材料进行再加工，这也许会降低学习材料的难度，从而降低学习者的内在认知负荷；但同时，学习者的自我归纳中需要消耗一部分认知资源，因为这部分资源被学习者用于与学习有直接相关的认知加工，从而产生直接促进学习的相关的认知负荷。这一升一降、一增一减是否会造成认知负荷总量的变化呢？有三种可能，第一种可能，认知负荷总量无变化，即增加的相关认知负荷与降低的内在认知负荷两者互相抵消；第二种可能，认知负荷总量增加，即增加的相关认知负荷大于减少的内在认知负荷；第三种可能，认知负荷总量减少，即增加的相关认知负荷小于减少的内在认知负荷。具体是哪一种情况还需要进一步的研究。

以往研究中，对多媒体下学习成绩的评定主要采用记忆成绩和迁移成绩。[1][2][3][4] 记忆测试题主要考查被试对学习材料中细节性知识的掌握情况，迁移测试题主要考查被试运用从材料中所学的知识或原理去解决新的问题。根据心理学理论，个体从长时记忆中提取信息，主要包括再认和回忆两种过程。再认是指过去经历过的事物重新出现时能够识别出来；回忆是指过去经历过的事物不在眼前，在一定的条件下把它重新再现出来。可见，记忆成绩至少包括再认成绩与回忆成绩，且两种成绩是不同的。一般认为，再认成绩要优于回忆成绩，如考试时，判断题与选择题比填空题、问答题更容易，因为前者主要测试再认，后者主要测试回忆。从心理机制上看，回忆某个信息，首先必须在识记中搜寻目标信息，然后再对目标信息加以确认；再认某个信息则不同，目标刺激直接呈现给被试，因此就用不着在记忆中搜寻。所以，回忆与再认的过程中都需要消耗一定的心理资源，但回忆消耗的心理资源量一般高于再认。由于回忆与再认所消耗的心理资源不等量，当学习者在学习过程中进行自我归纳或接受教育者归纳时，对认

① 龚德英，刘电芝，张大均. 概述和音乐对认知负荷和多媒体学习的影响 [J]. 心理发展与教育，2008，24（1）：83-87.

② 龚德英，刘电芝，张大均. 元认知监控活动对认知负荷和多媒体学习的影响 [J]. 心理科学，2008，31（4）：880-882.

③ 龚德英. 多媒体学习中认知负荷的优化控制 [D]. 重庆：西南大学，2009：41.

④ 陈铮. 信息呈现方式和学生的认知风格对多媒体环境下科学学习效果影响的实验研究 [D]. 重庆：西南师范大学，2005：37.

知负荷造成影响，也就有可能对回忆与再认的测试成绩造成不同的影响。因此，以往研究没有对记忆成绩细分，显得比较笼统，在将来的研究中有必要把记忆成绩细分为再认成绩与回忆成绩。

另外，以往研究中还没有考虑材料的性质与难度水平，如针对较难与较易的学习材料，结果可能有一定的差异。基于以上的分析，我们作出以下假设：当材料难时，自我归纳会增加相关认知负荷及认知负荷总量，同时也能提高再认成绩与迁移成绩，对回忆成绩影响不显著；教育者归纳会降低内在认知负荷及认知负荷总量，同时也能提高回忆成绩、再认成绩与迁移成绩。当材料容易时，自我归纳与教育者归纳对认知负荷的影响不显著，但均能提高再认成绩、回忆成绩与迁移成绩。

## 二、研究方法

（一）实验设计

采用 3×2 的多因素混合实验设计。自变量有两个，一个是归纳方式（自我归纳、教育者归纳、不归纳），一个是材料类别（先前知识少、先前知识多）。其中，归纳方式为被试间设计，材料类别为被试内设计。因变量是各种学习成绩，包括回忆测试成绩、再认测试成绩、迁移测试成绩。

（二）被试选择

从某中学高二年级随机选取 60 名中学生参与实验，其中男生 30 名，女生 30 名，各占 50%。自我归纳、教育者归纳、不归纳三个实验组每组 20 名，男女生各半。所有被试视力（或矫正视力）正常，均为右利手，且均为自愿参加。

（三）实验材料

实验材料包括学习材料与测试材料两类。

1. 学习材料

学习材料为考古学的研究方法及关于鸭嘴兽的知识材料。考古学研究方法学习材料主要介绍了考古学的三种研究方法，即考古地层学、考古类型学和考古区系类型论的基本概念与基本原理；鸭嘴兽的知识材料主要介绍了鸭嘴兽的体貌特征、生活习性、生殖繁衍、毒性与学术意义等。考虑到被试在日常生活与学习中对考古学研究方法知识接触较少，可能缺少先前的知识，并且该类知识全部以文本的形式呈现，所以将其设计为难的材料；而被试对鸭嘴兽的知识了解一些，可能具备一定的先前知识，且该类知识除了以文本形式呈现外，还配以图片的形式，所以将其设计为容易的材料。学习材料的设计与呈现方式遵循 Mayer 提出的多媒体学习理论的认知原则，包括空间接近原则、时间接近原则等。①

2. 测试材料

测试材料包括先前知识测查、回忆测试题、再认测试题与迁移测试题。

先前知识测查主要是考查被试在材料所涉及领域的先前知识的情况，主要目的是平衡被试先前知识对认知负荷的影响，保证可能影响实验结果的其他因素得到控制。让被试根据自己的实际情况选择 1~5 中的一个数，考查被试对考古学研究方法及鸭嘴兽知识的了解程度。其中，1 = 完全不了解，2 = 基本不了解，3 = 基本了解，4 = 比较了解，5 = 非常了解，比如"对考古学研究方法的类型/鸭嘴兽的生活习性，你_____"。排除分数极高或极低的被试。

回忆与再认测试是对所学材料相关知识的测量，所有的知识点都来自于学习材料，其答案可以在学习材料中找到。回忆测试的题型为填空题，再认测试的题型为单项选择题。迁移测试要求被试运用学习材料中所涉及的知识与原理解决新情境中相类似的问题，题型为问答题。两种学习材料测试的题型、题量及分值均相同。其中，填空题为 5 小题，10 个空，每空 1 分，计 10 分；单项选择题 7 小题，每小题 1 分，计 7 分；问答题为 5 小题，每小题 2 分，计 10 分；总分为 27 分。

回忆测试、再认测试与迁移测试题均采用纸质材料呈现的形式。

（四）实验过程

在某大学计算机机房进行小组实验，每个被试随机选择一台可使用的电脑，并随机进入三个实验组，即自我归纳组、教育者归纳组与不归纳组。实验在计算机上进行，利用 E - prime 实验心理专用软件编制程序，实现时间控制，使各个实验组每段学习材料的呈现时间及总的学习时间保持相等。E - prime 程序运行后，被试需输入提前贴在电脑显示器上的组别和编号，进入相应的实验程序。实验开始前，主试向被试介绍一些基本的注意事项，然后被试按照指导语的要求完成实验。所有的指导语都在电脑上呈现，要求被试在完全理解指导语之后按相应的键进入下一个环节。

两种学习材料均为 2000 字左右，分段呈现，共分为 8 小段，每小段呈现的时间为 80~100 秒。在每小段学习材料的呈现期间，自我归纳组在阅读完本小段

---

① ［美］Mayer, R. E. 多媒体学习［M］. 牛勇，邱香，译. 北京：商务出版社，2005：110 - 118.

材料后（大概需要 40~50 秒）进行自我归纳，抽取与提炼本小段学习材料的重点或要点，并列举出来，写在空白的纸上，该纸在所有内容学习完后由主试收回；教育者归纳组在阅读完每小段材料后，即材料呈现 40~50 秒后，电脑以文本的形式自动呈现该小段学习材料的重点与要点；不归纳组则不进行归纳，在每小段材料的呈现时间内被试自行安排。两种材料学习的先后顺序通过程序来控制。为避免顺序效应，每个实验组一半的被试先学习考古学研究方法材料，后学习鸭嘴兽的知识材料；另一半的被试先学习鸭嘴兽的知识材料，后学习考古学研究方法材料。被试学习完一种学习材料后，举手示意以便索要与该种材料相配套的测试材料，包括认知负荷测量量表、回忆测试、再认测试与迁移测试题。做完测试题后，将答卷交给主试。然后，被试休息 3 分钟后进行第二种学习材料的学习。全部测试完成后，被试将获得一份小礼品。整个实验过程 50~60 分钟。

（五）统计分析

采用 SPSS 16.0 统计软件建立数据文件，并对数据进行描述统计、F 检验、相关分析等。

### 三、结果与分析

（一）被试的先前知识情况

对三组被试在两种材料上的先前知识进行分析，描述性结果如表 3 - 1 - 1 所示。

表 3 - 1 - 1　各组先前知识测量的描述性结果（M ± SD）

| 材料类别 | 自我归纳组 | 教育者归纳组 | 不归纳组 |
|---|---|---|---|
| 难材料 | 1.314 ± 0.320 | 1.286 ± 0.207 | 1.327 ± 0.359 |
| 易材料 | 1.586 ± 0.401 | 1.629 ± 0.309 | 1.700 ± 0.554 |

单因素方差分析的结果表明，在难材料（考古学研究方法学习材料）类别上，$F_{(2, 57)} = 0.104$，$p = 0.901 > 0.05$；在易材料（鸭嘴兽知识学习材料）类别上，$F_{(2, 57)} = 0.355$，$p = 0.703 > 0.05$。这说明三组被试在难材料或易材料的先前知识上均没有显著差异，也就是说，被试在先前知识上分组的主效应不显著。

表 3 - 1 - 2 显示，被试在两种材料上的先前知识差异显著，$F_{(1, 59)} =$

55.390，p＜0.001，其中，被试在难材料（考古学研究方法学习材料）上的先前知识得分（1.310±0.298）显著低于在易材料（鸭嘴兽知识学习材料）上的先前知识得分（1.639±0.428）。进一步分析，三个组的被试在难材料上的得分均显著低于在易材料上的得分，自我归纳组难材料：1.314±0.320、易材料：1.586±0.401；教育者归纳组难材料：1.286±0.201、易材料：1.629±0.309；不归纳组难材料：1.327±0.359、易材料：1.700±0.554。这说明，被试在考古学研究方法学习材料上的先前知识更少，在鸭嘴兽知识学习材料上的先前知识更多，也就是说前者所导致的内在认知负荷可能会更高，后者所导致的内在认知负荷可能会更低。

表 3 - 1 - 2　被试在两种材料上的先前知识的重复测量方差分析结果（F）

| Source | SS | df | MS | F | Sig. |
|---|---|---|---|---|---|
| 材料难度 | 3.247 | 1 | 3.247 | 55.390*** | 0.000 |
| Error | 3.459 | 59 | 0.059 | — | — |

注：*** 表示 p＜0.001。

（二）学习成绩情况

各实验组在两种难度材料上的回忆成绩、再认成绩与迁移成绩的分析结果如表 3 - 1 - 3 所示。

表 3 - 1 - 3　各组测试成绩比较

| 材料类别 | 测试成绩 | 归纳方式 | ($\bar{x} \pm s$) | F (2, 57) | Sig. |
|---|---|---|---|---|---|
| 先前知识少的材料 | 回忆成绩 | 自我归纳组 | 4.700±1.250 | 16.212*** | 0.000 |
| | | 教育者归纳组 | 7.125±1.902 | | |
| | | 不归纳组 | 6.800±1.768 | | |
| | 再认成绩 | 自我归纳组 | 4.900±1.252 | 2.433 | 0.097 |
| | | 教育者归纳组 | 5.300±1.657 | | |
| | | 不归纳组 | 5.400±1.681 | | |
| | 迁移成绩 | 自我归纳组 | 6.800±1.373 | 18.080*** | 0.000 |
| | | 教育者归纳组 | 7.725±1.536 | | |
| | | 不归纳组 | 6.050±1.180 | | |

续表

| 材料类别 | 测试成绩 | 归纳方式 | ($\bar{x} \pm s$) | F (2，57) | Sig. |
|---|---|---|---|---|---|
| 先前知识<br>多的材料 | 回忆成绩 | 自我归纳组 | 4.800 ± 0.410 | 0.909 | 0.409 |
| | | 教育者归纳组 | 4.700 ± 0.470 | | |
| | | 不归纳组 | 4.550 ± 0.809 | | |
| | 再认成绩 | 自我归纳组 | 5.700 ± 1.031 | 8.651 ** | 0.001 |
| | | 教育者归纳组 | 6.700 ± 1.470 | | |
| | | 不归纳组 | 6.400 ± 1.688 | | |
| | 迁移成绩 | 自我归纳组 | 7.200 ± 1.723 | 7.827 ** | 0.001 |
| | | 教育者归纳组 | 8.250 ± 1.894 | | |
| | | 不归纳组 | 6.700 ± 1.609 | | |

注：**表示 $p < 0.01$，***表示 $p < 0.001$。

表 3 - 1 - 3 所示，各实验组在先前知识少的材料上的回忆成绩与迁移成绩存在极显著差异，F（2，57）=16.212、18.808，$p < 0.001$；各组在先前知识多的材料上的再认成绩与迁移成绩显著差异，F（2，57）=8.651、7.827，$p < 0.01$。随后，进行多重比较。

表 3 - 1 - 4　两种材料的测试成绩多重比较（LSD）

| 材料类别 | 测试成绩 | (I) 归纳方式 | (J) 归纳方式 | Mean Difference (I - J) | Sig. |
|---|---|---|---|---|---|
| 先前知识<br>少的材料 | 回忆成绩 | 自我归纳 | 教育者归纳 | - 2.425 *** | 0.000 |
| | | 自我归纳 | 不归纳 | - 2.100 *** | 0.000 |
| | | 教育者归纳 | 不归纳 | 0.325 | 0.485 |
| | 迁移成绩 | 自我归纳 | 教育者归纳 | - 0.952 ** | 0.002 |
| | | 自我归纳 | 不归纳 | 0.750 ** | 0.009 |
| | | 教育者归纳 | 不归纳 | 1.675 *** | 0.000 |
| 先前知识<br>多的材料 | 再认成绩 | 自我归纳 | 教育者归纳 | - 1.000 *** | 0.000 |
| | | 自我归纳 | 不归纳 | - 0.700 *** | 0.006 |
| | | 教育者归纳 | 不归纳 | 0.300 | 0.229 |
| | 迁移成绩 | 自我归纳 | 教育者归纳 | - 1.050 * | 0.011 |
| | | 自我归纳 | 不归纳 | 0.500 | 0.216 |
| | | 教育者归纳 | 不归纳 | 1.550 *** | 0.000 |

注：*表示 $p < 0.05$，**表示 $p < 0.01$，***表示 $p < 0.001$。

多重比较的结果如表 3 - 1 - 4 所示，针对先前知识少的材料，教育者归纳组的回忆成绩、迁移成绩都显著高于自我归纳组与不归纳组，自我归纳组的回忆成绩显著低于不归纳组，但其迁移成绩则显著高于不归纳组。针对先前知识多的材料，教育者归纳组的再认成绩与迁移成绩均显著高于自我归纳组和不归纳组，自我归纳组的再认成绩显著低于不归纳组，但其迁移成绩则显著高于不归纳组。值得注意的是，教育者归纳组在两种材料下的各种成绩都好于自我归纳组与不归纳组。

### 四、讨论与分析

在先前知识少的材料中，自我归纳降低了中学生的回忆成绩，但能提高迁移成绩，教育者归纳提高了回忆成绩与迁移成绩，两种归纳方式对再认成绩的影响均不显著。在先前知识多的材料中，自我归纳降低了中学生的再认成绩，但提高了迁移成绩，教育者归纳提高了再认成绩与迁移成绩，两种归纳方式对回忆成绩的影响均不显著。针对先前知识少的材料，自我归纳需要中学生抽取和提炼每小段学习材料的重点或要点，对学习材料进行重新加工，这必然会占用一些认知资源，而人的认知资源总量是有限的，所以对材料重新加工所需要的认知资源必然和中学生用于识记的认知资源产生竞争，从而会影响到回忆成绩，使回忆成绩降低，而不归纳组则不需要消耗这部分认知资源，可以利用这些资源进行记忆。这可能就是不归纳组在较先前知识少的材料中的回忆成绩与在先前知识多的材料中的再认成绩显著高于自我归纳组的原因。但同时，自我归纳能使中学生发挥自己的主观能动性，把当前的学习内容与已有的认知结构或图式相结合，促使中学生触类旁通、举一反三，发生学习的迁移功效，从而提高中学生的迁移成绩。一般来说，在其他条件相同的情况下，更好的学习结果则喻示着阻碍学习的内在认知负荷和外在认知负荷较低，而促进学习的相关认知负荷或元认知负荷更高。DeLeeuw 和 Mayer 认为，迁移成绩可以被当作判断相关认知负荷的指标。[①] 这也说明，自我归纳提高了中学生的迁移成绩，是其提高中学生相关认知负荷的结果。

本研究发现，归纳可以通过影响中学生的认知负荷而影响其学习成绩。在教

---

① DeLeeuw, K. E. & Mayer, R. E. A comparison of three measures of cognitive load, evidence for separable measures of intrinsic, extraneous, and germane load [J]. Journal of Educational Psychology, 2008, 100（1）: 223 - 234.

育者归纳组中，每段学习材料的重点或要点会自动呈现给学习者，相当于学习者又重新学习了一遍材料的主要内容。同时，这些内容是对该段学习材料的提炼，已经对原有学习材料进行了加工处理，基本上不需要学习者进行再次的比较、重组或推理。所以说，教育者归纳的形式实际上节省了学习者对学习材料进行重新整合所需要消耗的资源。同时，呈现的重点或要点是对学习材料的提炼或重新整合，这有助于学习者对学习材料的理解，从而在一定程度上降低了学习材料的难度，也降低了学习者理解学习材料的努力程度。根据内在认知负荷的来源及性质，学习材料难度与学习者努力程度的降低将直接导致学习者内在认知负荷的降低，这样认知负荷总量也就相应降低。由此可见，归纳对学习者认知负荷的影响一方面与材料难度因素有关，另一方面与归纳的类型有关。当材料较难的时候，自我归纳会增加学习者的相关认知负荷，相应增加认知负荷的总量；而教育者归纳会降低内在认知负荷，相应降低认知负荷的总量。当材料较为容易的时候，不管是自我归纳还是教育者归纳，对相关认知负荷或内在认知负荷，以及认知负荷的总量均没有显著作用。

　　研究还发现，教育者归纳组在两种材料下的各种成绩均好于自我归纳与不归纳，自我归纳组只是迁移成绩好于不归纳组。这是因为教育者归纳降低了中学生的内在认知负荷，使中学生有更多的认知资源用于对学习材料的识记与重新加工，从而提高回忆成绩与迁移成绩。另外，教育者归纳的内容在学习过程中以精练的语言要点呈现，这一多媒体课件刺激的突然变化，容易引起学生的有意注意与无意注意，从而对学习成绩起促进作用。Keller 曾建议教师变化教学呈现来维持学生的注意。他认为，不管学生对演讲、演示或音频呈现的主题多么感兴趣，在面对无休止的重复时，兴趣都会降低；当教学呈现的东西总是相同且很容易预见时，许多学生会失去兴趣或注意分散。注意在 Keller 的动机设计模型中起重要作用，引起和维持学生的注意是激发学生学习动机的重要策略之一。[1][2] 另外，还有可能是我国学生长期习惯于接受式学习，习惯于教师归纳，所以教育者归纳与学生习惯的学习方式相吻合，从而提高了学生的学生成绩。学生在平时的学习过程中较少有机会进行自我归纳，实验中被要求在较短的时间内进行自我归纳，

　　① ［美］Driscoll, M. P. 学习心理学——面向教学的取向［M］. 王小明，等译. 上海：华东师范大学出版社，2008.

　　② Keller, J. M. Strategies for stimulating the motivation to learn［J］. Performance and Instruction Journal, 2007, 46（8）: 1 – 7.

可能缺乏训练与经验，造成自我归纳得不够准确，使之没有提高回忆成绩与再认成绩，但由于学生在自我归纳的过程中对材料涉及的问题有所思考或联想，从而提高了其迁移成绩。

### 五、结论

本研究考察了归纳与材料类别对中学生学习成绩的影响，得出如下结论：①教育者归纳能提高各种学习成绩，而自我归纳只能提高迁移成绩；②教育者归纳组在难与易两种材料上的各种成绩都好于自我归纳组与不归纳组；③归纳与材料类别在对认知负荷及学习结果的影响上有交互作用。

# 第二章 学习风格与材料呈现对中学生学习效果的影响

## 一、引言

教学设计的首要目标在于图式的建构及自动化，如何降低信息在工作记忆区中的难易度，以达到图式的建构目的，这应该是教育工作者所关注的问题。所以，以往关于多媒体学习的研究多集中在如何设计信息呈现方式，通过降低外在认知负荷提高多媒体学习的效果。最近的研究开始关注学习者本身的特征，如先前的知识、学习动机、认知风格和学习风格等对多媒体学习效果的影响。Paas 和 Kester（2006）研究了知识结构、信息特征和学习者的特点对认知负荷的影响。[①] van Merrienboer 等认为，在真实的学习环境中，学习者的特征会影响潜在知识结构和学习任务的交互作用，从而间接影响学习者内在认知负荷的高低。[②]

学习风格是认知负荷影响因素中学习者特征方面比较稳定的因素。学习风格（Learning Style）这一术语最早是由美国学者赛伦（Thelon）于 1954 年提出来的。由于不同的研究者看问题的角度有所不同，所以长期以来对这个概念一直没有形成统一的界定。许多学者从各自的角度阐释学习风格的内涵。如 Keefe（1979）从信息加工角度界定学习风格，他认为，学习风格是学习者特有的认知、情感和生理行为，它是反映学习者如何感知信息、如何与学习环境相互作用并对之做出

---

① Paas F. & Kester. Learner and information characteristics in the design of powerful learning environment [J]. Applied Cognitive Psychology, 2006, 20（3）: 281–285.

② van Merrienboer, J. J. G., Kester, L. & Paas, F. Teaching complex rather than simple tasks: Balancing intrinsic and germane load to enhance transfer of learning [J]. Applied Cognitive Psychology, 2006, 20（3）: 343–352.

反应的相对稳定的学习方式。[①] Dunn 等（1989）认为，学习风格是个人对物理、环境社会和生理多方面的刺激所产生的偏好方式，是说明学生如何集中、处理、内化、记忆课程内容的学习方式。[②] 还有学者认为，学习风格是学习者持续一贯的带有个性特征的学习方式，是学习策略和学习倾向的总和。尽管这些定义的着眼点及其表述不一，但是其核心意义是相同的，即学习风格是个体学习过程中获得与处理信息的某种倾向或偏好。

因为现代认知心理学把学习看作是信息加工的过程，这就使得在一些文献中，学习风格和认知风格常被当作同义词语使用。严格意义上来说，学习风格与认知风格是有一定区别的。Riding 和 Rayner（2003）认为，认知风格指个体组织和表征信息的一种偏好性的习惯化方式，也就是指个体信息加工方式。认知风格一般被用来描述学习者在加工信息时（包括接受、贮存、转化、提取和使用信息）所喜欢采用的方式，是人们的一种固有的、对信息或情境的自动反应方式，反映个体的思维方式。[③] 相比较而言，学习风格的外延要大一些。认知风格只是学习风格的认知要素，学习风格除了包括个体在信息加工过程中表现出的偏好，还包括个体的生理、心理和社会性的特征在学习过程中所表现出的偏好。因此，我们可以说，学习风格包含了认知风格，认知风格只是学习风格的一个重要组成部分。

以往关于认知风格与学习风格的研究比较多，但直接考察两者与认知负荷关系的研究并不多见，相关的研究主要有：Riding 和 Cheema 曾对认知风格与工作记忆容量之间的关系进行了实验研究，结果表明认知风格两个维度与工作记忆之间是相互独立的；工作记忆的容量与认知策略的选择有一定的关系，认知风格影响记忆过程中策略的选择，从而间接影响记忆的容量。[④] Riding 还设计实验考察了不同认知风格的个体在信息加工过程中大脑皮层 15 个不同部位的 EEG$\alpha$ 电波变化，发现在言语—表象维度上存在明显的认知风格半球一侧化效应。言语型被

① Keefe, J. M. Student learning styles, diagnosing and prescribing programs [M] . Reston, VA: National Association of Secondary School Principals, 1979: 1 – 17.

② Dunn, R. , Dunn, K. & Price, G. E. The learning style inventory [M] . Lawrence, KS: Price System, 1989: 24 – 28.

③ Riding, R. J. , Rayner, S. G. 认知风格与学习策略 [M] . 庞国维，译 . 上海：华东师范大学出版社，2003: 54 – 58.

④ Riding, R. J. & Cheema, L. Cognitive style – An overview and integration [J] . Education Psychology, 1991, 11 (3 – 4): 193 – 215.

试在大脑左半球有相对较高的 α 波抑制，而表象型被试在大脑右半球 α 波抑制更高。[①] 国内学者李力红探讨了言语—表象维度的记忆作用机制，发现言语—表象认知方式维度与阅读工作记忆广度和视觉工作记忆广度相互独立。[②] 许芳研究了认知方式对视觉工作记忆的影响，发现认知方式对视觉空间记忆有显著影响。工作记忆与认知负荷的关系密切，从某种意义上说，工作记忆的大小决定了认知负荷的高低。[③] 丁道群和罗杨眉直接探讨了认知风格与认知负荷的关系，结果发现认知风格对学习者的认知负荷有显著的影响，认知风格和信息呈现方式无显著的交互作用。[④] 可见，国内外关于认知风格与工作记忆及认知负荷关系的研究结果还不尽一致。

基于以上的分析，我们在本研究中将着重考察学习风格的不同类型与学习材料的不同呈现方式对认知负荷及学习成绩的影响。我们之所以研究学习风格变量，而没有采用认知风格，是因为认知风格本身是学习风格的重要组成部分，学习者的信息加工并不是单纯的认知过程，不可避免地会受到学习者生理、心理与社会性特征的影响，而学习风格很好地融合了这些因素的影响。本研究作出如下假设：学习风格与材料呈现方式对认知负荷及学习成绩均有显著影响，且两者之间与材料的难度均存在交互作用，其中视觉型学习者的认知负荷要高于言语型，且前者的成绩也好于后者。

## 二、研究方法

### （一）实验设计

采用 $2 \times 2 \times 2$ 混合实验设计。自变量有 3 个，一个是学习风格（视觉型、语言型），一个是材料呈现方式（概述呈现、全文呈现），一个是材料的难度（难、易）。学习风格和多媒体呈现均为被试间因素，材料的难度为被试内因素。因变量是回忆测试成绩、再认测试成绩与迁移测试成绩。

① Riding，R. J. Cognitive style and individual difference in EEG alpha during information processing ［J］. Education Psychology，1997，17（1）：219 - 234.

② 李力红. 大学生言语、表象认知风格个体在记忆系统中信息表征偏好的研究 ［D］. 长春：吉林大学，2005：66.

③ 许芳. 不同人物情境下认知方式对视觉空间工作记忆的影响 ［D］. 济南：山东师范大学，2006：21 - 22.

④ 丁道群，罗杨眉. 认知风格和信息呈现方式对学习者认知负荷的影响 ［J］. 心理学探新，2009，29（3）：37 - 40.

（二）被试

选取 80 名中学生参与实验，男生有 30 名，女生有 50 名。确保同时进行实验的被试分配到各实验组的比例一致，其中视觉型、语言型学习风格被试各 40 名；概括呈现组被试 40 人，全文呈现组被试 40 人，所有被试视力（或矫正视力）正常，均为右利手，且均为自愿参加。

（三）实验材料

实验材料包括学习风格量表（ILS）、学习材料与测试材料两类。

1. 学习风格量表

ILS 量表（Index of Learning Styles）由美国北卡罗来纳州立大学菲尔德（Felder）教授和该校大一学生所罗门（Soloman）于 1991 年共同编制，也称为所罗门学习风格量表。该量表有四个分量表，即活跃型与沉思型、感悟型与直觉型、视觉型与言语型、序列型与综合型，每个分量表 11 道题，共计 44 道题。本研究根据实际需要，选取与多媒体学习、认知负荷关系比较密切的视觉型与言语型分量表。该分量表主要测两种学习风格，即视觉型学习风格与言语型学习风格。视觉型中学生很擅长记住他们所看到的比较形象的东西，如图片、图表、图像、影片和演示中的内容，而言语型中学生更擅长从文字和口头的解释中获取信息。每题的选择范围为 a、b 两种，如 "3. 当我回想以前做过的事，我的脑海中大多会出现：（a）一幅画面；（b）一些话语。" 答题时，要求被试尽可能联想成人后的学习经历在 a、b 当中作出选择。记分时，在这个分量表中，每一种均用较大的总数减去较小的总数，记下差值（1~11）和字母（a 或 b）。如在分量表中，被试获得 4 个 "a" 和 7 个 "b"，则被试记分为 "3b"（3 = 7 − 4，因为选 b 的要比选 a 的多）。这样，该分量表的取值可能为 11a、9a、7a、5a、3a、a、11b、9b、7b、5b、3b、b 中的一种。其中，字母代表学习风格的类型不同，数字代表程度的差异。若得到字母 "a"，表示属于视觉型学习风格，且 "a" 前的系数越大，表明程度越强烈；若得到字母 "b"，表示属于言语型学习风格，且 "b" 前的系数越大，同样表明程度越强烈。如被试在分量表中得到 "9a"，表明被试属于视觉型的学习风格，且程度很强烈；如果得到 "5b"，则表明被试属于言语型的学习风格，且程度一般；如得到 "a"，表明被试属于视觉型的学习风格，且程度非常弱；如果得到 "3b"，则表明被试属于言语型的学习风格，且程度较弱。该量表具有很强的适用性与操作性，没有特定的使用限制，适用于各类人群，可以较好地进行学习风格类型的测试，且该量表的信度和效度都较高，因而被广泛地推广使用，涉及教育学、心理学等众多领域。

2. 学习材料

学习材料参照《多媒体学习中归纳对中学生学习成绩的影响研究》。

3. 测试材料

测试材料包括先前知识测查、回忆测试题、再认测试题与迁移测试题。

先前知识测查主要是考查被试在材料所涉及领域的先前知识的情况，主要目的是平衡被试先前知识对认知负荷的影响，保证可能影响实验结果的其他因素得到控制。让被试根据自己的实际情况选择 1~5 中的一个数，考查被试对考古学研究方法及鸭嘴兽知识的了解程度。排除分数极高或极低的被试。

回忆与再认测试是对所学材料相关知识的测量，所有的知识点都来自于学习材料，其答案可以直接在学习材料中找到。回忆测试的题型为填空题，其中考古学研究方法学习材料的填空题为 5 小题，10 个空，计 10 分；鸭嘴兽学习材料的填空题为 5 小题，5 个空，计 5 分。再认测试的题型为单项选择题，其中考古学研究方法学习材料的单项选择题为 6 小题，每小题 1 分，计 6 分；鸭嘴兽学习材料的单项选择题为 7 小题，每小题 1 分，计 7 分。迁移测试要求被试运用学习材料中所涉及的知识与原理解决新情境中相类似的问题，题型为问答题，总分为10 分。

学习风格测试、先前知识测查、认知负荷测量、回忆测试题、再认测试题与迁移测试题均采用纸质材料呈现的形式。

4. 实验程序

首先利用学习风格量表测查中学生的学习风格，筛选出具有视觉型学习风格与言语型学习风格的被试 80 名，其中每种类型学习风格被试各 40 名。其标准是分量表得分大于或等于 5a 与 5b，即程度达到一般以上的视觉型或言语型学习风格者。

在计算机房进行小组实验，每个被试随机选择一台可使用的电脑，并随机进入两个实验组，即概括呈现组、全文呈现组，每组各 40 名被试。其中，概述呈现组的学习材料以概括文本＋图表的方式呈现，全文呈现是以纯文本的方式呈现。实验在计算机上进行，利用 E – prime 实验心理专用软件编制程序，实现时间控制，使各个组每段学习材料的呈现时间及总的学习时间保持相等。

实验开始前，主试向被试介绍一些基本的注意事项，然后被试按照指导语的要求完成实验。所有的指导语都在电脑上呈现，要求被试在完全理解指导语之后按相应的键进入下一个环节。考古学研究方法材料 2500 字左右，共分 9 小段；鸭嘴兽学习材料 1500 字左右，共分 6 小段。两种学习材料均分小段呈现，每小段呈现的时间为 80～100 秒，材料多的呈现时间稍长，材料短的呈现时间稍短。被试学完学习材料后，进行认知负荷测量，并做回忆测试、再认测试与迁移测试题。测试完成后，被试将获得一份小礼品。整个实验过程为 40～50 分钟。

5. 统计分析

采用 SPSS 16.0 统计软件建立数据文件，并对数据进行描述统计、F 检验等。

## 三、结果分析

### （一）中学生的先前知识情况

对各组被试在两种材料上的先前知识进行分析，描述性结果如表 3 - 2 - 1 所示。

表 3 - 2 - 1　各组先前知识测量的描述性结果（M ± SD）

| 材料类别 | 学习风格 | 材料呈现方式 | Mean | SD | N |
|---|---|---|---|---|---|
| 较难材料 | 言语型 | 概述呈现 | 1.543 | 0.256 | 20 |
| | | 全文呈现 | 1.479 | 0.255 | 20 |
| | | Total | 1.511 | 0.255 | 40 |
| | 视觉型 | 概述呈现 | 1.386 | 0.385 | 20 |
| | | 全文呈现 | 1.493 | 0.238 | 20 |
| | | Total | 1.439 | 0.321 | 40 |
| | Total | 概述呈现 | 1.464 | 0.333 | 40 |
| | | 全文呈现 | 1.486 | 0.244 | 40 |
| | | Total | 1.475 | 0.290 | 80 |
| 容易材料 | 言语型 | 概述呈现 | 1.964 | 0.856 | 20 |
| | | 全文呈现 | 1.834 | 0.561 | 20 |
| | | Total | 1.900 | 0.717 | 40 |
| | 视觉型 | 概述呈现 | 1.821 | 0.430 | 20 |
| | | 全文呈现 | 2.107 | 0.422 | 20 |
| | | Total | 1.964 | 0.444 | 40 |
| | Total | 概述呈现 | 1.893 | 0.672 | 40 |
| | | 全文呈现 | 1.971 | 0.509 | 40 |
| | | Total | 1.932 | 0.594 | 80 |

随后，以学习风格和材料呈现方式为自变量，对各组被试的先前知识进行两因素的方差分析。

两因素方差分析的结果（见表3－2－2）表明，被试的先前知识在难材料（考古学研究方法学习材料）类别上，学习风格的主效应不显著，$F(1, 76) = 1.214$，$p = 0.274 > 0.05$；材料呈现方式的主效应不显著，$F(1, 76) = 0.109$，$p = 0.742 > 0.05$。另外，学习风格与材料呈现方式的交互效应也不显著，$F(1, 76) = 1.749$，$p = 0.190 > 0.05$。被试的先前知识在容易材料（鸭嘴兽知识学习材料）类别上，学习风格的主效应不显著，$F(1, 76) = 0.235$，$p = 0.629 > 0.05$；材料呈现方式的主效应不显著，$F(1, 76) = 0.351$，$p = 0.556 > 0.05$。另外，学习风格与材料呈现方式的交互效应也不显著，$F(1, 76) = 2.436$，$p = 0.123 > 0.05$。这说明各组被试分别在较难材料与容易材料的先前知识上均没有显著差异，也就是说，被试在先前知识上分组的主效应均不显著。

表3－2－2　被试的先前知识两因素方差分析（F）

| 材料类别 | Source | SS | df | MS | F | Sig. |
|---|---|---|---|---|---|---|
| 较难材料 | Corrected Model | 0.258 | 3 | 0.086 | 1.024 | 0.387 |
| | Intercept | 174.050 | 1 | 174.050 | 2.071E3 | 0.000 |
| | 学习风格 | 0.102 | 1 | 0.102 | 1.214 | 0.274 |
| | 材料呈现方式 | 0.009 | 1 | 0.009 | 0.109 | 0.742 |
| | 学习风格×材料呈现方式 | 0.147 | 1 | 0.147 | 1.749 | 0.190 |
| | Error | 6.386 | 76 | 0.084 | — | — |
| | Total | 180.694 | 80 | — | — | — |
| | Corrected Total | 6.644 | 79 | — | — | — |
| 容易材料 | Corrected Model | 1.064 | 3 | 0.355 | 1.007 | 0.394 |
| | Intercept | 298.654 | 1 | 298.654 | 847.833 | 0.000 |
| | 学习风格 | 0.083 | 1 | 0.083 | 0.235 | 0.629 |
| | 材料呈现方式 | 0.123 | 1 | 0.123 | 0.351 | 0.556 |
| | 学习风格×材料呈现方式 | 0.858 | 1 | 0.858 | 2.436 | 0.123 |
| | Error | 26.771 | 76 | 0.352 | — | — |
| | Total | 326.490 | 80 | — | — | — |
| | Corrected Total | 27.836 | 79 | — | — | — |

表3-2-3显示，被试在两种材料上的先前知识差异显著，F（1，79）=
54.915，p<0.001，其中，被试在较难材料上的先前知识得分（1.475±0.290）
显著低于在容易材料上的先前知识得分（1.932±0.594）。

表3-2-3　被试在两种材料上的先前知识的重复测量方差分析结果（F）

| Source | SS | df | MS | F | Sig. |
|---|---|---|---|---|---|
| 材料难度 | 8.487 | 1 | 8.487 | 54.915 *** | 0.000 |
| Error | 12.209 | 79 | 0.155 | — | — |

注：*** 表示 p<0.001。

（二）被试的学习成绩

各实验组在两种难度材料上的回忆成绩、再认成绩与迁移成绩的描述统计结
果如表3-2-4所示。

表3-2-4　各组测试成绩的描述性结果（M±SD）

| 材料类别 | 学习风格 | 多媒体呈现 | 回忆成绩 | 再认成绩 | 迁移成绩 | N |
|---|---|---|---|---|---|---|
| 较难材料 | 言语型 | 概述呈现 | 5.300±1.342 | 5.250±0.851 | 7.100±0.968 | 20 |
| | | 全文呈现 | 6.100±1.483 | 4.950±1.099 | 8.200±0.768 | 20 |
| | | Total | 5.700±1.368 | 5.100±0.982 | 7.650±1.027 | 40 |
| | 视觉型 | 概述呈现 | 6.800±1.762 | 4.700±0.801 | 8.000±0.918 | 20 |
| | | 全文呈现 | 5.800±1.765 | 4.900±0.852 | 7.400±0.681 | 20 |
| | | Total | 6.300±1.818 | 4.800±0.823 | 7.700±0.853 | 40 |
| | Total | 概述呈现 | 6.050±2.183 | 4.975±0.862 | 7.550±1.037 | 40 |
| | | 全文呈现 | 5.950±1.616 | 4.925±0.971 | 7.800±0.823 | 40 |
| | | Total | 6.000±1.909 | 4.950±0.913 | 7.675±0.938 | 80 |
| 容易材料 | 言语型 | 概述呈现 | 4.800±0.410 | 5.600±1.429 | 6.600±1.392 | 20 |
| | | 全文呈现 | 4.850±0.366 | 6.100±0.852 | 7.900±0.968 | 20 |
| | | Total | 4.825±0.382 | 5.850±1.189 | 7.250±1.354 | 40 |
| | 视觉型 | 概述呈现 | 4.900±0.308 | 6.400±0.681 | 8.100±1.252 | 20 |
| | | 全文呈现 | 4.700±0.801 | 6.050±0.887 | 7.300±0.801 | 20 |
| | | Total | 4.800±0.608 | 6.225±0.800 | 7.700±1.114 | 40 |
| | Total | 概述呈现 | 4.850±0.362 | 6.000±1.178 | 7.350±1.511 | 40 |
| | | 全文呈现 | 4.775±0.620 | 6.075±0.859 | 7.600±0.928 | 40 |
| | | Total | 4.813±0.506 | 6.038±1.024 | 7.475±1.253 | 80 |

随后，对被试回忆成绩、再认成绩与迁移成绩进行多因素的方差分析，结果如表 3 - 2 - 5 所示。

表 3 - 2 - 5　各种测试成绩的多因素方差分析（**F**）

| 因变量 | 材料类别 | Source | SS | df | MS | F | Sig. |
|---|---|---|---|---|---|---|---|
| 回忆成绩 | 较难材料 | 学习风格 | 7.200 | 1 | 7.200 | 2.070 | 0.154 |
| | | 材料呈现方式 | 0.200 | 1 | 0.200 | 0.057 | 0.811 |
| | | 学习风格 × 材料呈现方式 | 16.200 | 1 | 16.200 | 4.657 * | 0.034 |
| | | Error | 264.400 | 76 | 3.479 | — | — |
| | 较易材料 | 学习风格 | 0.012 | 1 | 0.012 | 0.048 | 0.827 |
| | | 材料呈现方式 | 0.112 | 1 | 0.112 | 0.433 | 0.513 |
| | | 学习风格 × 材料呈现方式 | 0.313 | 1 | 0.313 | 1.203 | 0.276 |
| | | Error | 19.750 | 76 | 0.260 | — | — |
| 再认成绩 | 较难材料 | 学习风格 | 1.800 | 1 | 1.800 | 2.182 | 0.144 |
| | | 呈现方式 | 0.050 | 1 | 0.050 | 0.061 | 0.806 |
| | | 学习风格 × 材料呈现方式 | 1.250 | 1 | 1.250 | 1.515 | 0.222 |
| | | Error | 62.700 | 76 | 0.825 | — | — |
| | 较易材料 | 学习风格 | 2.813 | 1 | 2.813 | 2.800 | 0.098 |
| | | 材料呈现方式 | 0.113 | 1 | 0.113 | 0.112 | 0.739 |
| | | 学习风格 × 材料呈现方式 | 3.613 | 1 | 3.613 | 3.596 | 0.062 |
| | | Error | 76.350 | 76 | 1.005 | — | — |
| 迁移成绩 | 较难材料 | 学习风格 | 0.050 | 1 | 0.050 | 0.071 | 0.791 |
| | | 材料呈现方式 | 1.250 | 1 | 1.250 | 1.766 | 0.188 |
| | | 学习风格 × 呈现方式 | 14.450 | 1 | 14.450 | 20.413 *** | 0.000 |
| | | Error | 53.800 | 76 | 0.708 | — | — |
| | 较易材料 | 学习风格 | 4.050 | 1 | 4.050 | 3.186 | 0.078 |
| | | 材料呈现方式 | 1.250 | 1 | 1.250 | 0.983 | 0.324 |
| | | 学习风格 × 材料呈现方式 | 22.050 | 1 | 22.050 | 17.348 *** | 0.000 |
| | | Error | 96.600 | 76 | 1.271 | — | — |

注：* 表示 $p < 0.05$，*** 表示 $p < 0.001$。

表3-2-5显示，不管是较难的还是较易的学习材料，在回忆成绩、再认成绩与迁移成绩上，学习风格与材料呈现方式的主效应均不显著（p＞0.05）。对于较难的学习材料，在回忆成绩上，学习风格与材料呈现方式的交互效应显著 F（1，76）＝4.657，p＝0.034＜0.05，对于较易的学习材料，两者的交互效应不显著（p＞0.05）。较难材料与较易材料在迁移成绩上，学习风格与材料呈现方式的交互效应均显著，F（1，76）＝20.413、17.348，p＜0.001。在再认成绩上，学习风格与材料呈现方式的交互效应均不显著（p＞0.05）。随后，分别对两者的交互效应进行分析。

如图3-2-1所示，对于较难的学习材料而言，学习风格因素在材料呈现方式因素的两个水平上都有差异。当学习材料以概述的方式呈现时，言语型学习风格组的回忆成绩低于视觉型学习风格组；而以全文的方式呈现时，言语型学习风格组的回忆成绩则高于视觉型学习风格组。

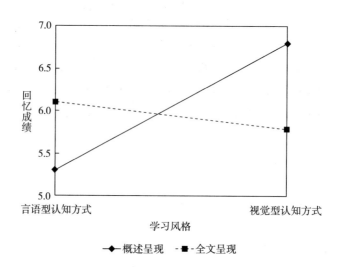

**图3-2-1　学习风格与材料呈现方式对回忆成绩的影响**

表3-2-6显示，学习风格的处理效应只在概述呈现的水平上显著，F（1，38）＝5.233，p＝0.028＜0.05，视觉型学习风格组（6.800±1.762）显著高于言语型学习风格组的回忆成绩（5.300±1.342）。学习风格的处理效应在全文呈现的水平上不显著，F（1，38）＝0.339，p＝0.564＞0.05。

表3-2-6　学习风格在材料呈现方式两个水平上的回忆成绩简单效应检验（F）

| 材料呈现方式 | | SS | df | MS | F | Sig. |
|---|---|---|---|---|---|---|
| 概述呈现 | 组间 | 22.500 | 1 | 22.500 | 5.233* | 0.028 |
| | 组内 | 163.400 | 38 | 4.300 | — | — |
| | 总计 | 185.900 | 39 | — | — | — |
| 全文呈现 | 组间 | 0.900 | 1 | 0.900 | 0.339 | 0.564 |
| | 组内 | 101.000 | 38 | 2.658 | — | — |
| | 总计 | 101.900 | 39 | — | — | — |

注：*表示 p<0.05。

如图3-2-2、图3-2-3所示，对于两种学习材料而言，学习风格因素在材料呈现方式因素的两个水平上都有差异。当学习材料以概述的方式呈现时，言语型学习风格组的迁移成绩低于视觉型学习风格组；而以全文的方式呈现时，言语型学习风格组的迁移成绩则高于视觉型学习风格组。

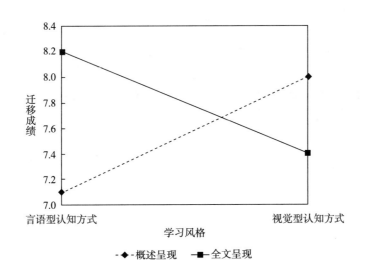

图3-2-2　较难材料的学习风格与材料呈现方式对迁移成绩的影响

表3-2-7显示，对于两种难度的学习材料而言，学习风格的处理效应在材料呈现方式的两个水平上均显著。对于较难的学习材料，在概述呈现的水平上，F（1，38）=9.107，p=0.005<0.01，其中，视觉型学习风格组（8.000±

0.918）显著高于言语型学习风格组的迁移成绩（7.100±0.968）；在全文呈现的水平上，F（1，38）＝12.160，p＝0.001＜0.01，言语型学习风格组的迁移成绩（8.200±0.768）则显著高于视觉型学习风格组（7.400±0.681）。

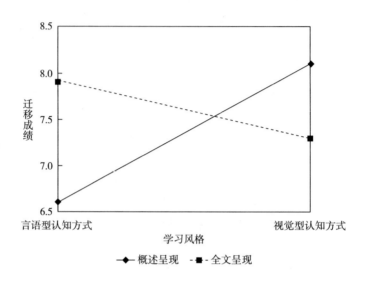

图 3－2－3　较易材料的学习风格与材料呈现方式对迁移成绩的影响

表 3－2－7　学习风格在材料呈现方式两个水平上的迁移成绩简单效应检验（F）

| 材料类别 | 材料呈现方式 | | SS | df | MS | F | Sig. |
|---|---|---|---|---|---|---|---|
| 较难材料 | 概述呈现 | 组间 | 8.100 | 1 | 8.100 | 9.107** | 0.005 |
| | | 组内 | 33.800 | 38 | 0.889 | — | — |
| | | 总计 | 41.900 | 39 | — | — | — |
| | 全文呈现 | 组间 | 6.400 | 1 | 6.400 | 12.160** | 0.001 |
| | | 组内 | 20.000 | 38 | 0.526 | — | — |
| | | 总计 | 26.400 | 39 | — | — | — |
| 较易材料 | 概述呈现 | 组间 | 22.500 | 1 | 22.500 | 12.838** | 0.001 |
| | | 组内 | 66.600 | 38 | 1.753 | — | — |
| | | 总计 | 89.100 | 39 | — | — | — |
| | 全文呈现 | 组间 | 3.600 | 1 | 3.600 | 4.560* | 0.039 |
| | | 组内 | 30.000 | 38 | 0.789 | — | — |
| | | 总计 | 33.600 | 39 | — | — | — |

注：＊表示 p＜0.05，＊＊表示 p＜0.01。

对于较易的学习材料，在概述呈现的水平上，F（1，38）= 12.838，p = 0.001 < 0.01，其中，视觉型学习风格组（8.100 ± 1.252）显著高于言语型学习风格组的迁移成绩（6.600 ± 1.392）；在全文呈现的水平上，F（1，38）= 4.560，p = 0.039 < 0.05，言语型学习风格组的迁移成绩（7.900 ± 0.968）则显著高于视觉型学习风格组（7.300 ± 0.801）。

## 四、讨论与分析

### （一）学习风格对中学生学习成绩的影响分析

研究结果显示，学习风格与材料呈现方式对回忆成绩、再认成绩、迁移成绩的主效应均不显著，表明两者对学习成绩均没有独立影响，但两者在对迁移成绩的影响上有交互作用。当学习材料以概述的方式呈现时，视觉型学习风格组的迁移成绩显著高于言语型学习风格组；当学习材料以全文的方式呈现时，言语型学习风格组的迁移成绩则显著高于视觉型学习风格组。当学习材料以概述的方式呈现时，即以概括文本 + 图表的方式呈现时，由于视觉型中学生习惯以视觉接受学习材料，善于从图片、图表、图像等形象的材料中接收与加工信息，就有可能降低视觉型中学生的内在负荷，同时增加相关认知负荷或元认知负荷，因为中学生可以把更多剩余的认知资源直接用于与学习直接相关的加工，如推理、构建图式，或对认知过程进行监控，进而使视觉型中学生的迁移成绩好于言语型中学生。Deleeuw 和 Mayer（2008）认为，迁移成绩的高低可以作为判断相关认知负荷的指标。[1] 这个观点也能证实本研究的结果。现在根据迁移成绩，回顾我们前面得出的结果，当学习材料较难且又以概述的方式呈现时，视觉型中学生的认知负荷高于言语型中学生，其中高出的认知负荷大部分应属于相关认知负荷或元认知负荷。当学习材料以全文的方式呈现时，言语型中学生因为更擅长从文字的和口头的解释中获取信息，所以有可能降低他们的内在认知负荷，而视觉型中学生不太习惯从纯文本的学习材料中获取信息，则可能造成比较高的外在认知负荷与内在认知负荷，从而把有限的资源用在回忆与识记，用在迁移方面的资源较少。所以当学习材料以全文的方式呈现时，言语型中学生的迁移成绩好于视觉型中学

① DeLeeuw, K. E. & Mayer, R. E. A comparison of three measures of cognitive load, evidence for separable measures of intrinsic, extraneous, and germane load [J]. Journal of Educational Psychology, 2008, 100 (1): 223 – 234.

生。这个结果也印证了国内学者徐子亮的观点。[①]

本研究结果表明，学习风格与材料难度之间有交互作用，与材料呈现方式无交互作用。当学习材料较难时，学习风格对认知负荷的影响显著，其中视觉型学习风格组的认知负荷显著高于言语型学习风格组；当学习材料容易时，学习风格对认知负荷则无显著影响。这就是说，当学习的内容较为容易时，学习者在学习过程中消耗的认知资源较少，不同认知风格的学习者所产生的认知负荷差异较小；当学习的内容较难时，不同认知风格的学习者所产生的认知负荷才体现出差异。这可能和两类学习风格者信息表征与思维方式的不同有关系。视觉型学习者在思维中倾向于以"图"来表征信息，言语型学习者在思维中倾向于以"词"来表征信息。我们知道，"图"比较形象，而"词"是比较抽象的。视觉型学习者虽然善于用"图"来表征信息，但当他们表征比较难的材料与信息时，需要付出较高的心理努力，从而消耗较多的心理资源；言语型学习者善于用"词"进行抽象表征，在对规则进行加工时付出的心理努力和主观认为的材料难度比善于具体形象表征的视觉型学习者要低，即认知负荷更低。也就是说，视觉型学习者因为信息表征与思维方式的独特性，导致所产生的内在认知负荷要高于言语型学习者。Riding 等的研究发现，认知风格会影响记忆过程中策略的选择，从而间接影响记忆的容量；[②] 国内学者徐子亮也认为，认知风格的差异直接影响学习者注意策略、信息编码、记忆策略等一系列学习策略的使用，并因此而对学习效率和学习效果产生作用。[③] 而不同学习策略的使用，不仅会影响学习者大脑存储的图式数量及内容，而且会影响学习者提取这些图式的方式与速度，以及图式所占有的存储空间，从而间接影响学习者的内在认知负荷。

（二）材料呈现方式对中学生学习成绩的影响分析

研究结果还表明，当学习材料较难时，学习风格与材料呈现方式在对回忆成绩的影响上有交互作用。当学习材料以概述的方式呈现时，视觉型学习风格组的回忆成绩显著高于言语型学习风格组。当学习材料以纯文本方式呈现时，两个组

---

① 徐子亮. 不同认知风格的汉语学习者在学习策略运用上的差异研究 ［C］//《第八届国际汉语教学讨论会论文选》编辑委员会. 第八届国际汉语教学讨论会论文选. 北京：高等教育出版社，2007.

② Riding, R. J. & Cheema, L. Cognitive style – An overview and integration ［J］. Education Psychology, 1991, 11 (3–4)：193–215.

③ 徐子亮. 不同认知风格的汉语学习者在学习策略运用上的差异研究 ［C］//《第八届国际汉语教学讨论会论文选》编辑编委会. 第八届国际汉语教学讨论会论文选. 北京：高等教育出版社，2005：15–18.

的回忆成绩则无显著差异。学习风格与材料呈现方式对再认成绩的主效应均不显著，表明两者对再认成绩没有显著的独立影响，同时，两者也没有交互效应。我们知道，人类从长时记忆中提取信息，包括再认和回忆两种过程。回忆是指过去经历过的事物不在面前而在头脑中再次重现并加以确认的过程，再认是指过去经历过的事物再次呈现时仍能被认识。从回忆与再认的心理机制来看，两者的难度不同，所付出的心理努力与消耗的心理资源也有所不同。一般来说，再认比回忆容易，再认测验成绩优于回忆测验成绩，日常生活中很多人的经验都能证实。由于再认所消耗的心理资源较少，造成的认知负荷也较低，所以各个组之间的差异较小。当学习材料较难且以概述的方式呈现时，言语型中学生由于不习惯从图片、图表等视觉材料中获取信息，所以他们的内在认知负荷与外在认知负荷较高，用于信息加工的剩余资源较少；而视觉型中学生擅长从图片、图表等视觉材料中获取信息，内在认知负荷与外在认知负荷较低，有更多的剩余资源用于信息加工，从而造成回忆成绩的差异。

材料呈现方式可以通过影响中学生的认知负荷而影响其学习成绩。概述呈现组的学习材料是以概括文本＋图表的方式呈现，概括的文本短小精悍、语言精练，与图表同时、同地呈现，这符合美国教育心理学家梅耶（Mayer）提出的多媒体学习理论认知原则中的一致性原则、空间接近原则、时间接近原则。[1] 当在内容上互相联系、互相对应的文本与图表彼此接近呈现时，学习者就不必使用认知资源在屏幕上搜索，并且有可能将它们同时保持在工作记忆中，而当两者彼此远离时学习者就必须使用认知资源在屏幕上搜寻，这样学习者就不大可能将两者同时纳入工作记忆中，从而消耗掉更多的心理资源。当在内容上互相联系、互相对应的文本与图表同时呈现时，学习者更有可能在工作记忆中同时保持两种材料的心理表征，更有可能在言语表征与视觉表征之间建立心理联系；如两者继时呈现，学习者则很难在工作记忆中保持两种材料的表征及建立两种材料之间的心理联系，还要消耗更多的心理资源。刘儒德等认为，根据认知负荷理论，多媒体学习过程中如果言语表征和图像表征互补，则学习者能尽快从浅层语义表征与视觉影像达到命题表征与心理模型，从而减少学习者的外在认知负荷，促进深层理解。[2] 当学习材料以纯文本的方式全文呈现时，材料的内容较多，语言表述不够

① ［美］梅耶. 多媒体学习［M］. 牛勇，邱香，译. 北京：商务印书馆，2005：101 - 128.

② 刘儒德，赵妍，柴松针，徐娟. 多媒体学习的认知机制［J］. 北京师范大学学报（社会科学版），2007，52（5）：22 - 27.

精练，比较笼统，学习者对材料进行信息加工需要动用较多的心理资源。同时，学习材料以纯文本的方式呈现，学习者虽然较容易建立言语的心理模型，但有些材料还需要建立图像的心理模型来加以识别与理解，并且还要使两种心理模型之间产生联系，从而会比概述呈现的方式消耗更多的认知资源。

### 五、结论

本研究运用 WP 量表，采用 $2 \times 2 \times 2$ 的多因素混合实验，考察了学习风格、材料呈现方式与材料的难度对学习效果的影响，得到如下结果：学习风格与材料呈现方式对学习成绩没有独立的影响，两者在对迁移成绩的影响上有交互作用。当学习材料以概述的方式呈现时，视觉型学习风格组的迁移成绩显著高于言语型学习风格组；当学习材料以全文的方式呈现时，言语型学习风格组的迁移成绩则显著高于视觉型学习风格组。当学习材料较难时，学习风格与材料呈现方式在对回忆成绩的影响上有交互作用。当学习材料以概述的方式呈现时，视觉型学习风格组的回忆成绩显著高于言语型学习风格组。当学习材料以纯文本方式呈现时，两个组的回忆成绩则无显著差异。学习风格与材料呈现方式对再认成绩没有显著的独立影响，两者也没有交互作用。

# 第三章　元认知提问对中学生
# 学习成绩的影响

  元认知（Metacognitive）这一概念是美国发展心理学家 Flavell 在元记忆研究的基础上于 1976 年提出来的。他认为，元认知就是个体所具有的关于思维活动和学习活动的知识及其实施的控制，是调节认知过程的认知活动。[①] 国内学者一般认为，元认知包括元认知知识、元认知体验和元认知监控。英国心理学家 Baddeley 等在 20 世纪 70 年代曾提出人的工作记忆模型。该模型认为工作记忆由三个系统组成：中央执行系统（Central Executive）、语音环（Phonological Loop）和视空画板（Visuo - spatial Sketch Pad）。其中，中央执行系统的主要功能就包括对工作记忆的内容进行监控，元认知是监控认知资源分配的核心。元认知活动有很多，比如影响不同信息加工的监控活动，包括监控或控制信息选择、组织感觉信息到短时记忆中，从长时记忆到短时记忆的来回储存，重新获得图式，组织信息输出的监控等都属于元认知过程。O'Neil 等将元认知进一步分为状态元认知（State Meta - cognition）和特质元认知（Trait Meta - cognition）。他们认为，状态元认知是个体在任务加工过程中的一种短暂的状态，包括计划、监控、自我检查、知觉等，它的强度随时间变化而变化。特质元认知是相对稳定的个体特征变量，它对处于各种元认知状态的智力活动作出应答。[②]

---

  ① Flavell, J. H. Metacognitvie aspects of problem solving [M] //L. B. Resnick et al. The Nature of Intelligence. Hillsdale, NJ: Erlbaum, 1976: 232.

  ② O'Neil, H. F. & Abedi, J. Reliability and validity of a state metacognition inventory: Potential for alternative assessment [J]. The Journal of Educational Research, 1996, 89 (4): 234 –244.

## 一、引言

认知负荷理论提出之后，很多认知负荷领域的研究者都曾提到过元认知，但他们并没有详细阐述元认知与认知负荷之间的关系，自然也就不能把这个概念整合到认知负荷理论中。直到 2002 年，心理学家 Valcke 基于认知负荷理论与元认知的理论提出了元认知负荷（Metacognitive Load）的概念。① 我们知道，学习者在认知过程中需要消耗心理资源，而他们在元认知体验与监控活动中也必定会耗费一定的心理资源，同样会产生认知负荷，这种特殊的负荷类型就是元认知负荷。所谓元认知负荷就是指工作记忆对信息进行选择、组织、整合、存储等认知活动并进行分配、监控、协调时所承受的负荷，或所占用的心理资源量。Sweller 认为，学习者在完成某一任务过程中，把未用完的剩余认知资源用到与学习直接相关的加工时产生的认知负荷就是相关认知负荷，也称为有效认知负荷。② 由此看来，元认知负荷与相关认知负荷十分相似，都能提高学习效率。甚至有学者认为元认知负荷其实就是一种相关认知负荷，或至少是相关认知负荷的一部分。③④ 元认知负荷概念的提出，以及其被认知负荷理论的纳入，大大拓展了有效认知负荷的内涵和结构，是对已有认知负荷理论的发展。同时，也为研究优化有效负荷的教学策略提供了一个努力方向，对学习与教学领域的认知负荷研究提供了一个新的独特视角。从这个意义上说，元认知负荷的提出具有重大的理论和教学意义。

值得注意的是，元认知负荷的意义与价值，目前还缺少更多的实验证实。Valcke 还认为，已有的认知负荷理论并没有把信息加工模型的所有要素都整合进去，原因在于研究者只关注知识的两种基本类型：陈述性知识和程序性知识，而没有考虑元认知知识与元认知监控。⑤ Scott 等也对此进行了相关的研究。他们的研究表明，网站学习中的导航地图会对学习者的网络学习产生监控与引导的作

①③⑤Valcke M. Cognitive load, updating the theory?[J]. Learning and Instruction, 2002, 12 (1): 147 – 154.

② Sweller, J. Cognitive load theory, learning difficulty, an instructional design [J]. Learning and Instruction, 1994, 4 (3): 295 – 312.

④ 龚德英, 刘电芝, 张大均. 元认知监控活动对认知负荷和多媒体学习的影响 [J]. 心理科学, 2008, 31 (4): 880 – 882.

用，因而会显著地增加学习者的认知负荷。① 但是，这种负荷属于相关认知负荷，还是外在认知负荷，则取决于导航地图在信息加工过程中参与图式建构与学习监控的程度。如果学习者的元认知技能高超，导航地图在图式建构与学习监控中发挥重大作用，则产生的负荷为相关认知负荷。可见，Scott 等并没有把相关认知负荷与元认知负荷区别开来。Stark 等在一项研究中指出，认知和元认知都会对学习者的心理负荷带来影响，于是他们把研究的重点放在了认知与元认知样例的精细加工中。② 他们虽然考虑到了元认知负荷，但他们并没有把它纳入训练中。龚德英等在国内率先对元认知负荷进行了探索性研究。③ 她们发现，在学习前呈现的元认知监控提示增加了被试的认知负荷，但在学习过程中的元认知监控提示则对认知负荷没有影响；元认知监控活动增加了认知负荷，对记忆成绩没有显著影响，但提高了迁移成绩，表明由于元认知活动而增加的认知负荷是对学习有积极影响的相关认知负荷，即元认知负荷。龚德英等认为元认知负荷是相关认知负荷的一部分。赵俊峰认为，元认知负荷没有受到应有重视的重要原因就是元认知负荷被作为相关认知负荷的一部分，没有单列出来。④ 其实，两者在有着相同点（即都对学习起着促进作用）的同时，也有着明显的区别。学习者在学习过程中需要努力去建构与储存各种图式，但也需要对建构和储存图式的活动进行监督，前者引发的是相关认知负荷，后者引发的是元认知负荷。

这里还需要注意的是，虽然元认知负荷有利于学习成绩的提高，但与外在认知负荷相同的是，认知过程的监督也要花费心理努力，也会占用工作记忆的资源，从而对学习产生一定的干扰。根据 Paas 等的研究，人的认知资源总量有限，三种类型的认知负荷（外在认知负荷、内在认知负荷与相关认知负荷）具有可加性，⑤ 其总量不能超过工作记忆所允许的范围，否则会造成认知超负荷，从而阻碍学习。也就是说，三种认知负荷在完成同一任务过程中存在着此消彼长的现

① Scott, B. M. & Schwartz, N. H. Navigational spatial displays, The role of metacognition as cognitive load [J]. Learning and Instruction, 2007, 17 (1): 89 – 105.

② Stark, R., Mandl, H., Gruber, H. & Renkl, A. Condition and effects of example elaboration [J]. Learning and Instruction, 2002, 12 (1): 39 – 60.

③ 龚德英，刘电芝，张大均. 元认知监控活动对认知负荷和多媒体学习的影响 [J]. 心理科学，2008，31 (4): 880 – 882.

④ 赵俊峰. 解密学业负担：学习过程中的认知负荷研究 [M]. 北京：科学出版社，2011: 9 – 11.

⑤ Paas, F., Renkl, A. & Sweller, J. Cognitive load theory and instructional design: Recent developments [J]. Educational Psychologist, 2003, 38 (1): 1 – 4.

象，元认知负荷的高低及其作用受制于认知负荷的总量和内在认知负荷、外在认知负荷的高低。如果学习任务很难，学习者的内在认知负荷与外在认知负荷都很高，再加上相关认知与元认知负荷，就有可能造成学习者认知超负荷，这种情况对学习是不利的。

元认知提问是元认知监控的一种，指在学习过程中为提高学习者的自我认识，提出可以让学习者对自己的思维和学习活动进行自我观察、自我监控、自我评价的问题。基于以上分析，我们作出假设：针对较难的学习材料，元认知提问会增加学习者的元认知负荷，但对学习成绩不会造成显著的影响；针对较易的学习材料，元认知提问在增加学习者元认知负荷的同时，还能提高学习者的学习成绩。

### 二、实验设计

（一）自变量与因变量

采用 3×2 的多因素混合实验设计。自变量有两个，一个是元认知提问类型（呈现问题、提示提问、不提问），一个是材料的难度（难、易）。其中，元认知提问类型为被试间因素，材料的难度为被试内因素。因变量是再认测试成绩、回忆测试成绩与迁移测试成绩。

（二）被试的选择

选取 60 名中学生参与实验，其中男生有 30 名，女生有 30 名，各占 50%。所有被试视力（或矫正视力）正常，均为右利手，且均为自愿参加。

（三）实验材料

实验材料包括学习材料与测试材料两类。

1. 学习材料

学习材料参照《多媒体学习中归纳对中学生学习成绩的影响研究》。

2. 测试材料

测试材料包括先前知识测查、回忆测试题、再认测试题与迁移测试题。

先前知识测查主要是考查被试在材料所涉及领域的先前知识的情况，主要目的是平衡被试先前知识对认知负荷的影响，保证可能影响实验结果的其他因素得到控制。让被试根据自己的实际情况选择 1~5 中的一个数，考查被试对考古学研究方法与鸭嘴兽知识的了解程度。排除分数极高或极低的被试。

回忆与再认测试是对所学材料相关知识的测量，所有的知识点都来自于学习材料，其答案可以在学习材料中找到。回忆测试的题型为填空题，再认测试的题型为单项选择题。其中，考古学研究方法学习材料的填空题为 5 小题，10 个空，计 10 分；单项选择题 6 小题，计 6 分，总分为 16 分；鸭嘴兽学习材料的填空题为 5 小题，5 个空，计 5 分；单项选择题 7 小题，计 7 分，总分为 12 分。迁移测试要求被试运用学习材料中所涉及的知识与原理解决新情境中相类似的问题，两种学习材料的题型均为问答题，5 小题，每小题 2 分，总分均为 10 分。

回忆测试、再认测试与迁移测试题均采用纸质材料呈现的形式。

（四）实验过程

在计算机房进行小组实验，每个被试随机选择一台电脑，并随机进入三个组，即提示提问组、呈现问题组与无元认知提问组，其中，前两个组为实验组，第三个组为控制组。实验在计算机上进行，利用 E - prime 实验心理专用软件编制程序，实现时间控制，使各个组每段学习材料的呈现时间及总的学习时间保持相等。

开始前，主试向被试介绍一些基本的注意事项，然后被试按照指导语的要求完成实验。所有的指导语都在电脑上呈现，要求被试在完全理解指导语之后按键进入下一个环节。

考古学研究方法材料 2500 字左右，共分 9 小段；鸭嘴兽学习材料 1500 字左右，共分 6 小段。两种学习材料均分段呈现，每小段呈现的时间为 80～100 秒。呈现问题组在呈现材料的同时直接呈现元认知训练的问题，如"这一小段说的是什么问题？我读懂了每一个句子吗？""这一小段有什么重要的信息或知识点吗？""我能评价这一张幻灯片所说的吗？支持还是反对？为什么？""接下来可能谈什么问题呢？"问题呈现用的是云朵式批注方式，直接指向相关的内容，以保证对被试的阅读不造成太大的干扰。要求被试在学习材料的过程中边学习边回答。提示提问组即在材料的关键处用云形或椭圆形等批注提示留意，如"此处留意""此处有陷阱""此处有埋伏"，等等。无元认知提问组既不向被试呈现问题，也不给予提示。

两种材料学习的先后顺序通过程序来控制。为避免顺序效应，每个实验组一半的被试先学习考古学研究方法材料，后学习鸭嘴兽的知识材料；另一半的被试先学习鸭嘴兽的知识材料，后学习考古学研究方法材料。被试学习完一种学习材料后，进行认知负荷的主观测量，并做回忆、再认与迁移测试题。然后休息 5 分钟，进行后一种学习材料的学习。全部测试完成后，被试将获得一份小礼品。整个实验过程为 50~60 分钟。

（五）统计分析

采用 SPSS 16.0 统计软件建立数据文件，并对数据进行描述统计、F 检验、相关分析等。

### 三、实验结果情况

（一）被试的先前知识情况

对三组被试在两种材料上的先前知识进行分析，描述性结果如表 3-3-1 所示。

表 3-3-1　各组先前知识测量的描述性结果（M±SD）

| 材料类别 | 无元认知提问组 | 呈现问题组 | 提示提问组 |
|---|---|---|---|
| 难材料 | 1.450±0.335 | 1.521±0.579 | 1.271±0.160 |
| 易材料 | 1.743±0.419 | 1.679±0.524 | 1.843±0.337 |

随后，以材料难度为自变量，对被试的先前知识进行单因素分析，如果如表 3-3-2 所示。

表 3-3-2　三组被试的先前知识单因素方差分析（F）

| 材料难度 | | SS | df | MS | F | Sig. |
|---|---|---|---|---|---|---|
| 较难材料 | 组间 | 0.663 | 2 | 0.332 | 2.101 | 0.132 |
| | 组内 | 8.998 | 57 | 0.158 | — | — |
| | 总计 | 9.661 | 59 | — | — | — |
| 容易材料 | 组间 | 0.274 | 2 | 0.137 | 0.730 | 0.487 |
| | 组内 | 10.709 | 57 | 0.188 | — | — |
| | 总计 | 10.983 | 59 | — | — | — |

单因素方差分析的结果表明，在难材料（考古学研究方法学习材料）类别上，$F_{(2, 57)} = 2.101$，$p = 0.132 > 0.05$；在易材料（鸭嘴兽知识学习材料）类别上，$F_{(2, 57)} = 0.730$，$p = 0.487 > 0.05$。这说明三组被试在难材料与易材料的先前知识上均没有显著差异，也就是说，被试在先前知识上分组的主效应不显著。

表3-3-3显示，被试在两种材料上的先前知识差异显著，F（1，59）＝27.988，p＜0.001，其中，被试在难材料（考古学研究方法学习材料）上的先前知识上得分（1.415±0.405）显著低于在易材料（鸭嘴兽知识学习材料）上的先前知识得分（1.755±0.431）。

表3-3-3  被试在两种材料上的先前知识的重复测量方差分析结果（F）

| Source | SS | df | MS | F | Sig. |
|---|---|---|---|---|---|
| 材料难度 | 3.482 | 1 | 3.482 | 27.988*** | 0.000 |
| Error | 7.339 | 59 | 0.124 | | |

注：***表示p＜0.001。

进一步分析，三个组的被试在难材料上的得分均显著低于在易材料上的得分，无元认知提问组难材料：1.450±0.335、易材料：1.743±0.419；呈现问题组难材料：1.521±0.579、易材料：1.679±0.524；提示提问组难材料：1.271±0.160、易材料：1.843±0.337。这说明，被试在考古学研究方法学习材料上的先前知识更少，在鸭嘴兽知识学习材料上的先前知识更多，也就是说前者所导致的内在认知负荷可能会更高，后者所导致的内在认知负荷可能会更低。

（二）学习成绩情况

各实验组即无元认知提问组、呈现问题组与提示提问组在两种难度材料上的回忆成绩、再认成绩与迁移成绩的分析结果如表3-3-4所示。

表3-3-4  各组测试成绩比较

| 材料难度 | 测试成绩 | 归纳类型 | M±SD | F（2，57） | Sig. |
|---|---|---|---|---|---|
| 较难材料 | 回忆成绩 | 不提问组 | 4.200±2.587 | 5.149** | 0.009 |
| | | 呈现问题组 | 6.700±2.557 | | |
| | | 提示提问组 | 5.300±2.250 | | |
| | 再认成绩 | 不提问组 | 3.900±1.410 | 9.376*** | 0.000 |
| | | 呈现问题组 | 5.300±0.923 | | |
| | | 提示提问组 | 4.800±0.615 | | |
| | 迁移成绩 | 不提问组 | 7.100±1.410 | 6.624** | 0.003 |
| | | 呈现问题组 | 8.100±1.410 | | |
| | | 提示提问组 | 8.600±1.142 | | |

| 材料难度 | 测试成绩 | 归纳类型 | M ± SD | F (2, 57) | Sig. |
|---|---|---|---|---|---|
| 容易材料 | 回忆成绩 | 不提问组 | 4.100 ± 0.718 | 6.162** | 0.004 |
| | | 呈现问题组 | 4.700 ± 0.657 | | |
| | | 提示提问组 | 4.700 ± 0.470 | | |
| | 再认成绩 | 不提问组 | 6.300 ± 0.657 | 1.592 | 0.213 |
| | | 呈现问题组 | 5.900 ± 1.071 | | |
| | | 提示提问组 | 6.300 ± 0.657 | | |
| | 迁移成绩 | 不提问组 | 6.900 ± 1.410 | 2.153 | 0.126 |
| | | 呈现问题组 | 7.700 ± 1.031 | | |
| | | 提示提问组 | 7.100 ± 1.334 | | |

注：**表示 $p < 0.01$，***表示 $p < 0.001$。

表 3 - 3 - 4 显示，对于较难的考古学研究方法材料，各实验组在回忆成绩（$F = 5.149$，$p = 0.009 < 0.01$）、再认成绩（$F = 9.376$，$p < 0.001$）、迁移成绩（$F = 6.624$，$p = 0.003 < 0.01$）上均存在极显著差异；对于容易的鸭嘴兽知识材料，各实验组只在回忆成绩上存在显著差异（$F = 6.612$，$p = 0.004 < 0.01$）。随后，进行多重比较，结果如表 3 - 3 - 5 所示。

表 3 - 3 - 5　两种材料的测试成绩多重比较（LSD）

| 材料难度 | 测试成绩 | (I) 归纳类型 | (J) 归纳类型 | Mean Difference（I - J） | Sig. |
|---|---|---|---|---|---|
| 较难材料 | 回忆成绩 | 不提问组 | 呈现问题组 | -2.500** | 0.002 |
| | | | 提示提问组 | -1.100 | 0.164 |
| | | 呈现问题组 | 不提问组 | 2.500** | 0.002 |
| | | | 提示提问组 | 1.400 | 0.078 |
| | | 提示提问组 | 不提问组 | 1.100 | 0.164 |
| | | | 呈现问题组 | -1.400 | 0.078 |
| | 再认成绩 | 不提问组 | 呈现问题组 | -1.400*** | 0.000 |
| | | | 提示提问组 | -0.900** | 0.008 |
| | | 呈现问题组 | 不提问组 | 1.400*** | 0.000 |
| | | | 提示提问组 | 0.500 | 0.133 |
| | | 提示提问组 | 不提问组 | 0.900** | 0.008 |
| | | | 呈现问题组 | -0.500 | 0.133 |

续表

| 材料难度 | 测试成绩 | （I）归纳类型 | （J）归纳类型 | Mean Difference（I－J） | Sig. |
|---|---|---|---|---|---|
| 较难材料 | 迁移成绩 | 不提问组 | 呈现问题组 | － 1. 000 *** | 0. 000 |
| | | | 提示提问组 | － 1. 500 ** | 0. 008 |
| | | 呈现问题组 | 不提问组 | 1. 000 *** | 0. 000 |
| | | | 提示提问组 | － 0. 500 | 0. 133 |
| | | 提示提问组 | 不提问组 | 1. 500 ** | 0. 008 |
| | | | 呈现问题组 | 0. 500 | 0. 133 |
| 容易材料 | 回忆成绩 | 不提问组 | 呈现问题组 | － 0. 600 ** | 0. 004 |
| | | | 提示提问组 | － 0. 600 ** | 0. 004 |
| | | 呈现问题组 | 不提问组 | 0. 600 ** | 0. 004 |
| | | | 提示提问组 | 0. 000 | 1. 000 |
| | | 提示提问组 | 不提问组 | 0. 600 ** | 0. 004 |
| | | | 呈现问题组 | 0. 000 | 1. 000 |

注：** 表示 p < 0. 01，*** 表示 p < 0. 001。

对于较难的学习材料，无无认知提问组的回忆成绩显著低于呈现问题组（p < 0.01），不提问组与提示提问组、呈现问题组与提示提问组的回忆成绩之间的差异均不显著（p > 0.05）；不提问组的再认成绩显著低于呈现问题组、提示提问组（p < 0.01，p < 0.001），呈现问题组与提示提问组的再认成绩差异不显著（p > 0.05）；不提问组的迁移成绩显著低于呈现问题组、提示提问组（p < 0.01，p < 0.001），呈现问题组与提示提问组的迁移成绩差异不显著（p > 0.05）。呈现问题组与提示提问组的各种学习成绩均无显著差异（p > 0.05）。这表明，针对较难的学习材料，元认知提问提高了学习者的各种学习成绩。

对于较容易的学习材料，不提问组的回忆成绩显著低于呈现问题组、提示提问组（p < 0.01），其他各组的成绩差异均不显著（p > 0.05）。这表明，对于较容易的材料，元认知提问只提高了回忆成绩。

## 四、讨论与分析

从学习效果的测量结果来看，相对于无元认知提问的情况，针对较难的材料，元认知提问（包括元认知呈现问题与元认知提示提问）提高了中学生的回忆、再认与迁移成绩；针对较易的材料，元认知提问只提高了中学生的回忆成绩，而对再认与迁移成绩的影响均不明显。另外，提示提问与呈现问题对各种学习成绩的影响均没有差异。

对于较难的材料，元认知提问提高了中学生的各种学习成绩，这与前面的假设不太一致。一般来说，题目太难，容易产生认知超负荷，从而给学习效果带来副作用，但本研究中的题目难度还没有对被试造成超负荷，元认知活动发挥了它的积极作用。Kosmicki 对状态元认知与绩效的关系进行了研究，发现状态元认知越高，绩效越好，状态元认知比特质元认知对绩效更具预测力。[①] 本研究中的元认知提问是个体在学习过程中的一种短暂状态，是对任务加工的监控与自我提问，并非稳定的个体特征变量，应属于状态元认知。另外，元认知提问在提高中学生元认知负荷的同时，有可能同时降低了中学生的内在认知负荷，而使学习成绩提高。不过，元认知负荷增加的量应该多于中学生内在认知负荷减少的量，这样才能使认知负荷的总量增加。国内学者李金波在关于网络学习的一项研究中发现，状态元认知降低了中学生心理努力的程度、主任务反应时、注视时间与瞳孔的直径，[②] 而 Deleeuw 等的研究表明，作为认知负荷的评价指标，心理努力的评价对内在认知负荷敏感，主任务反应时对外认知负荷敏感。[③] 可见，由于元认知活动的加入，即使是在认知负荷总量不变的情况下，仍有可能通过降低内在认知负荷和外在认知负荷来相对提高相关认知负荷或元认知负荷，从而对学习成绩带来有利影响。

当题目较容易时，除了回忆成绩外，元认知提问对其他学习成绩的影响不显著，这可能和中学生的动机有关。李富菊在一项研究中发现，任务难度会影响学生的学习动机。[④] 她认为，学生对高难度学习任务的投入意愿高于低难度学习任务的投入意愿，在高难度学习任务条件下，学生追求有利评价，在低难度学习任

① Kosmicki, J. The effect of differential test instructions on mathematics achievement, effort, and worry of community college students [D]. Unpublished Doctorial Dissertation. Los Angeles: University of Southern California, 2003.

② 李金波. 网络学习者状态元认知对认知负荷影响的实验研究 [J]. 现代远程教育研究，2010，23 (2)：75 – 78.

③ DeLeeuw, K. E., Mayer, R. E. A comparison of three measures of cognitive load, evidence for separable measures of intrinsic, extraneous, and germane load [J]. Journal of Educational Psychology, 2008, 100 (1): 223 – 234.

④ 李富菊. 任务难度和学习目标对学习动机的影响 [J]. 体育学刊，2001，8 (5)：46 – 47.

务条件下，学生避免不利评价。也就是说，学生在任务难时的内在动机要强于任务容易时。王振宏和刘萍的研究表明，内在动机与学习成绩之间有显著的正相关。[①] 因此，同样是元认知监控活动，在面对不同难度的材料时，中学生因内在动机的强弱不同而对学习成绩造成不同的影响。

先前知识测查的结果表明，元认知提示提问组与元认知呈现问题组的先前知识在较难的考古学研究方法材料上无显著差异。另外，两个组的问题都用批注的方式给予呈现，保证了对被试的阅读不造成太大的干扰。这就是说，两个实验组在学习较难的学习材料中产生的外在认知负荷与内在认知负荷之和趋于相等，可现在元认知提示提问组与元认知呈现问题组的认知负荷总量有差异，最有可能的解释是两个组的元认知负荷有了差异，即元认知提示提问组的相关认知负荷高于元认知呈现问题组。元认知提示提问组没有提出具体的元认知问题，只是在学习材料的关键之处用批注的方式给予了被试一些提示。这样，学习者一方面需要进行反省性自我提问，一方面又需要对自我提出的问题进行回答，即边问边答。汪玲等认为，进行反省性自我提问，可以激发相应的元认知体验，而元认知体验又可以激活相关的元认知知识，使长时记忆中的元认知知识与当前的调节活动产生联系。[②] 这样，在这一学习过程中，学习者在对自己认知过程进行监控与调节的同时，还要对学习材料进行再加工，如重组、比较和推理，或提取已有的图式和构建新图式。因此，元认知提示提问组所消耗的认知资源就相对多一些，产生的元认知负荷及其他的相关认知负荷自然就会高一些。元认知呈现问题组是在呈现材料的同时直接呈现元认知训练的问题，由于这些问题直接指向相关的内容，使学习者对学习材料进行再加工时有一定的方向，目标比较明确，所以消耗的认知资源相对少一些。至于较容易的学习材料，学习者具有相对较多的先前知识，付出的心理努力相对较少，由此产生的内在认知负荷自然较低，因此元认知提示提问组与元认知呈现问题组参与元认知活动消耗的心理资源差别不大，两个组的相关认知负荷与总的认知负荷也就无显著差异。

在本研究中，我们给被试提供了元认知提问监控，虽然增加了其元认知负荷，但同时也降低了其内在认知负荷，最终促进了学习成绩的提高。通过该研究，我们可以得到这样一些启示：在学生学习的过程中，适时、适当地增加其元

① 王振宏，刘萍. 动机因素、学习策略、智力水平对学生学业成绩的影响 [J]. 心理学报，2000，32（1）：65－69.

② 汪玲，郭德俊. 元认知的本质与要素 [J]. 心理学报，2000，32（4）：458－463.

认知监控，既不会额外增加学生的认知负荷，又能提高他们的学习成绩；要使学生针对不同难度的学习材料，不断调整自己学习动机的强度，以保持最佳的学习效果。另外，当学习材料较难时，提倡更多地使用元认知呈现问题，少用元认知提示问题，因为两种元认知监控方式对学习成绩的影响无显著差异，而后者引起的认知负荷更高。

### 五、结论

本研究运用 WP 量表，采用 $3 \times 2$ 的多因素混合实验，考察了元认知提问与材料难度对学习结果的影响，得到如下结果：①针对较难的材料，元认知提问提高了中学生的回忆、再认与迁移成绩；针对容易的材料，元认知提问只提高了中学生的回忆成绩。②对于较难的学习材料，元认知提示提问引起的认知负荷显著高于元认知呈现问题，但两者对各种学习成绩的影响均无显著差异。

# 第四章　英语多媒体下言语关联手势与中学生学习成绩的关系

## 一、引言

言语关联手势（Speech – Associated Gesture）是伴随语言而发出的手势（本研究中的手势均指言语关联手势），它是人类交流的普遍特征之一。通过日常观察我们可以发现，教师在教学中也会有意识或无意识频繁地使用手势。Goldin – Meadow、Nusbaum、Garber 和 Church 发现，教师在向学生讲授解决问题的有关策略时，手势语大概占了 40%。[1] Flevares 和 Perry 的研究表明，数学教师平均每 10 秒钟使用 1 次手势，在 1 分钟之内使用 5 ~ 7 个手势。[2] 白学军等对青年教师在教学中使用手势的调查表明，优秀教师使用手势的频率高于一般教师或获奖等级更低的教师。[3] 手势对信息交流与教学发挥着重要的作用，听话者可以直接从动作行为中获取有用的交流信息，说话者可以减轻语言传递信息的负担，弥补语言表达的不足。所以说，手势传递的动作信息可以使交流的双方都获益。朱明泉和张智君曾回顾了手部运动与言语的关系研究，认为伴随言语产生的有意义手势可促

---

① Goldin-Meadow, S., Nusbaum, H., Garber, P. & Church, R. B. Transitions in learning：Evidence for simultaneously activated strategies. Journal of Experimental Psychology ［J］. Human Perception and Performance, 1993, (19)：92 – 107.

② Flevares, L. M. & Perry, M. How many do you see? The use of nonspoken representations in first grade mathematics lessons ［J］. Journal of Educational Psychology, 2001, (93)：330 – 345.

③ 白学军，梁菲菲，张涛，田丽娟，文宇翔，陈宗阳. 不同获奖等级青年教师手势语的量化研究 ［J］. 宁波大学学报（教育科学版），2009，31（4）：48 – 53.

进词汇的提取及言语的加工。[1] Skipper 等的研究表明，手势呈现了丰富的视觉信息，从而减少了人们对听觉信息的提取与语义的选择，更加有利于双方的信息交流。[2] 有关数学问题的解决研究发现，手势还能有效降低认知负荷，从而促进数学的学习。[3] Ping 和 Goldin‑Meadow 的研究发现，在学习皮亚杰的守恒任务时，那些可以观察到导航手势的学生比那些没有观察到手势的学生的成绩更高。具身认知理论认为，语义学与人的运动系统之间有密切的关系。[4] 叶浩生认为，认知与心智总是以在某个具体环境中的身体活动与身体结构为基础，即认知及其语言是通过身体体验及其活动方式形成的。[5] 手势运用者通常是在特殊情境下通过操纵自身的活动而获得自身认知，并在实际的信息交流过程中加以运用，这一类知识具有直观形象性，中学生对它们的识别不需要言语信息的转化。

上述这些研究主要是运用第一语言获取教学动画信息，多设考虑运用第二语言及手势的辅助作用来获取教学动画中的抽象概念等信息，如语法规则。通过对以往相关文献的回顾与梳理，我们认为手势能激发运动系统，降低无效的认知负荷，提高语法动画学习的有效性。但是，我们还得注意到，手势的这种积极影响并不一定是针对所有的具有不同语言技能水平的学生。至少有这样两种可能性存在，即教学动画中手势的运用或许对语言技能水平低的学生更为有效，也可能对语言技能水平高的学生更为有效。由于目前在这个领域还没有相关的研究，我们很难对语言技能水平的影响方向与大小作出判断，但有一点是明确的，即语言技能水平在未来的研究中应该被作为一个重要的变量进行考察。

综上所述，本研究将探讨在英语多媒体学习中手势的运用对认知负荷与学习效果的影响，以多媒体呈现条件（有无手势呈现）和英语语言技能为自变量，以认知负荷和学习成绩为因变量，作出如下假设：①手势的运用会降低认知负荷，提高学习成绩；②手势的运用效果与学生的英语语言技能水平之间产

① 朱明泉，张智君. 言语与手部运动关系的研究回顾 [J]. 心理科学进展，2007，15（1）：88－91.

② Skipper, J. I., Goldin‑Meadow, S., Nusbaum, H. C. & Small, S. L. Speech‑associated gestures, Broca's area, and the human mirror system [J]. Brain and Language, 2007 (101): 260－277.

③ Goldin－Meadow, S., Nusbaum, H., Kelly, S. D. & Wagner, S. Explaining math: Gesturing lightens the load [J]. Psychological Science, 2001 (12): 516－522.

④ Ping, R. M. & Goldin‑Meadow, S. Hands in the air: Using ungrounded iconic gestures to teach children conservation of quantity [J]. Development Psychology, 2008 (44): 1277－1287.

⑤ 叶浩生. 具身认知：认知心理学的新取向 [J]. 心理科学进展，2010，18（5）705－710.

生交互作用，即手势的运用对于英语语言技能水平不同的学生来说，效果有所不同。

### 二、研究方法

（一）被试

选取吉林某中学初三两个平行班共 120 人，按近三次英语期末考试的平均成绩由低到高排列，分别选择排在前 27% 和后 27% 的学生作为语言技能低分组（n = 32）和语言技能高分组（n = 32），两组成绩差异显著（t = 12.47，df = 62，p < 0.01）。分别把语言技能高分组、低分组随机分成两半，再把两组的一半合为实验组即手势组（n = 32），另一半合为控制组即非手势组（n = 32）。根据被试所在的组别随机给每名被试编号。实验组男生为 15 名，女生为 17 名，控制组男生为 14 名，女生为 18 名。卡方检验的结果表明，各组之间性别分布的差异不显著 $\chi^2$（3）= 0.63，p > 0.05。被试年龄均在 14 ~ 16 岁，平均年龄为 15.23 ± 0.75 岁。所有被试视力（或矫正视力）正常，均为右利手，且均为自愿参加。

（二）实验材料

实验材料包括学习材料与测试材料两类。

1. 学习材料

学习材料为英语语法学习中主动语态与被动语态互相转换的内容，时态包括一般现在时与现在进行时。

2. 测试材料

测试材料包括前测与后测试题。

前测的目的主要是考查可能影响被试学习主动语态与被动语态句子互相转换中认知负荷及学习成绩的因素情况，包括被试的兴趣、求知欲、自信心及对其有用性、难度、理解性的自我评估六个方面。测试的题目均为陈述句，采用 7 点量表的形式，让被试根据自己的实际情况选择 1 ~ 7 中的一个数，其中，1 = 最低程度，4 = 中等程度，7 = 最大程度。比如"你对英语中主动语态与被动语态句子互相转换的兴趣是＿＿＿＿＿＿＿"。

后测试题主要考查被试的主、被动语态句子转换与理解能力。句子转化的测试题主要包括把主动语态的语句变成被动语态和把被动语态的句子变成主动语态，时态包括一般现在时与现在进行时。如"Many students study English." "He is often asked a question by the teacher." "They are holding a sports meeting now."

"The room is being painted by some workers now. "等。理解能力主要是测试被试对句子结构、转换逻辑程序的理解，如"这个句子的主语是什么？""当你把主动语态句子转换成被动语态时，应该怎么做。""当一个句子变为被动语态后，原句子的主语则变成了新句子的什么成分？"等。句子转换与理解能力测试题均为10小题，每小题1分。分别取10小题的平均成绩作为被试句子转换与理解能力的成绩。

（三）实验设计

采用 $2 \times 2$ 的被试间实验设计。自变量有两个：第一个自变量是英语语言技能水平，包括高与低两个水平；第二个自变量是多媒体呈现条件，包括手势呈现与无手势呈现两个水平。两个自变量均为被试间因素。因变量是测量的各项指标，包括前测的成绩、认知负荷测量指标与后测的成绩。

（四）实验程序

实验开始前，主试向被试介绍一些基本的注意事项，然后被试按照指导语的要求完成实验。实验在微机室进行，每名被试随机选择一台电脑，输入自己的编号，进入实验。指导语在电脑上呈现，要求被试在完全理解指导语之后按键开始实验。

学习材料采用 PPT 幻灯片的形式呈现，一共有四张幻灯片，每张呈现的时间为 90 秒。其中，前面两张幻灯片呈现英语教学中一个陈述句怎样由主动语态变成被动语态，后面两张幻灯片则呈现怎样由被动语态变成主动语态。每张幻灯片都伴有语音解说转换的每一个步骤。在实验（手势）组，所有的幻灯片中都可以看见一只手。手在幻灯片中的位置是动态的，随着解说的变化移动到相应的位置，因此这种手势包含一些语法规则的程序信息。在控制（非手势）组，除了不显示手势外，其他条件和手势组一样。两个组分别有一半的被试先呈现前面两张幻灯片，再呈现后面两张幻灯片；另一半的被试先呈现后面两张幻灯片，再呈现前面两张幻灯片。测试题由 E - prime 软件呈现，顺序也是随机的，每小题呈现的时间均为 60 秒。题目呈现后，要求被试把答案写在事先准备的空白纸上。整个实验过程大约 30 分钟。全部测试完成后，被试将获得一份小礼品。

（五）统计分析

采用 SPSS 16.0 统计软件建立数据文件，并对数据进行描述统计、t 检验、F 检验等。

### 三、结果分析

（一）前测结果

对前测中手势组与非手势组的影响因素进行分析，描述性结果如表 3 - 4 - 1 所示。

表 3 - 4 - 1　手势组与非手势组影响因素的描述性结果（M ± SD）

| 变量 | 手势组（n = 32） | 非手势组（n = 32） |
| --- | --- | --- |
| 兴趣 | 5. 47 ± 1. 24 | 5. 25 ± 1. 16 |
| 求知欲 | 5. 84 ± 1. 35 | 5. 66 ± 1. 15 |
| 自信心 | 5. 16 ± 1. 29 | 5. 31 ± 1. 15 |
| 有用性 | 6. 19 ± 1. 36 | 6. 13 ± 1. 24 |
| 难度 | 3. 88 ± 1. 19 | 4. 16 ± 1. 25 |
| 理解性 | 4. 78 ± 1. 34 | 4. 44 ± 1. 34 |

以多媒体呈现条件与英语语言技能水平为自变量，分别以各影响因素为因变量，作两因素方差分析。结果显示，多媒体呈现的主效应均不显著（$p > 0.05$），英语语言技能水平的主效应除难度外均不显著（$p > 0.05$），所有的交互效应均不显著（$p > 0.05$）。

（二）学习成绩情况

各组学习成绩的描述性结果如表 3 - 4 - 2 所示。

表 3 - 4 - 2　各组学习成绩的描述性结果（M ± SD）

| 变量 | 低英语语言技能组（n = 32） | | 高英语语言技能组（n = 32） | |
| --- | --- | --- | --- | --- |
| | 手势组（n = 16） | 非手势组（n = 16） | 手势组（n = 16） | 非手势组（n = 16） |
| 句子转换 | 6. 19 ± 1. 11 | 6. 44 ± 1. 03 | 8. 06 ± 1. 12 | 7. 63 ± 1. 03 |
| 理解能力 | 6. 19 ± 0. 83 | 6. 69 ± 0. 95 | 7. 94 ± 1. 18 | 7. 06 ± 1. 06 |

以英语语言技能水平和多媒体呈现条件为自变量，分别以句子转换和理解能力的成绩为因变量，进行两因素方差分析。结果表明，在句子转换的成绩上，英语语言技能水平的主效应显著 $F_{(1, 60)} = 32.59$，$\eta^2 = 0.35$，$p < 0.001$，高水

平组（7.84±1.08）的成绩显著高于低水平组（6.31±1.06）；多媒体呈现条件的主效应不显著（p>0.05）；两者的交互效应也不显著（p>0.05）。

在理解能力的成绩上，英语语言技能水平的主效应显著 F（1，60）=17.55，$\eta^2$=0.23，p<0.001，高水平组（7.50±1.19）的成绩显著高于低水平组（6.44±0.91）；多媒体呈现条件的主效应不显著（p>0.05）；两者的交互效应显著 F（1，60）=7.35，$\eta^2$=0.11，p<0.01。对交互作用做进一步的简单效应检验，结果表明，多媒体呈现条件的处理效应只在英语语言技能高水平上差异显著，F 高（1，30）=4.85，$\eta^2$=0.12，p<0.05，在英语语言技能低水平上的差异不显著（p>0.05）。当英语语言技能水平高时，手势组（7.94±1.18）的理解能力成绩显著高于非手势组（7.06±1.06）。

### 四、讨论与分析

本项研究我们考察了在英语多媒体学习环境下言语关联手势对学生学习效果的影响。从前测的结果来看，英语语言技能水平高低两组因为技能水平本身的差异，在难度估计上相应地也表现出差异，但与多媒体呈现条件并没有产生交互效应。总的来说，手势组与非手势组的学习结果没有受到学生的兴趣、求知欲等因素的影响，或这些因素对两个组的影响趋于相等。手势对认知负荷影响的主效应不显著，但这并不意味着手势对认知负荷就一定没有影响。根据统计学原理，当某个自变量的主效应不显著时，有可能是受到了交互效应的影响，交互效应可能会掩盖或歪曲该自变量的效应。果不其然，手势与英语语言技能水平的确存在交互作用。进一步的简单效应检验发现，当学生英语语言技能水平低时，手势增加了认知负荷；当学生英语语言技能水平高时，手势降低了认知负荷。

从英语多媒体学习效果的测量结果来看，手势对句子转换的成绩没有显著影响；在对理解能力成绩的影响上，手势与英语语言技能存在交互作用，当英语语言技能高时手势能提高理解能力的成绩，英语语言技能低时影响不明显。句子转换的测试题虽然不能直接从学习材料中找到现成的答案，可即使中学生有个别地方不太懂，但他们仍完全可以通过模仿而获知答案，因为它们不需要中学生进行深层次的认知加工。从前面的讨论我们知道，手势对言语的加工与词汇的提取具有重要作用，也就是说，手势只对需要深层次加工的知识起作用，而对表层知识并没有太大的帮助。所以，手势对句子转换的成绩没有显著影响，但对中学生需要掌握原理性内容的理解能力的成绩有一定的影响。

在英语多媒体学习中，学生听声音解说的同时，还要看着幻灯片中的内容。手势组的学生除了要观看句子转换的文本内容外，还得观察随着解说与文本内容而不断变化的手势，这可以使他们投入更多的注意力，但也可能分散他们的注意力。根据认知负荷理论，外在认知负荷主要与学习材料的组织与呈现有关。所以，幻灯片中手势的出现会导致外在认知负荷的增加。增加的外在认知负荷需要占据人的工作记忆容量，对于英语语言技能水平高的学生而言，他们可能有着相对充足的工作记忆容量，完全可以从容应对出现的所谓"双任务"。Barbieri 等的系列实验研究表明，手势和言语共享同一个交流系统，其相互作用的基础是语义一致性，[①] 而镜像神经元可以帮助两者完成信息的转化和传递。有研究发现，多媒体动画通过呈现手势或让学习者做出各种手势能激活人的镜像神经元（Mirror Neurons），从而促进学习，即使是对非动作任务，如数学或语法任务也是这样的。[②] 镜像神经元于 20 世纪末才被发现，一般认为人脑中存在的镜像神经元具有直觉和视觉思维的本质特征，它的功能与人类的认知能力、模仿能力密切相关。那些语言技能水平高的学生学习语法技能时，有足够的认知资源用于手势与言语之间的交流，并能有效激活镜像神经元，从而在一定程度上会降低学习材料的难度与复杂性，这就降低了内在认知负荷，也就降低了总的认知负荷。但对于英语语言技能水平低的学生而言，他们的工作记忆容量相对较少，容易产生"冗余效应"。一方面，对手势的加工提取需要心理努力并占据着他们一部分认知资源，这会干扰新图式的构建与强化，引发额外的认知负荷；另一方面，手势运用者很难保证每一个单独的手势都是有意义的，这样容易造成视觉通道的资源竞争，由此产生较高的认知负荷。

　　对于英语语言技能水平高的学生而言，手势的运用降低了认知负荷，使他们有足够的认知资源用于手势与言语之间的交流及词汇的提取。同时，他们还能充分发挥自己的主观能动性，把当前的学习内容与已有的认知结构或图式相结合，从而提高了理解能力的成绩。本研究中，理解能力主要是测试被试对句子结构、转换逻辑程序的理解，基于理解能力，中学生还可以触类旁通、举一反三，发生学习的迁移功效，因此学生理解能力的成绩与迁移成绩是密切相关的。DeLeeuw

　　① Barbieri, F., Buonocore, A., Dalla Volta, R. & Gentilucci, M. How symbolic gestures and words interactwith each other ［J］. Brain & Language, 2009（110）：1 – 11.

　　② De Koning, B. B. & Tabbers, H. K. Facilitating understanding of movements in dynamic visualizations: An embodied perspective ［J］. Educational Psychology Review, 2011（23）：501 – 521.

和 Mayer 认为，迁移成绩的高低可以作为判断相关认知负荷的指标。① 另外，手势对语言技能水平高的学生来说降低了认知负荷，从而使他们有可能对学习本身的内容投入更多的注意力。Cierniak 等和 Kalyuaga 都强调，注意力水平的高低也是与相关认知负荷密切相关的。② 可见，由于自身具备了较为丰富的先前知识经验，语言技能水平高的学生的内在认知负荷与外在认知相对较低，相关认知负荷则相对较高，而根据认知负荷理论，相关认知负荷是有效的认知负荷，是对学习有利的。对语言技能水平低的学生来说，手势的运用增加了他们的认知负荷，从理论上来说这会损害他们的学习。但在本研究中，手势对英语语言技能水平低的学生理解能力成绩的影响不明显，这可能是由于理解能力测试的题目对于他们来说还不太难，增加的认知负荷还没有造成较高负荷或超负荷，也就是说，虽然手势提高了他们的认知负荷，但还没有到影响他们理解能力成绩的程度。

当然，关于手势对句子转换与理解能力成绩影响不一致的原因除了以上分析之外，还可能是由于本研究中测试题本身内容的设计问题，或者还有其他的原因，这都需要进一步的研究证实。

### 五、结论

本文探讨了言语关联手势对英语多媒体学习环境中学习效果的影响，在本实验条件下得出以下结论：手势的运用有明显作用，对理解能力的成绩产生影响，但这些影响的大小和方向依赖于学生英语语言技能的不同水平。

---

① DeLeeuw, K. E. & Mayer, R. E. A comparison of three measures of cognitive load, evidence for separable measures of intrinsic, extraneous, and germane load [J]. Journal of Educational Psychology, 2008, 100 (1): 223 – 234.

② Kalyuaga, S. Cognitive load theory: How many types of load does It really need? [J]. Educational Psychology Review, 2011 (23): 1 – 19.

# 第五章　学习材料的背景颜色对中学生学习成绩的影响

## 一、研究背景

在物理学习环境中，学习材料的背景颜色是相对比较重要的一个要素。颜色在人们日常生活中是不可或缺的因素，它无时无刻地对人类生活产生影响与作用，它的存在对个体感知事物的影响也是非常显著的。Elliot 和 Maier 提出了颜色的背景理论，该理论认为，颜色传递一些含义，这些被传递的含义具有特定的背景，从而使颜色具有相应的心理功能。[①] Jiang 等认为，颜色不仅是视觉世界中比较显著的特征，还是具有象征性意义的传递者。[②] 已有研究中，直接探讨教学设计中背景颜色与认知负荷之间关系的文献还不多见，但有实证研究揭示了来自物理学习环境中的刺激会给中学生的工作记忆施加一定的影响。[③] 认知负荷的理论基础之一是工作记忆理论，工作记忆作为认知资源是有限的，对刺激的加工需要占用认知资源，占用的认知资源越多，认知负荷就越高，[④] 所以物理学习环境中的刺激势必会影响到认知负荷。另外，根据认知负荷理论，外在认知负荷与学习材料的组织或呈现方式有关，而学习材料的背景颜色作为任务呈现方式与教学设

---

① Elliot, A. J. & Maier, M. A. Color – in – context theory [J]. Advances in Experimental Social Psychology, 2012 (45): 61 – 125.

② Jiang, F., Lu, S., Yao, X., Yue, X. & Au, W. Up or down? How culture and color affect judgments [J]. Journal of Behavioral Decision Making, 2013, 27 (3): 226 – 234.

③ Choi, H. H., van Merrienboer, J. J. G. & Paas, F. Effects of the physical environment on cognitive load and learning: Towards a new model of cognitive load [J]. Education Psychology Review, 2014, 26 (2): 225 – 244.

④ 赵俊峰. 解密学业负担：学习过程中的认知负荷研究 [M]. 北京：科学出版社，2011：11 – 14.

计中的一个要素，对中学生的外在认知负荷可能会造成一定的影响。已有研究还表明，颜色对任务绩效也有重要影响。一些研究者发现冷色调比暖色调更有利于学习成绩的提高，如 Chellappa 等认为，蓝色光能提升个体主观意识，有利于以注意为基础的任务成绩的提高；① 而红色光会给具有挑战性的认知任务带来一定的干扰，与蓝色、绿色相比，红色背景下的智力测验成绩较低。② 另外的一些研究结果则不同，如 Plass 等的研究发现，与冷色调相比，暖色调能激发中学生的积极情绪，提高理解成绩。可见，以往研究结果存在一定分歧，可能由于颜色类别不同，还可能和任务类型不同有关。③

颜色知觉作为人类认知的一个重要方面，已经激起很多研究者探讨颜色对任务绩效的影响。有研究发现，物理环境中的一些线索，例如颜色，在个体低动机状态下，会直接影响信息加工策略，进而影响测试成绩；④ 关于市场消费心理的研究表明，与暖色（如橙色）相比，冷色（如蓝色）常常与更正面的产品评估、更高的购买意向、更强烈的购买倾向相联系。⑤ 至于为什么会发生这些颜色效应，以往研究还缺乏较为严谨的理论探讨。另外，以往关于冷暖色调影响认知任务绩效的研究中，还存在互相矛盾或不一致的地方。一些研究者发现冷色调（如蓝色）比暖色调（如红色）更有利于学习成绩的提高，如有研究发现，蓝色光能提升个体主观意识，利于以注意为基础的任务成绩；⑥红色光会给具有挑战性的认知任务带来一定的干扰，与蓝色、绿色相比，红色背景下的智力测验的成

①⑥Chellappa, S. L., Steiner, R., Blattner, P., Oelhafen, P., Gotz, T. & Cajochen, C. Non‑visual effects of light on melatonin, alertness and cognitive performance: Can blue‑enriched light keep us alert? [J]. Plos One, 2011, 6 (1): e16429.

② Smajic, A., Merritt, S., Banister, C. & Blinebry, A. The red effect, anxiety, and exam performance: A multistudy examination [J]. Teaching Psychology, 2014, 41 (1): 37－43.

③ Plass, J. L., Heidig, S., Hayward, E. O., Homer, B. D. & Um, E. Emotional design in multimedia learning: Effects of shape and color on affect and learning [J]. Learning and Instruction, 2013, 29 (2): 128－140.

④ Soldat, A. S., Robert, C. S. & Melvin, M. M. Color as an environmental processing cue: External affective cues can directly affect processing strategy without affecting mood [J]. Social Cognition, 1997, 15 (1): 55－71.

⑤ Babin, B. J., Hardesty, D. M. & Suter, T. A. Color and shopping intentions: The intervening effect of price fairness and perceived affect [J]. Journal of Business Research, 2003, 56 (7): 541－551.

绩较低。①②③ 另外的一些研究结果则不同。如 Hatta 等探讨了电脑屏幕颜色与任务绩效、情绪、心律之间的关系，结果发现，屏幕颜色虽然对情绪与心律没有影响，但蓝色光在高需求任务中会降低视觉任务绩效。④ Plass 等的研究发现，与冷色调（如灰色、黑色）相比，暖色调（如黄色、橙色）能激发学习者的积极情绪，提高理解成绩。⑤ 以往研究的这些分歧可能在于颜色的类别不同，还可能和任务类型不同有关。

鉴于背景颜色与学习之间的密切关系，它也应是教师进行教学设计时需要考虑的重要因素之一，但是教学实践中并不是所有教师都能很好地利用背景颜色来改进与提高自己的教学效果，一些教师甚至对此比较忽略。颜色的种类比较多，本研究拟选取红、蓝色背景进行研究。根据色彩学知识，红、蓝、绿三种颜色是基本色，是无法用其他的颜色混合而成的（林仲贤，2011）。⑥ 颜色按色温的高低可以分为暖色调与冷色调，红色在可见光谱中光波最长，在暖色调中排首位，可作为暖色调的代表；蓝色是最冷的色彩，可作为冷色调的代表。另外，红色和蓝色也是许多教师进行多媒体教学时常常采用的背景色。考察背景颜色对中学生学习成绩的影响还须考虑任务类型。本研究拟选用记忆测试问题与创造性问题，因为这是两种性质不同、比较典型的认知任务，前者属于聚焦性问题，后者属于开放性、发散性问题，具有一定的可比性。同时，它们也是学生经常要解决的问题及教师进行教学设计时需要考虑的重要问题。

综上所述，本研究的主要目的是探讨学习材料的背景颜色对中学生学习效果的影响，拟分别以红、蓝色为代表，探讨暖色调与冷色调背景对认知负荷及学习效果的影响差异，以便给教师进行教学设计提供参考。研究假设如下：①不同背景颜色对认知负荷及学习的影响是不同的，暖色调如红色会增加认知负荷，给学

①　Elliot, A. J., Maier, M. A., Moller, A. C., Ron, F. & Jorg, M. Color and psychological functioning: The effect of red on performance attainment [J]. Journal of Experimental Psychology: General, 2007, 136 (1): 154 – 168.

②　Houtman, F. & Notebaert, W. Blinded by error [J]. Cognitiion, 2013, 128 (2): 228 – 236.

③　Smajic, A., Merritt, S., Banister, C. & Blinebry, A. The red effect, anxiety, and exam performance: A multistudy examination [J]. Teaching Psychology, 2014 (41): 37 – 43.

④　Hatta, T., Hirotaka, Y., Ayako, K. & Masahiko, O. Color of computer display Frame in work performance, mood, and physiological response [J]. Perceptual & Motor Skills, 2002, 94 (1): 39 – 46.

⑤　Plass, J. L., Heidig, S., Hayward, E. O., Homer, B. D. & Um, E. Emotional design in multimedia learning: Effects of shape and color on affect and learning [J]. Learning and Instruction, 2013, 29 (2): 128 – 140.

⑥　林仲贤. 颜色视觉心理学 [M]. 北京：中国人民大学出版社，2011：210 – 220.

习带来干扰，冷色调如蓝色能降低认知负荷，促进学习；②背景颜色与任务类型有交互作用，即相同背景颜色对不同认知任务的影响是不同的。

## 二、研究方法

（一）实验设计

采用 2（学习材料的颜色背景：红色、蓝色）×2（任务类型：记忆测试问题，创造性问题）的多因素混合实验设计。其中，颜色背景为被试间因素，任务类型为被试内因素。因变量包括认知负荷指数、学习成绩与任务完成时间。

（二）被试

从某中学高二 10 个平行班 612 人中随机选取 80 人参与实验，平均年龄为16.12±0.98 周岁。其中男生有 43 人，女生有 37 人；文科有 32 人，理科有 48人。所有被试自愿参加，视力（或矫正视力）正常，均为右利手，没有色盲或色弱症，上学期各门课总分在 400~450 分，随机分配到红色组与蓝色组。

（三）实验仪器和测试材料

实验在联想台式电脑上进行，应用 Windows 7 系统，19 寸液晶显示器，1440×900pixels 分辨率，60Hz 刷新频率，RGB 色彩模式：红色（红色=255，绿色=0，蓝色=0），蓝色（红色=0，绿色=0，蓝色=255）。利用 E–prime 2.0 呈现测试题目，实现时间控制。

测试问题答卷与认知负荷主观评定均采用纸质材料呈现。

（四）实验程序

实验开始前，主试讲解实验的基本过程和注意事项，被试在了解指导语与实验流程后打开电脑，进入实验。先对被试的工作记忆容量进行测试，程序如下。先呈现第一个汉字或图形，然后分别呈现第二、第三个汉字或图形，当呈现第四个汉字或图形时要求被试判断是否与第一个汉字或图形相同，并做出按键反应。被试反应后继续呈现第五个汉字或图形，让被试判断是否与第二个字母相同并做出反应，以此类推。每个汉字或图形呈现的时间均为 500 毫秒。被试练习后进入20 次正式测试，要求在保证正确率的前提下尽快做出反应。每个实验组一半被试先做词语任务再做图形任务，另一半则相反。

被试在工作记忆容量测试后休息 2 分钟，然后进行认知任务测试。记忆测试问题的呈现程序如下。电脑屏幕中间出现一个"+"号，时间为 1 秒，提示测试开始，背景为红色或蓝色，然后以每字 3 秒的速度先后随机呈现 40 个中性汉字。

完毕后，停顿2分钟，要求被试在保证正确率的前提下，于90秒时间内尽快自由回忆出刚刚所看到的汉字，并把结果写在答卷纸上，系统同步计时。被试每回忆出一个汉字计1分。创造性问题要求被试在90秒内尽可能多地写出报纸的用途，系统同步计时。被试每写出一种符合实际的用途计1分。被试完成一类问题后，按任意键，计时停止，然后进行认知负荷测试。3分钟后，按回车键开始另一类问题测试，或结束实验。全部测试完成后，被试将获得一份小礼品。每个实验组一半被试先进行记忆测试后完成创造性测试，另一半被试则相反。整个实验过程大约为25分钟。

（五）统计分析

采用 SPSS 16.0 统计软件建立数据文件，并对数据进行描述统计、t 检验、方差分析、相关分析等。

### 三、结果分析

（一）被试的学习成绩情况

在两类不同任务类型下，红色组和蓝色组学习成绩的平均数与标准差如表 3-5-1 所示。t 检验结果表明，两个实验组在两类不同任务类型下的差异均显著，其中，在记忆测试问题上，红色组的学习成绩显著高于蓝色组（$t = 2.25$，$p < 0.05$，Cohen's d = 0.68）；在创造性问题上，蓝色组的学习成绩显著高于红色组（$t = -2.86$，$p < 0.01$，Cohen's d = 0.83）。

表 3-5-1　不同任务类型下被试学习成绩描述性结果及其差异比较（M ± SD & t）

| 任务类型 | 红色组（n = 40） | 蓝色组（n = 40） | t | p |
|---|---|---|---|---|
| 记忆测试问题 | 12.25 ± 3.24 | 10.15 ± 2.64 | 2.25* | 0.031 |
| 创造性问题 | 3.60 ± 1.10 | 4.65 ± 1.23 | -2.86** | 0.007 |

注：*表示 $p < 0.05$，**表示 $p < 0.01$。

（二）被试的任务完成时间状况

两个实验组分别在记忆测试问题与创造性问题上的任务完成时间的描述性结果如表 3-5-2 所示。其中，在记忆测试问题上差异不显著（$p > 0.05$），在创造性问题上差异显著，红色组的时间显著长于蓝色组 [$F(1, 38) = 5.10$，$\eta^2 = 0.12$，$p < 0.05$]，这与认知负荷的结果基本一致。另外，相关分析表明，被试任务完成的时间与认知负荷的皮尔逊相关系数为 0.52（$p < 0.05$）。

表 3 - 5 - 2　被试任务完成时间描述性结果及其差异比较（M ± SD & F）

| 任务类型 | 红色组（n = 40） | 蓝色组（n = 40） | F | p |
|---|---|---|---|---|
| 记忆测试问题 | 56. 43 ± 7. 60 | 54. 98 ± 7. 09 | 0. 39 | 0. 537 |
| 创造性问题 | 49. 58 ± 6. 92 | 45. 03 ± 5. 78 | 5. 10 * | 0. 030 |

注：* 表示 p < 0. 05，任务完成时间单位为秒。

## 四、讨论与分析

本研究发现，学习材料的背景颜色对学习成绩的影响较为显著，红色背景有利于记忆测试问题的解决，蓝色背景有利于创造性问题的解决。其原因可能是不同的颜色激发了不同的自我调节方式，而后者是预测学习效果的重要变量。[①] 根据调节定向理论，个体一般具有两种自我调节方式，即促进定向与预防定向。前者将期望目标状态表征为抱负和完成，更关注积极结果，后者则表征为责任和安全，更关注消极结果。[②] 红色通常让人联想起危险、错误或失败等，[③] 提醒人们防止消极结果的出现，可能会激发预防定向趋势；而蓝色总是与自由、开放相联系，促成积极结果的出现，可能会激发促进定向趋势。记忆测试问题对答案的要求明确，精确性较高，被试担心出错；创造性问题测试发散性思维，无固定答案，精确性不高。所以，红色激发的预防定向与记忆测试问题相匹配，有利于该类问题的解决；蓝色激发的促进定向与创造性问题相匹配，有利于该类问题的解决。这个结果也与以往研究一致，如有研究发现，促进定向能提高速度绩效与创造性，预防定向能提高精确性绩效；[④] 红色常常与危险、错误相联系，会诱发个体逃避失败的动机，使之变得警觉；[⑤] 红色会缩小注意范围，有利于细节性任

---

① 石伟. 浅析认知负荷教学设计理论的问题 [J]. 西南师范大学学报（自然科学版），2011，36（3）：287 - 291.

② 姚琦，马华维，乐国安. 期望与绩效的关系：调节定向的调节作用 [J]. 心理学报，2010，42（6）：704 - 714.

③ Kaya, N. & Epps, H. H. Relationship between color and emotion：A study of college students [J]. College Student Journal, 2004, 38（3）：396 - 405.

④ Forster, J. , Higgins, E. T. & Bianco, A. T. Speed/accuracy decisions in task performance：Built - in trade - off or separate strategic concerns? [J]. Organizational Behavior and Human Decision Processes, 2003, 90（1）：148 - 164.

⑤ Friedman, R. S. & Förster, J. Implicit affective cues and attentional tuning：An integrative review [J]. Psychological Bulletin, 2010, 136（5）：875 - 893.

务，而蓝色会拓宽注意范围，有利于探索性任务。① 研究结果的一致性表明，虽然颜色知觉存在一定的文化差异，但有共同之处，即红色有助于聚焦，蓝色有助于发散。鉴于红、蓝色分别为暖、冷色调的代表，本研究认为，暖色调（如红色）更有利于聚焦问题的解决，如记忆测试问题；冷色调（如蓝色）更有利于开放性问题的解决，如创造性问题。需要说明的是，为控制文字材料颜色的影响及其与背景颜色的交互效应，本研究中文字颜色采用中性色——黑色（RGB 色值均为 0），且文字材料少，所占面积小，呈现速度快。林仲贤认为，颜色识别依赖于表色面积的大小，表色面积越小，越难以识别。②

红色作为暖色，在所有的颜色中最鲜艳、最刺眼，给人的印象最深，是最显眼的色彩；而蓝色作为冷色，给人的感觉是美丽、文静、理智、安详与洁净，所以红色所引起的外在认知负荷一般高于蓝色。另外，Paas 等发现，学习者的情绪越积极，他（她）越愿意投入更多的认知资源，从而导致更高的认知负荷。③ Fraser 等的研究也发现，情绪与认知负荷之间的关系比较密切，人在心情平静的时候，认知负荷会低一些；④ 而人在兴奋或情绪激动时，认知负荷会高一些。根据以往的一些研究，红色与蓝色所引起的情绪是有一定差异的。Kaya、Epps 和 Elliot 等的研究发现，红色能引起热情、兴奋、爱与冒险等积极情绪，而蓝色作为冷色调，使人的心情趋于平静，通常让人联想起开放和自由，如天空和海洋。⑤⑥ 还有研究发现，暖色调比冷色调更能激发学习者的积极情绪。⑦ 所以，从两种颜色所激发的情绪来看，红色背景下的认知负荷要高于蓝色背景。那为什么

① Smeesters, D. & Liu, J. The effect of color (red versus blue) on assimilation versus contrast in prime – to – behavior effects [J]. Journal of Experimental Social Psychology, 2011, 47 (3): 653 – 656.

② 林仲贤. 颜色视觉心理学 [M]. 北京：中国人民大学出版社，2011：46 – 60，210 – 220.

③ Paas, F., Tuovinen, J. E., van Merriënboer, J. J. G. & Darabi, A. A. A motivational perspective on the relation between mental effort and performance: Optimizing learner involvement in instruction [J]. Educational Technology Research and Development, 2005, 53 (3): 25 – 34.

④ Fraser, K., Ma, I., Teteris, E., Baxter, H., Wright, B. & McLaughlin, K. Emotion, cognitive load and learning outcomes during simulation training [J]. Medical Education, 2012, 46 (11): 1055 – 1062.

⑤ Kaya, N. & Epps, H. H. Relationship between color and emotion: a study of college students [J]. College Student Journal, 2004, 38 (3): 396 – 405.

⑥ Elliot, A. J., Maier, M. A., Moller, A. C., Ron, F. & Jorg, M. Color and psychological functioning: The effect of red on performance attainment [J]. Journal of Experimental Psychology: General, 2007, 136 (1): 154 – 168.

⑦ Plass, J. L., Heidig, S., Hayward, E. O., Homer, B. D. & Um, E. Emotional design in multimedia learning: Effects of shape and color on affect and learning [J]. Learning and Instruction, 2013, 29 (2): 128 – 140.

在记忆测试问题上没有表现出这种差异呢？可能和任务类型及其认知负荷过高有关系。

学习材料的背景颜色还可能通过影响中学生的认知负荷而间接影响其学习成绩。本研究中，被试在解决记忆测试问题上可能会有一定程度的紧张，因为每个汉字呈现的时间只有 3 秒，事后还要求在较短的时间内回忆出较多的汉字。被试作为中学生，具有自我价值保护的倾向，防止自我价值受到贬低或否定，在这类测试中也力求获得较好的成绩。所以，被试在该任务呈现的过程中会一直集中注意力，眼睛紧盯着电脑屏幕，大脑还要在有限的时间内进行紧张的加工，付出的心理资源自然较高。在两种背景颜色下，记忆测试问题的认知负荷都显著高于创造性问题，前者的认知负荷平均数为 6.00，标准差为 1.46。认知负荷的最高分为 9 分，6 分也已经比其理论均值 4.5 分高出了 1.5 分，接近于高认知负荷了。在如此高的认知负荷条件下，颜色背景所带来的影响会被忽略掉。很多人可能有过这样的体验，自己在高度紧张的时候，对周围的人或声音会视而不见、听而不闻，甚至有时连别人叫自己的名字都没有听见，这就是因为在认知负荷比较高或超载时，会忽略掉周围环境的影响。而创造性问题是个开放性问题，没有固定的答案，而且报纸也是被试平时比较熟悉的事物，解决起来比较轻松，认知负荷相对较低。在这种情况下，背景颜色造成的影响差异就凸显出来了。

五、结论

从学习成绩上看，暖色调（以红色为代表）背景更有利于记忆测试问题的解决，冷色调（以蓝色为代表）背景更有利于创造性问题的解决。在解决创造性问题时，学习材料的背景颜色对认知负荷的影响显著，其中红色背景下的认知负荷显著高于蓝色背景。在解决记忆测试问题时，其影响不显著。

# 第六章　数字化校园背景下中学生创造性培养策略初探

关于创造性的研究始于 20 世纪 50 年代初，时任美国心理学会主席的吉尔福特（Guilford）教授在就职演讲时作了有关过去被长期忽视的研究主题——创造性（Creativity）的报告，呼吁心理学家们关注学生创造性的发现与培养。在此之后，心理学家们逐渐关注并探讨与创造性相关的问题。现在，创造性成为教育学与心理学研究的重要主题之一。关于创造性的概念，过去传统的创造性研究一般采用经典的二分法，即把创造性分为日常创造性与杰出创造性。日常创造性，也称为"小 C"创造性（Little‑C），这种创造性几乎人人都具有，包含的是普通人平常生活的各个方面；杰出创造性，也称为"大 C"创造性（Big‑C），即只有伟人才具备，能解决特别难的问题，创造出天才作品或取得巨大成就。二分法过于强调创造性的主体与静态性成果，限制了创造性的动态性与发展性，容易忽略学生的创造潜能。① 2009 年，美国学者考夫曼（Kaufman）和巴格托（Beghetto）在二分法的基础上提出了创造性 4C 模型。② 他们认为，除了以上两种创造性外，还存在另外两种，即"微 C"创造性（Mini‑C）与"专 C"创造性（Pro‑C）。"微 C"指学习过程中内在的创造性，表现为对经验、行动或事件所做的新颖且有个人意义的诠释；"专 C"代表任何领域里超越"小 C"但尚未达到"大 C"水平的专业创造性。该模型认为，每个人都具有创造性，并且都从微 C 开始，微 C 是所有人创造的起源。与二分法相比，创造性 4C 模型更关注创造的过

---

① 罗纳尔多·巴格托，詹姆斯·考夫曼. 培养学生的创造力［M］. 陈菲，周晔晗，李娴，译. 上海：华东师范大学出版社，2013：178－179.

② Kaufman, J. C. & Beghetto, R. A. Beyond big and little：The four C model of creativity［J］. Review of General Psychology，2009，13（1）：1－12.

程与潜力，基本上代表了个体创造性的发展轨迹，为我们对创造性培养的探讨提供了有价值的参考。

当今中国的社会与经济发展越来越依赖于社会各个领域的创新人才，国家竞争力的本质是创造性的竞争。那么，如何提高一个国家与民族的创造能力，尤其是如何在基础教育和高等教育中有意识地从课程到教学，从学校建设到校园环境，营造有利于创造性的培养、发挥及创造性人才成长的环境，已成为教育工作者共同关注的主题。

**一、心理学视阈下创造性培养的三种模式**

对于在教育教学中学生创造性培养与训练的思路，从心理学研究的角度看，主要包括以下三种模式：

（一）托伦斯模式

这种模式强调对学生的思维训练，培养学生的思维品质和思维习惯，其中包括一些"非智力因素"，如独立意识、批判精神与冒险精神等。倡导这一创造性培养模式的代表人物，国外有托伦斯（Torrance）、斯滕伯格（Sternberg）和伦科（Runco）等；国内有岳晓东、龚放等。该模式的起源最早可以追溯到吉尔福特，他提出的智力结构理论把发散思维作为创造思维的重要特征。为了便于研究，吉尔福特还以测量为目的给出了创造性的操作性定义，即认为创造性包括了以流畅性、灵活性、独创性和精致性为中心的发散性思维，对问题的敏锐觉察以及重新定义问题的能力。1966 年，美国心理学家托伦斯基于吉尔福特智力结构理论中的发散思维测验编制了闻名遐迩的托伦斯创造性思维测验，应用广泛，而且延续至今，堪称创造性研究中具有里程碑意义的创造。该测验主要从流畅性、灵活性、独创性和精致性四个方面评价个体的创造性思维，理论上主要测试的是学生的发散思维能力。在托伦斯创造性思维测验的感召和影响下，国内一些学者主张从创造性思维入手来培养学生的创造性。如岳晓东等认为，当今要开发学生的创造力，要着重从培养学生的发散思维能力、辩证批判思维能力、隐喻联想思维能力和有助于创造思维的人格因素入手;[①] 戴芸认为，一个人的批判性思维和创造性思维只有都经过了训练，他才可能发展出真正具备适应性的专家技能和创

---

① 岳晓东，龚放. 创造思维的行程与创新人才的培养 ［J］. 教育研究，1999，21（10）：9－16.

造力。①

（二）费尔德曼模式

这种模式基于费尔德曼（Feldman）提出的差异化发展创造理论。该理论认为，越是个性化的教育，越有可能培养出有独特知识结构、有鲜明特长和兴趣的孩子。该模式的代表人物除了费尔德曼以外，还有谢维尼纳（Shavinina）、帕金斯（Perkins）等。在这种理论指导下，学校在课程设置和教学上要为学生创造空间，鼓励他们根据自己的特长和兴趣对现实、知识和意义进行独特的建构，其最终目的是希望个体知识结构兴趣点的发展独特性能产生思维内容的新质。就学校课程学习而言，教育者需要着重考虑内容、过程的相互作用及学习效率，为学生设计较为超前的个性化课程。在物理和信息技术等专业性强的领域，课程设置的顺序与结构要能确保学生扎实地掌握学科知识，以便为学生形成"专C"创造性奠定知识基础。因为学生只有掌握了关于已有观点、模型、理论和工具的大量知识，使技术高度成熟后才能产生创造性。② 而对于文学、历史等外行人容易进入的领域，则应强调学科的概念结构，教师应提供足够的探索和探究式的学习机会，包括案例研究、课堂讨论、角色扮演等，安排足够丰富的、整合不同学科内容的主题活动，使学生可以开展自己感兴趣的又不完全符合课程规定的思维活动。

（三）索耶模式

这种模式强调真实情境中的实践活动对于创造性培养的重要性，鼓励学生通过参与特定领域（包括科学、音乐、美术、写作等）的创造实践活动，培养与之相关的学习行为习惯，从而形成某种专长，最后形成具有创造新的理念与方法，并产生新产品的能力。该模式的代表人物主要有索耶（Sawyer）、维斯伯格（Weisberg）、基依（Gee）等。值得注意的是，这一思路认为，创造性受制于具体领域的实践模式和思维模式，也就是说，个体在某一领域表现出的创造性很难迁移到其他的领域，创造性的领域是具体的，是与真实的情境相联系的。创造性不会像唯心主义者所宣称的那样全部发生在人的头脑中，而是发生在努力完成工作的过程中，所以我们需要关注创造性过程，而不仅仅是创造性产品，有时前者甚至比后者更为重要。创造性不是灵感的迸发，它从来就是个体有意识努力工作

① ［美］戴芸. 超常能力的本质和培养［M］. 刘倩，译. 上海：华东师范大学出版社，2013：141.

② Sternberg，R. J.，Kaufman，J. C. & Pretz J. Z. The propulsion model of creative contributions applied to the arts and letters ［J］. The Journal of Creative Behavior，2001，35（2）：75 – 101.

的结果。布朗（Brown）曾对 26 名专业的创造性作家进行了一系列的深度访谈和观察，结果发现作家在独立、自主、才智、灵活性、言语流畅性、概念化思维等人格特质的测量上比一般大众的得分更高。① 也有研究发现，具有创造性的科学家往往具有强烈的自信心、进取心，自我依赖感强，大五人格中的尽责性与经验开放性都要高于普通大众。这表明，长期从事特定领域创作的个体一般都会形成创造性人格，而这种人格特质对于创造性来说是必须的。

## 二、信息化时代下中学生创造性培养的具体策略

人类进入 21 世纪后，信息技术越来越渗入到社会生活的各个领域，互联网随处可见，手机、笔记本电脑、游戏机等科技产品逐渐装进了人们的口袋，在改变人们生活的同时，也在改变着人们传统的学习方式。中学生作为国家与社会未来的主人，其创造性及创造性思维的培养应受到格外的重视，中学的教育教学也应适应信息化时代的特点及要求，采取有针对性的策略。

（一）以网络为平台建立知识建构的学习共同体

美国心理学家布鲁纳的认知结构学习理论认为，新知识的获得是以已有的有关知识和经验所构成的认知结构为基础，是一种主动的、积极的认知过程，学习的本质就是"再创造""再建构"的过程。在数字化时代，学生获得知识和信息的渠道更加方便、快捷、多样，学生的学习已经不像过去一样完全依赖教师，因此，要培养学生的创造性，教师的职能面临转型，应从传授知识为主转化为启发学生思维方式为主。基于该理论，近些年来一些学者提出了较为著名的教学模式，如布朗 1997 年提出的"促进学习共同体"（Fostering Communities of Learning），斯卡德梅利亚和布莱特（Scardamalia & Bereiter）2006 年提出的"知识建构"（Knowledge Building）和戴（Dai）2012 年提出的"创造性知识工作"（Creative Knowledge Work）。② 这些教学模式的共同特点就是都注重学生互动，把学生已有的知识和思维的外显特征作为深入探讨的契机，促进学生新知识的建构。

网络不仅仅是娱乐、信息沟通的平台，我们完全也可以把它打造成为学习共

---

① 索耶·R. 克赛. 创造性：人类创新的科学［M］. 师保国等，译. 上海：华东师范大学出版社，2013：369 - 371.

② Zhang, J. Design adaptive collaboration structures for advancing the community's knowledge ［M］// D. Y. Dai et al., Design research on learning and thinking in educational setting：Enhancing intellectual growth and function. New York：Routledge，2012：201 - 224.

同体的平台。中学生可以在教师的指导下，通过 QQ 群、博客、论坛、微信的朋友圈等网络媒介，针对课堂上学习的内容或以社会生活中出现的某热点事件为专题展开讨论，教师以群主或管理员的身份对大学生的讨论进行引导、启发。中学生以自己的知识经验为背景对讨论的专题发表自己的看法、观点，并与其他同学的看法、观点交流，其结果可能是互相取长补短，共同提高，但也有可能观点相左，互相碰撞，产生激烈的冲突，最终产生思想的火花。在讨论的过程中，教师可以采取头脑风暴法，鼓励学生提出各种各样的想法，甚至包括离奇、荒唐可笑的想法，只要它还有一点合理的成分，有一线导致创造的希望，都不要拒绝、讽刺或挖苦。因为这其中可能就包含上述所说的"微 C"创造性的成分，它是一切创造性的起源和动力。这种以网络为平台建构的学习共同体本质上与托伦斯所倡导的思维训练模式及布鲁纳的认知结构学习理论是一致的，强调学习是主动思考、探索、解惑的过程，而不是被动吸纳的过程。在这个过程中，学生的思维得到训练，新知识得以建构，创造性得到培养。

（二）充分利用现代数学化教学资源

信息化时代也在深刻改变着教师的教学方式。当前，在课堂上，通过电子科技和网络来传递或支持教学，已经成为教学中的常规模式，或者是纯粹的电子教学，或者是实体教学中的一部分。虽然，目前还没有关于电子教学能提高学生创造性的证据，但我们有理由相信，这样的教学有助于营造更多的创造性活动从而增强学生的创造性。有研究表明，参与性活动能够为创造性的发展营造良好的环境。[①] 当前的数字化环境虽然为创造性的培养提供了各种机会，但问题是如何利用数字科技来提高学生课堂上的参与性？如果数字学习环境没有得到有效的整合，会使学生的生活环境和学校环境之间产生鸿沟，割裂学生的学习与生活之间的密切联系，从而不利于学生创造性的培养。

沃德和索诺邦（Ward & Sonneborn）的研究发现，虚拟世界中的游戏背景能够高度激发学生的动机和注意力，能够促进创造性以及与他人合作等多方面。[②] 网络的优势并不仅在于对时间与空间的超越，更在于，数字资源比传统的纸笔教学更能促进学生在课堂上的合作学习。寓教于乐才能激发学生的兴趣与动机，所

① Beghetto, R. Does creativity have a place in classroom discussion？Prospective teachers' response preferences [J]. Thinking Skills and Creativity, 2007, 2 (1)：1 - 9.

② Ward, T. B. & Sonneborn, M. S. Creative expression in virtual worlds：Imitation, imagination and individualized collaboration [J]. Psychology of Aesthetics, Creativity, and the Arts, 2009, 3 (4)：211 - 221.

以，只有学生在课堂上积极参与，处于一个高度的信任环境中，与他人合作的愿望得到极大的满足，其想象力及其创造性潜力才能得到有效的激发。同时，教育工作者还要去思考，如何利用互联网以及网上的内容来扩充学生的学习资源，使之从传统的学习跨越到现代的数字学习。

（三）注重学生非正式与偶发的学习

在信息化时代，每个人都能随时从网络和手机获取大量信息和有用的知识，"正式"教育和"非正式"教育之间的界限已变得非常模糊，这也就意味着如今学校并不是学生唯一的，或者不是最重要的学习场所。在此背景下，美国成人教育学者马席克和瓦特金斯提出了非正式学习与偶发学习理论。[①] 他们通过非正式与偶发学习的反义词——正式学习来界定它，认为正式学习是由典型的学习动机发起的、基于课堂的、组织严密的学习，而非正式学习与偶发学习可能在学习机构中发生，也有可能不在，但不是典型的基于课堂的、组织严密的学习，学习的主动权主要在中学生手中。创造性的培养不是一蹴而就，是需要日积月累的，所以我们应鼓励大学生注重日常的非正式与偶发的学习。

如今，网络学习与体验学习就是两种比较有代表性的非正式与偶发的学习。网络学习是一种新的依靠信息技术的学习方式，将逐步取代传统的旧的学习模式，这种新的学习方式的主要特点是个人化、定制化，学习内容与学习时间完全由中学生自己控制，还能和其他中学生之间产生互动。体验学习是人类最基本的学习形式之一，是指在反复实践中的内省体察，是通过中学生自觉或不自觉的内省积累而把握自己的行为情感，认识外在世界，主要应用于情感、态度的学习，如艺术、品德教育、文学等都包含大量体验学习的内容，对于学生创造性的培养也是大有裨益的。

（四）激发创造性的环境

毋庸置疑，创造性的培养需要良好的环境，就像大自然的花草一样，需要环境提供适宜的温度、湿度等条件才能茁壮成长。中国心理学会前任理事长林崇德指出，创造性人才的成长需要民主和谐的文化环境、教育环境、社会环境和资源环境等。[②] 对于学生而言，教师在创新性培养过程中发挥着重要的作用。一个人的成长可能要经历不同的发展阶段，但任何人在特定的阶段都要接受教师的激

---

① 曾李红，高志敏. 非正式学习与偶发性学习初探 [J]. 成人教育，2006, 26（3）: 3-7.

② 林崇德，胡卫平. 创造性人才的成长规律和培养模式 [J]. 北京师范大学学报（社会科学版），2012, 57（1）: 36-42.

发、熏陶、欣赏与培养。中小学教师一般给学生的创造性发展以启蒙作用，以课堂教学为培养的主渠道，以教师的人品、气质等影响学生的创新精神。大学教师主要为学生提供良好的专业资源，用人格魅力激发学生，引领学生探讨相关领域的前沿，做学生今后取得重要创新成就的引导者。

倪佳琪等曾调查了461名来自中德两国的教师，发现虽然中德教师对于创造性学生本质的认知基本一致，但中国教师在对学生创造性特征的认可程度、想象力与挑战权威上比德国教师的得分低。[①] 在实际的教育教学过程中，教师即使掌握了科学的教育方法，但如果对高创造性学生采取不认可的态度，将会使创新教育的效果受到不良影响。美国教育心理学家托伦斯提出的教师鼓励学生创造性思维应当遵循的五条原则，对于当今大学生创造性培养仍有重要的借鉴作用。这五条原则是：①尊重学生提出的任何幼稚甚至荒唐的问题；②欣赏学生表现出的具有想象与创造性的观念；③多夸奖学生提出的意见；④避免对学生做出的事情给否定的价值判断；⑤对学生的意见有所批评时应解释理由。[②] 高校教师的责任是启发、协助、鼓励大学生主动地、独立地去发现问题、分析问题和解决问题；要经常鼓励学生的创造性行为，不要预先树立是与非、对与错的绝对权威。在当今数字化时代，要培养大学生的创造性，高校教师还要改变传统观念与对学生评价的陈旧标准，提高对学生创造性特征的认可度，给大学生创造一个心理上安全的、自由的学习环境；在对学生的测评上，不仅要考察其知识及其反映的智力水平，还要加大对学生创造性，尤其是创造性人格等非智力因素的考察，对学生进行多元化的评价。

① 倪佳琪，芦咏莉，刘霞．中德教师的创造性学生观和创造性培养观的比较研究［J］．教师教育研究，2013，25（3）：92-96.

② 刘国权，孙崇勇，王帅．高等教育心理学［M］．长春：吉林大学出版社，2013：95-99.

# 第七章　中学生创造性 4C 认知量表中文版的信效度检验

前面我们了解了，中学生的创造性可以分为"大 C""小 C""微 C"和"专 C"。其中，"微 C"创造性的提出大大拓展了当代创造性的概念，更关注学生在学习某种新主题时所具有的内在创造性，从而能保证学生的创造潜力得到开发，而不至于被忽略。"专 C"创造性主要指任何创造性领域里表现出来的专业水准，它代表了超越于"小 C"而又没有达到"大 C"水平的发展性进步，如美术设计员把某种构想或计划通过一定的审美观念和表现手法使其视觉化、形象化的创作过程等。"专 C"创造性可以用来解释这些没有达到杰出创造性水平的专业创作活动。

Kaufman 和 Beghetto 认为，创造性的研究一般有两个途径：一个途径是研究者提出的关于创造性的外显理论，如 Guilford 的智力结构理论、Sternberg 等的创造性投资理论等；另一个途径是探讨非研究人员对于创造性的认知，也就是向一些非专业人士提出一些关于创造性的问题。[①] 这些问题有可能是直接的，如直接询问创造性的定义；也有可能是间接的，如通过评估描述有关产品、人物或过程的语句所表现出的创造性，挖掘非专业人士对创造性的内隐认知。一般来说，创造性总是带有一些神秘主义的色彩，所以人们往往很容易重视"大 C"而忽略"小 C"的重要性。岳晓东曾调查了北京、广州、香港、台北大学生对创造性人才的认知，结果发现，四地的大学生皆首推政治名人，次推科技界名人，最不被

---

① Kaufman, J. C. & Beghetto, R. A. Do people recognize the four Cs? Examining layperson conceptions of creativity [J]. Psychology of Aesthetics, Creativity, and the Arts, 2013, 7 (3): 229 – 236.

看重的创造性人才是艺术界和音乐界名人。① 这表明，四地的大学生主要从政治、科技的成就角度看待创造性表现，而很少从其他学科的角度看待这一问题。也就是说，四地的大学生比较重视"大C"，而不太重视"专C"。"微C"因为涉及个体内部创造性的心智过程，以个体独特的洞察力与解释力为主要表现形式，可能更容易被人们所忽视。

创造性"4C"模型认为，每个人都具有创造性，并且都是从"微C"开始，"微C"是所有人创造性的起源，没有"微C"就没有"大C"。在一般情况下，"微C"可以转变为"小C"，只有非常少的人能从"微C"直接跳跃到"专C"，大部分人都要经历一个长期的过渡期才能进入到"专C"，而在非常特殊的情况下，"专C"才有可能转变为"大C"。所以，"大C"的形成往往离不开"微C"的最初发现、"小C"的技能技巧发展及"专C"才能的磨炼，这也符合量变与质变相互转换的哲学原理。创造性"4C"模型基本上代表了个体创造性的发展轨迹。中学生作为社会的一个特殊群体，是未来推动社会发展的栋梁之材，其创造性的程度对于国家、民族的兴旺发展具有重要的作用，而大学生关于创造性的认知对他们的日常生活、学习与工作以及创造性培养、创造潜能的激发都有着重要的影响。那么，作为重要的创造性主体之一，当代大学生是否知晓与理解创造性的各种类型与水平，这有待作进一步的研究。关于创造性"4C"认知的测量，目前只发现由Kaufman和Beghetto基于创造性"4C"模型而编制的创造性"4C"认知量表（Perceptions of Creativity 4C Scale，PC4CS）。② 鉴于该量表目前在中国大陆还没有人使用，为了使研究结果更加可靠和更具科学性，需要先对其进行翻译与修订。关于量表的具体情况在对象与方法部分中再做介绍。本研究的主要目的就是对创造性"4C"认知量表进行初步的修订，并进行信、效度的检验，以便进一步探索创造性"4C"理论在中国本土文化中的适用性。

## 一、对象与方法

### （一）量表简介

PC4CS英文量表最初由20个题项组成，其中前16个题项代表创造性"4C"

①　岳晓东. 两岸四地大学生对创造力特征及创造力人才的认知调查［J］. 心理学报，2001，33（2）：148 – 154.

②　Kaufman, J. C. & Beghetto, R. A. Do people recognize the four Cs? Examining layperson conceptions of creativity［J］. Psychology of Aesthetics, Creativity, and the Arts, 2013, 7（3）：229 – 236.

的四个维度即"大 C""专 C""小 C""微 C",每个维度 4 个题项。每个题项都是描述有关产品、人物或过程的语句,如"创造性天才""具有传奇色彩的创造性作品"等,要求被试根据自己的真实感受评价每个语句所表现出的创造性程度,采用 likert5 级评分(1 = 完全没有创造性,2 = 不太有创造性,3 = 不确定,4 = 比较有创造性,5 = 非常具有创造性)。为了探讨公众对低水平创造性与无创造性在认知上有无差异,该量表还增加了代表无创造性(以下简称无 C)维度的 4 个题项。Kaufman 和 Beghetto 首先用探索性因素分析考察了这 20 个题项,结果提取 3 个公因子,第 1 个公因子 10 个题项,包括"大 C"4 个、"专 C"4 个、"小 C"2 个(有 2 个小 C 题项负荷小于 0.40 被删除);第 2 个公因子 4 个题项,即"无 C"的 4 个题项;第 3 个公因子 4 个题项,即"微 C"的 4 个题项。验证性因素分析的结果表明,3 因素模型的拟合指标不太理想,$\chi^2$(132) = 543.61,p < 0.001,RMSEA = 0.068;CFI = 0.88,TLI = 0.86。于是,为了使量表的结构与创造性"4C"模型更趋一致,他们把公因子 1 拆分成两个维度,即大 C 维度和专 C/小 C 维度,再做验证性因素分析。结果表明,4 因素模型的拟合指标比较理想,$\chi^2$(129) = 378.96,p < 0.001,RMSEA = 0.053;CFI = 0.93,TLI = 0.91。所以,最终的量表包含 18 个题项,分为四个分量表,即"大 C""微 C""无 C"分量表各 4 个题项,"专 C"/"小 C"分量表 6 个题项。

(二)翻译过程

中文量表的翻译过程是:先由笔者与一名心理学教师分别将英文版量表翻译成中文,为了保证遵循原意,尽量做到直译;然后讨论分析两人的翻译结果,反复斟酌修改每个语句,确定中文版量表;再请一位大学英语教师将中文版量表回译成英文,与原量表进行比对,检查其差异与不一致之处,进行修改,最大程度保证回译稿与原文无内容理解和内涵方面的实质性出入,最终形成本研究所使用的 PC4CS 中文版(Perceptions of Creativity 4C Scale – Revised China,PC4CS – RC)量表。

(三)被试

从吉林某省级中学中随机整群抽取大学生 940 名,其中男生有 354 人,女生有 586 人;年龄在 15 ~ 18 岁,平均年龄为 16.74 ± 0.98 岁;高一有 376 人,高二有 348 人,高三有 216 人;文科专业有 483 人,理科专业有 457 人。随机把被试分为两半,一半(470 人)做探索性因素分析,另一半(470 人)做验证性因素分析。

（四）统计方法

采用 SPSS 20.0 统计软件进行数据的录入、探索性因子分析和信、效度检验，同时采用 AMOS 20.0 软件进行验证性因素分析。

## 二、结果与分析

（一）项目分析

采用探索性因素分析的方法对量表的各个维度进行探察，KMO = 0.83，巴特利特球形度检验的统计量 $\chi^2 = 2337.59$，df = 153，p < 0.001，表明量表的各题项适合做因素分析。公因子提取的标准为：①因素的特征根大于或等于1；②因素须符合陡阶检验；③抽取出的因素在旋转前至少能解释3%的总变异；④每个因素至少包含 3 个以上的题项；⑤因素具有命名解释性。考察因素负荷矩阵，经方差极大法正交旋转后，a2（F1：0.51，F3：0.51）、a4（F3：0.50，F4：0.42）、a8（F3：0.43，F4：0.40）三个题项在两个因子上的负荷为 0.40~0.51，负荷差小于 0.2 被淘汰。结果，共提取出 4 个因子，保留 15 个题项，题项与因子之间的对应与原量表完全一致，4 个因子的累计方差贡献率为 55.22%（见表 3 - 7 - 1）。

表 3 - 7 - 1 创造性"4C"认知量表各维度的项目及因素负荷（n = 470）

| | F1："大C" | | F2："无C" | | F3："专C"／"小C" | | F4："微C" | |
|---|---|---|---|---|---|---|---|---|
| | 项目 | 因素负荷 | 项目 | 因素负荷 | 项目 | 因素负荷 | 项目 | 因素负荷 |
| | a1 | 0.71 | a5 | 0.73 | a3 | 0.63 | a9 | 0.71 |
| | a6 | 0.81 | a10 | 0.81 | a7 | 0.51 | a13 | 0.76 |
| | a11 | 0.71 | a14 | 0.78 | a12 | 0.61 | a17 | 0.67 |
| | a15 | 0.65 | a18 | 0.64 | a16 | 0.58 | — | — |
| 特征根 | 4.12 | | 3.52 | | 2.75 | | 2.37 | |
| 贡献率（%） | 17.82 | | 15.24 | | 11.90 | | 10.26 | |

（二）验证性因素分析

为了检验测量的模型是否与理论模型相吻合，使用验证性因素分析对测得的数据进行分析，结果如表 3 - 7 - 2 所示。

表 3 - 7 - 2 创造性4C认知量表验证性因素分析的各项拟合指数（n = 470）

| $\chi^2$ | df | $\chi^2$/df | RMSEA | GFI | AGFI | NFI | CFI | IFI |
|---|---|---|---|---|---|---|---|---|
| 178.10 | 84 | 2.12 | 0.049 | 0.95 | 0.93 | 0.91 | 0.95 | 0.95 |

从表 3 - 7 - 2 的数据看，$\chi^2/\mathrm{df} < 3$，RMSEA $< 0.05$，其余指标均达到 0.90 以上，说明测查数据对原量表的理论构想有较好的拟合。各因子间的标准路径系数在 $0.10 \sim 0.54$（"无 C"与"大 C"除外），因子内部标准路径系数在 $0.42 \sim 0.94$（见图 3 - 7 -1）。

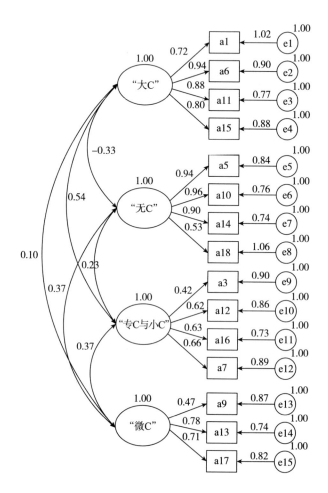

**图 3 - 7 - 1　创造性"4C"认知量表验证性因素分析模型**

（三）信度、效度分析

经计算，PC4CS 中文版的 Cronbach's $\alpha$ 系数均为 0.85，各分量表 $\alpha$ 系数均在 $0.72 \sim 0.81$。随机选择 100 名被试（男生有 42 名，女生有 58 名）做间隔四周的前后测，通过对前后测皮尔逊积差的统计，得到量表的重测信度系数 $r = 0.82$

（p < 0.05），各分量表的重测信度均在 0.75 ~ 0.80。各种信度均大于 0.7，达到测量学标准。

采用结构效度对创造性 "4C" 认知量表的效度进行考察。根据心理测量学家 Tuker 的理论，构造健全的项目所需要的项目和测验的相关在 0.30 ~ 0.80，项目间的组间相关在 0.10 ~ 0.60。本研究中，各分量表之间的相关系数在 0.10 ~ 0.60（"无 C" 与 "大 C" 除外），各分量表与总分之间的相关在 0.53 ~ 0.74（见表 3 - 7 - 3），与 Tuker 的理论相符，表明本量表的结构效度较好，体现了量表建构所依据的理论维度。

表 3 - 7 - 3　创造性 "4C" 认知量表的结构效度（r）

| 项目 | "大 C" | "专 C/小 C" | "微 C" | "无 C" | 总分 |
|---|---|---|---|---|---|
| 大 C | 1 | — | — | — | — |
| 专 C/小 C | 0.38 ** | 1 | — | — | — |
| 微 C | 0.10 * | 0.25 ** | 1 | — | — |
| 无 C | - 0.26 ** | 0.19 ** | 0.60 ** | 1 | — |
| 总分 | 0.54 ** | 0.74 ** | 0.62 ** | 0.53 ** | 1 |

注：* 表示 p < 0.05；** 表示 p < 0.01。

从以上的结果来看，修订的 PC4CS 中文版与原量表框架一致，具有较好的信、效度，符合心理测量学的基本要求，可以作为测量工具进行调查。

### 三、讨论与分析

探索性因素分析的结果支持了 Kaufman 和 Beghetto，2013 年编制的 PC4CS 量表中四因素的结构假设，但在题项的数量上有点变化。其中，a2（"被卖到全国各地的创意产品"）、a4（"对创造者来说比较新颖的构想，即使对别人来说不新颖"）、a8（"一些人愿意购买的创意产品"）三个题项虽然负荷高于 0.4，但因两个因子的负荷差小于 0.2 被删除，这表明这几个题项的区分度不够，不具有相对的独立性。造成这一结果的原因可能是，虽然我们的翻译力求忠实地传达原文的本意，但由于文化背景的差异，被试对同一句话或同一个词如创意产品的理解可能存在差异，或者是被试更关注语句的前半部分或后半部分，从而影响了被试对语句的整体意义的关注和理解。所以，如何更为恰当地表达还需要进一步思考和探讨。此外，探索性因素分析的结果还表明，中学生能认知并能区分各种水平的创造性，即"大C""微C""专C"/"小C""无C"。这为创造性四分法提供了较为基础的证据，尤其是为微C创造性作为创造性的一种独特而合理的组成部分这一理论推断提供了实证基础。可见，"微C"具有自身的独立地位，与"无C"有一定的区别，也表明人们普遍欣赏的个人洞察力，即使是个体在日常生活中在特定情境下出现的一丝喜悦都可能蕴含着某种创造过程。

美国学者 DeVellis 提出，同质性信度系数 α 值为 0.70 ~ 0.80 相当好，为 0.80 ~ 0.90 非常好。[①] 根据这个标准，本次修订的 PC4CS 中文版具有比较好的内部一致性。从结构效度看，PC4CS 中文版的各维度与总分之间的相关系数均高于各维度之间的相关系数，且符合 Tuker 的心理测量学理论，这表明各维度既能对总量表做出贡献，同时又能保持一定的相对独立性，体现了 PC4CS 中文版较好的结构效度，是与量表建构所依据的创造性"4C"理论模型相吻合的。同时，验证性因素分析的各项指标均比较理想，我们可以认为，测量数据能够支持量表的理论构想。从另一角度看，验证性因素分析也是对量表结构效度的考察。但是，由于没有找到合适的效标，因此无法对量表的效标关联效度进行检验，这是本研究的局限之一，期待后续的研究做进一步的验证。总的来说，本研究修订的 PC4CS 中文版与原量表框架一致，符合量表建构所依据的理论模型，具有较好的信、效度，符合心理测量学的基本要求，可以作为测量工具使用。

## 四、结论

本研究修订的 PC4CS 中文版与原量表框架及创造性"4C"理论模型一致，分为"大C""专C"/"小C""微C""无C"四个维度，为创造性四分法特别是微C的存在提供了较为基础的证据。该量表具有较好的信效度，达到心理测量学的基本要求，可以在中国大陆作为测量中学生的创造性"4C"认知工具使用。

---

① DeVellis, R. F. Scale development：Theory and applications［M］. Applied Social Research Methods Series 26，Sage：Publications，2003.

# 第四篇　认知负荷专题

　　自 20 世纪 80 年代末澳大利亚认知心理学家 Sweller 较为系统地提出认知负荷理论以来，国内外学者对认知负荷的研究方兴未艾。毫无疑问，认知负荷理论在近年来已经成为教育心理学较具影响力的理论框架之一，一些教学设计领域已经广泛地将认知负荷理论作为理论框架。到现在为止，认知负荷理论还具有强大的生命力，有着广阔的发展前景，开展认知负荷的应用研究对于加强学习者的认知负荷管理、指导教师的教学设计具有重要的理论与应用价值。本篇主要介绍了近些年来中学生认知负荷研究的进展，包括认知负荷测量方法的现状与发展趋势、认知负荷主观评价量表比较、认知负荷的影响因素及其在数学教育教学中的运用等问题。

# 第一章 认知负荷理论及其对中学数学教育的启示

　　认知负荷理论起源于20世纪80年代，20世纪90年代迅速发展，成为认知加工与教学设计的主要框架理论。最早提出认知负荷理论的是澳大利亚心理学家斯威勒。他以工作记忆理论、认知资源理论、注意理论和建构主义理论为基础，认为认知加工要投入一定的心理努力，承载一定的负荷，占用一定的认知资源，认知是要负载运行的。在他看来，认知负荷就是指学生在完成特定学习任务过程中所消耗的心理资源的总量，人的认知资源总量是有限的，而任何学习和问题解决活动都要消耗认知资源，都有可能造成认知上的负荷。因此，认知负荷理论强调在教育过程中控制认知负荷，即最大限度地降低阻碍学习的认知负荷，优化促进学习的认知负荷，使中学生合理地利用有限的认知资源，达到最好的学习效果。总的来说，认知负荷理论的发展及相关领域的研究对教育、教学及学生的学习具有重要的理论价值与实践意义。认知负荷理论是在一系列现代认知心理学理论基础上发展起来的，教育与教学实践是它保持强大生命力的源泉，丰富的实证研究成果给教育实践带来了富有价值的启示，也将带动教育实践进行切实可行的变革。

## 一、认知负荷的类型

　　在斯威勒之后，许多心理学家不懈的努力使认知负荷理论逐渐得到完善。根据认知负荷的来源及性质，斯威勒等把认知负荷分有三大类，即内在认知负荷、外在认知负荷和相关认知负荷，三种认知负荷相加就是认知负荷总量，即总的认知负荷。

（一）内在认知负荷

内在认知负荷主要受中学生学习材料的复杂性和中学生先前知识的影响。中学生所学材料的信息要素越多，交互作用越大，先前的知识经验越少，占用的内在负荷就越高；相反，学生的学习材料越简单，信息要素越少，要素之间的交互作用越小，先前的知识经验越丰富，引发的中学生的内在认知负荷就越低。帕斯等认为，学习材料所包含的信息要素及信息要素间的交互作用一般是学习材料本身所固有的，或者说是客观存在的，这是无法通过操纵教学而加以改变的。[①] 这也就是说，只要学习材料一定，内在认知负荷是固有的、稳定的。我们知道，人类的工作记忆容量是有限的，而人们所学习的材料信息要素及要素间的相互作用总是会大大超过这个容量，那人类是怎样进行学习的呢？这就需要借助于人类无限容量的长时记忆。长时记忆中贮存了大量的图式，这些图式在必要时可以被提取到工作记忆中。图式指围绕某一个主题组织起来的知识表征和贮存方式。人的一生要学习和掌握大量的知识，这些知识并不是杂乱无章地贮存在人的大脑中的，而是围绕某一主题相互联系形成一定的知识单元，这种单元就是图式。可见，中学生大脑中贮存的图式代表了其先前的知识经验。如果一个中学生对学习材料所涉及的领域有较为丰富的专业知识，那么他可以很快地将这些材料纳入已有的图式中，或者与这些图式建立联系，工作记忆所要加工的元素就很少了，就会减轻工作记忆的负担，产生较低的内在认知负荷。反之，如果中学生在该领域的专业知识较为贫乏，他在同一时间内需要同时加工更多的材料，工作记忆的负担就较重，产生的内在负荷也就较高。这就可以很好地解释某一个领域的专家学习该领域的新知识比新手更快、更容易。

（二）外在认知负荷

外在认知负荷也称无效认知负荷，主要与学习材料的组织和呈现方式有关，是由学习过程中对学习没有直接贡献的心理活动引起的。一般来说，教学活动中信息传递渠道不畅通、教学设计差、学习活动方式越复杂，引起的外在认知负荷就越大。在学习中，学生要分配一定的认知资源去加工所学信息的呈现方式、教与学活动的组织形式等。这些外在认知负荷对学习无利，教与学组织得越差，外在认知负荷就越大，学习的效率就越低。可见，外在认知负荷与现代教学设计的

① Paas, F., Renkl A. & Sweller. Cognitive load theory and instructional design: Recent development [J]. Educational Psychologist, 2003, 38 (1): 1-4.

·202·

联系相当密切。现代教学设计主要是从外在认知负荷着手，教学设计的优化就是要尽量减小因教学程序、组织形式、知识呈现方式以及呈现的媒体而产生的认知负荷，从而让学生把有限的认知资源尽量多地用于学习过程，最终提高学习效率。龚德英、刘电芝等的研究发现，多媒体学习中，有意识的监控活动增加了中学生的认知负荷，能提高中学生的迁移成绩。①

（三）相关认知负荷

相关认知负荷也称有效认知负荷，指在完成某一任务过程中，当中学生把未用完的剩余认知资源用于与学习直接相关的加工时产生的认知负荷。与外在认知负荷相同的是，相关认知负荷也会占用工作记忆的资源，会对学习产生一定的干扰。但与之不同的是，相关认知负荷不但不会阻碍学习，反而会促进学习，因为相关认知负荷占用的工作记忆资源主要用于搜寻、图式构建和自动化，可提高学习效果。根据三种认知负荷的可加性，相关认知负荷的高低主要受制于认知负荷的总量和内在认知负荷、外在认知负荷的高低。当认知负荷的总量很大，而内在认知负荷与外在认知负荷又很低的时候，相关认知负荷就很高。如果内在、外在认知负荷很高，两者之和接近认知负荷总量的时候，就没有多少资源用于相关认知负荷了。

## 二、认知负荷的测量方法

由于认知负荷具有内隐性、主观性、动态性、相对性，所以对认知负荷的测量一直是认知负荷研究中的难点，其对认知负荷理论来说也是一个根本的挑战。人的大脑就是一个黑箱，我们不能直接观察到大脑内部信息的加工过程，相应地也就不能直接观察到认知负荷。尽管如此，西方心理学家在研究中还是从多角度进行了认知负荷的测量，提出了不同的测量认知负荷的技术手段。布鲁肯（Brünken）等在综述前人大量研究的基础上，把认知负荷的测量划分为两个维度，即客观性（包括主观与客观）与因果关系（包括直接与间接）。②

（一）间接的主观测量法

这种方法最早是由帕斯等人于1994年提出并用于研究的，目前已成为研究

---

① 龚德英，刘电芝，张大均．元认知监控活动对认知负荷和多媒体学习的影响［J］．心理科学，2008：31（4）：880－882.

② Brünken, R., Plass, J. L. & Leutner, D. Direct measurement of cognitive load in multimedia learning ［J］. Educational Psychologist, 2003, 38（1）：53－61.

认知负荷最常用的测量技术手段。该法主要运用量表，要求中学生自我报告在学习材料过程中所投入的心理努力的总量。尽管目前还不清楚心理努力总量与真实的认知负荷之间有多大的相关程度，但该法在实际研究中运用较为广泛。有人统计过，在2003年以前，帕斯等设计的PAAS9点量表被用得最多。最近，孙崇勇和刘电芝的研究发现，由唐桑（Tsang）和维尔兹奇兹（Velazquez）基于心理负荷的多重资源模型而设计的WP量表在效度与敏感度等方面略高于PAAS量表，是目前较为理想的认知负荷主观测量工具。①

（二）直接的主观测量法

这是运用等级评定量表，要求中学生自我报告学习材料的难度，即对学习材料内容难易程度的敏感度。因为材料难度是直接与其所引发的认知负荷相联系的，所以这种方法能够比较准确地直接评估不同难度学习材料所导致的认知负荷之间的差异。但值得注意的是，学习材料的难度还受中学生个体的能力水平及注意过程等因素的影响。

（三）间接的客观测量法

这种方法主要包括两种途径，一是测量中学生的学习结果，二是测量中学生的一些生理指标。通过分析学习任务的成绩是可以揭示认知负荷高低的。其一，知识获得的分数是个客观指标；其二，这些成绩取决于信息的储存和提取过程，而该过程受认知负荷的影响，但这对认知负荷来说又是间接测量。生理指标是指中学生在学习或完成任务过程中伴随认知负荷产生而出现的生理反应各项指标，目前主要包括心率、瞳孔直径、眨眼率以及脑事件相关电位等。生理指标对于认知负荷来说，也是间接、客观的指标，例如，高认知负荷会导致中学生高度紧张，作为对学习材料的情绪反应就会出现心率的变化。

（四）直接的客观测量法

任务绩效测量属于直接、客观地测量认知负荷的方法，即通过测定中学生完成指定任务的绩效来判断该任务给中学生带来的认知负荷，可分为单任务测量和双任务测量。目前，用得较多的是双任务测量。双任务测量法要求中学生在一定的时间内同时完成两项任务（主任务与次任务），即除执行主任务外再完成一项额外的次任务。在两项任务中，中学生把主要精力放在其中一个任务上，该任务称为主任务，把剩余的精力放在另一个任务上，则此任务称之为次任务。采用双

① 孙崇勇，刘电芝. 认知负荷主观评价量表［J］. 心理科学，2013，36（1）：194–201.

任务范式测量认知负荷的基本假设是：人的工作记忆信息加工能力是有限的，但可以灵活地分配到任务解决的不同方面。在双任务条件下，如果一个中学生必须要同时完成两个任务（如学习任务和监控任务），而且两个任务都需要相同渠道的资源，那么所有的资源就必须在二者之间进行分配，因此可以根据两个任务的成绩来推测认知负荷的强度。

科学技术的不断进步给认知负荷的直接有效测量带来了新的曙光。现代认知负荷的研究还可以利用一些新的技术手段，对一些高科技仪器的使用显得越来越重要。一些脑成像技术、功能性核磁共振成像技术、正电子断层扫描等都可以用来研究和测量认知负荷。

### 三、认知负荷理论与数学教育

认知负荷理论逐渐成为教育教学的重要理论依据，已有大量的研究中都揭示了教学过程中学生会产生大量的认知负荷，这些认知负荷往往会干扰学生的学习。所以，数学教育教学应主要考虑如何降低认知负荷，让学生把有限的认知资源真正用到学习上。

（一）数学教师要优化教学语言

教学过程中学生对教师讲课的语言要进行认知加工，因此教师的语言表达直接影响学生的认知加工，也自然会影响学生听课过程中认知负荷的高低。数学教育教学中涉及大量的数字，数字本身是抽象的，在听课过程中，学生如果一直使用抽象思维来进行认知加工，是非常消耗认知资源的，学生也会感到很累。所以，数学教师要对自己的课堂语言进行设计，语言表达要清晰准确、简明扼要、逻辑性强，以便减轻学生对语言认知加工的负担。特别是要做到生动形象，把枯燥、抽象的数字化为活泼、生动、形象的学习内容，这样不仅能活跃课堂教学的气氛，而且能调动学生的形象思维来进行认知加工。这方面也有实验证据，如龚德英和刘电芝等的研究发现，教学中的概述可以降低学生的内在认知负荷，释放更多的认知资源用于相关的认知加工，从而促进学习成绩的提高。[①] 另外，在课堂教学中，教师的表情、动作、手势及语音、语调等非语言系统也能传递信息内容，学生也需要进行认知加工，形成外在认知负荷。所以，数学教师还要注意恰

---

① 龚德英，刘电芝，张大均. 概述和音乐对认知负荷和多媒体学习的影响［J］. 心理发展与教育，2008，24（1）：83 - 87.

当地运用非语言系统辅助信息的表述与传递。

### (二) 通过数学样例教学降低认知负荷

样例教学是一种不错的教学模式，其有助于降低认知负荷，让学生更多地注意到问题的一般结构特征，明确在什么情况下使用哪些原理、规则、算法等，因而可以促进学生图式及其自动化的获得。如在有关统计内容的教学中，精心选择有关的数学样例，如学生最喜欢的运动项目人数、牛奶里含有的营养成分、每天的作息时间结构、家庭生活费支出计划等涉及数学统计的样例。这些样例与学生的生活、学习息息相关，也与学生头脑中长时记忆储存的图式及相关的知识经验相联系，能吸引学生的兴趣；同时，通过教师的训练与指导，也有利于学生建构新的图式及其自动化，最终达到降低认知负荷，提高学习效率的效果。

### (三) 运用认知负荷理论设计数学课件

如今，有很多教师已开始运用多媒体设备与技术进行数学教学。根据认知负荷理论，外在认知负荷跟材料的组织与呈现方式有关。为此，在数学课件的设计过程中，要降低认知负荷的强度，须对数学的有关学习材料进行简单的合理组织，不要把有趣但与教学关联不大的动画、声音、图片或文字放在课件中。这些材料容易吸引学生的无意注意，消耗学生的心理资源，因而会提高学生的认知负荷水平。实际上，数学课件对声音、图片及文字的美观性要求不是很高，重点是强调其科学性与准确性。另外，在教学材料的呈现时，要多运用表格、图表的形式，容易混淆的内容用红、绿线等加以区分，以降低学生的外在认知负荷。

一般来说，数学知识本身比较复杂，抽象性较高，在教学过程中容易产生较高的认知负荷。所以，数学教师要根据认知负荷理论，进行合理的教学设计，找到最佳的认知负荷控制方法，以便最终降低学生的认知负荷，提高教育教学的效率与效果。

# 第二章　影响中学生认知负荷的因素

认知负荷的影响因素也是认知负荷理论的重要内容，学者们在一些研究中也对此问题进行了探讨。Sweller 认为，影响认知负荷的因素主要包括三个方面，即个体的先前经验；学习材料的内在本质特点，尤其是信息要素间的交互作用；材料的组织与呈现方式。[1][2] Gerjets 和 Scheiter 认为，教学或教师目标与中学生的活动两大方面决定着认知负荷的大小，中学生的活动又包括中学生的目标、加工策略和时间压力的策略性适应。[3] 此外，van Merrienboer 等研究了复杂学习中教学设计对减少认知负荷的影响；[4] Renkl 和 Atkinson 研究了问题解决中认知技能的获得对认知负荷的影响；[5] Paas 和 Kester 研究了知识结构、信息特征和中学生的特点对认知负荷的影响；[6] Ayres 对比研究了不同学习材料难度对认知负荷的影响。[7] 国内学者邹艳春认为，影响认知负荷的主客观因素有三类，即学习者因

---

① Sweller, J. Cognitive load during problem solving, effects on learning ［J］. Cognitive Science, 1988, 12 (2): 257 – 285.

② Sweller, J. Cognitive load theory, learning difficulty, an instructional design ［J］. Learning and Instruction, 1994, 4 (3): 295 – 312.

③ Gerjets, P. & Scheiter, K. Goal configurations and processing strategies as moderators between instructional design and cognitive load, evidence from hypertextbased instruction ［J］. Educational Psychologist, 2003, 38 (1): 34 – 41.

④ van Merrienboer, J. J. G. , Kirschner, P. A. & Kester, L. Taking and load off a learner's mind, instructional design for complex learning ［J］. Educational Psychologist, 2003, 38 (1): 5 – 13.

⑤ Renkl A. & Atkinson R. K. Structuring the transition from example study to problem solving in cognitive load perspective ［J］. Educational Psychologist, 2003, 38 (1): 15 – 22.

⑥ Paas F. & Kester. Learner and information characteristics in the design of powerful learning environment ［J］. Applied Cognitive Psychology, 2006, 20 (3): 281 – 285.

⑦ Ayres, P. Impact of reducing intrinsic cognitive load on learning in a mathematical domain ［J］. Applied Cognitive Psychology, 2006, 20 (3): 287 – 298.

素、任务材料因素以及这两者的交互作用。① 其中，学习者因素包括学习者的认知能力、学习风格和先前的知识经验；任务材料的因素包括任务的组织结构、任务新颖性、所需时间（时间压力）；学习者与学习任务的交互作用包括行为的内在标准、动机或激活状态。赵俊峰结合中国教育实践和中学生学习的实际情况，把影响中学生学习过程中认知负荷的因素归纳为学习材料的性质、学习组织形式、评价性因素、学生个体特征、教学组织形式和学习时间六大因素。②

在所有关于认知负荷因素的研究中，Paas 与 van Merrienboer 的研究较具有代表性。在他们提出的认知负荷结构模型中，认知负荷的构成主要包含两个维度，即评价维度和因果维度。③ 对于评价维度我们在前面已做过介绍，这里的因果维度反映了认知负荷的来源，即影响认知负荷大小的因素，它包括任务特征、学习者特征及这两者的交互作用。任务特征因素又包括任务呈现的方式、任务复杂性、时间压力、学习步骤等。学习者特征因素又可以分为相对稳定的特征和与不稳定特征两个方面。相对稳定的特征是指与学习者的年龄、先前知识、经验、能力、认知风格等相联系的较为稳定的特征，不稳定特征是指学习者在完成某种任务时与任务特征相联系的动机、兴趣、元认知状态等一些不太稳定的特征。

近些年来，国内外学者围绕任务特征、教学设计等方面对认知负荷的影响做了许多实证研究。如 Clark 发现任务的熟悉程度或新颖性会影响学习者的心理投入程度；④ Gimino 的研究发现，任务新颖性与心理努力之间呈曲线关系；⑤ 有些研究认为，任务复杂性（难度）与心理努力是线性的关系，⑥⑦而有些研究则认为

① 邹艳春. 试论现代认知负荷结构理论对减负的启示 [J]. 现代教育论丛，2001，9（5）：27 – 29.

② 赵俊峰. 解密学业负担：学习过程中的认知负荷研究 [M]. 北京：科学出版社，2011：20 – 38.

③ Paas，F. & van Merrienboer，J. J. G. Instructional control of cognitive load in the training of complex cognitive tasks [J]. Educational Psychology Review，1994，6（4）：351 – 371.

④ Clark，R. E. Yin and yang cognitive motivational process operating in multimedia learning environments [D]. Heerlen：Open University of the Netherlands，1999.

⑤⑦Gimino，A. E. Factors that influence students' investment of mental effort in academic tasks，a validation and exploratory study [D]. Unpublished Doctorial Dissertation. Los Angeles：University of Southern California，2000.

⑥ Paas，F. Training strategies for attaining transfer of problem – solving skill in statistics，A cognitive load approach [J]. Journal of Educational Psychology，1992，84（2）：429 – 434.

是曲线的关系。①②③

在上述国内外学者列举的影响认知负荷的因素中，有的因素直接影响学习者的内在认知负荷，或对内在认知负荷起的作用较大，有的因素对外在认知负荷影响较大，而有的因素对相关认知负荷起较大的作用。不同的因素在不同类型的认知负荷中所起的作用不是等同的，并且这些因素不是孤立的，还存在交互作用，对认知负荷的影响也有大有小。但不管是什么因素，都要通过学习主体的心理努力及其特征进而影响认知负荷的不同侧面。

目前，针对学习方式、学习者特征与认知负荷的关系研究还缺乏比较深入的考察。下面我们分别阐述这些因素与认知负荷的关系以及影响的相关研究。

## 一、任务特征

Paas 与 van Merrienboer 提出的认知负荷结构模型认为，任务特征反映了任务对认知资源的要求，决定了个体心理负荷的大小，因而在相当大的程度上决定了认知负荷的高低，它比其他个体特征因素更为重要。④ 一般来说，任务特征包括任务新颖性、任务复杂性、完成任务的时间压力、学习材料的性质等因素。

（一）任务新颖性对认知负荷的影响

Clark 展开了任务的新颖性与个体的自我效能和心理努力投入的关系研究，发现个体对任务的熟悉程度或任务的新颖性会影响个体的自我效能和他们的心理努力投入程度。⑤ 例如，提供给他们一个熟悉的任务，他们的自我效能会较高。因为他们根据先前的知识经验，会认为自己有足够的知识和技能来完成这个任务，同时，他们投入任务中的努力就会低。相反，当提供给个体一个相当新颖的任务时，他们对这个任务的自我效能就会低，因为个体认识到他不能立即利用他

① Salomon, G. The differential investment of mental effort in learning from different sources [J]. Educational Psychologist, 1983, 18 (1): 42 –50.

② Salomon, G. Television is "easy" and print is "tough", The differential investment of mental effort as a function of perceptions and attributions [J]. Journal of Education Psychology, 1984, 76 (4): 647 –658.

③ Clark, R. E. The CANE model of motivation to learn and to work, A two – stage process of goal commitment and effort [M] //J. Lowyck et al. Trends in corporate training. Leuven Belgium: University of Leuyen Press, 1988.

④ Paas, F. & van Merrienboer, J. J. G. Instructional control of cognitive load in the training of complex cognitive tasks [J]. Educational Psychology Review, 1994, 6 (4): 351 –371.

⑤ Clark, R. E. Yin and yang cognitive motivational process operating in multimedia learning environments [D]. Heerlen: Open University of the Netherlands, 1999: 33 –36.

们的知识和技能去实现这个任务，需要动用的心理资源增多，他们投入的努力程度就会高。当个体面对一个极端新颖的任务时，因为需要动用的心理资源超出他们的工作记忆容量，所以他们的作业自我效能会下降，他们会自动调整绩效目标，减少心理努力的投入。Gimino 研究发现，任务新颖性与心理努力之间呈曲线关系，认知负荷不能预测自我报告的心理努力。当任务新颖性（任务难度）增加时，被试报告的心理努力投入显著地增加。然而，在达到一定的任务难度水平后，心理努力投入开始减少。

（二）任务复杂性对认知负荷的影响

Sweller 等 1998 年提出的认知负荷理论认为，任务本身的复杂性决定了内在认知负荷，任务中需要加工的信息元素数量越多，元素之间的交互作用越强，内在认知负荷就越高。[①] 在关于任务复杂性的相关研究中，研究较多的是任务复杂性（难度）与心理努力和绩效的关系。有些研究认为，任务复杂性（难度）与心理努力是线性的关系，而有些研究则认为是曲线的关系。任务复杂性与绩效的关系，大多研究结果认为二者呈线性的负相关关系。

Fairclough 等研究了不同任务要求对生理指标的影响，发现心率、呼吸频率、EEC 波抑制等指标对任务要求变化具有敏感性。[②] Veltman 和 Gaillard 研究发现工作任务难度的增大会导致眨眼间隔的减少，心率变化率增大和呼吸间隔增大。[③] 国内学者程利、杨治良对不同维度材料的阅读眼动模式差异进行研究，发现大学生在阅读不同难度材料时的注视时间和眼跳距离表现为差异不显著，而注视次数和回视次数的维度效应差异显著。[④]

（三）完成任务的时间压力对认知负荷的影响

在 20 世纪的六七十年代，有许多关于作业时间对警戒或持续注意影响的研究，但在认知负荷的研究中，作业时间限制对认知负荷的影响还没有引起足够的重视，相关的研究还不多。Karen 研究了作业时间对负荷的影响，发现随着持续作业时间增加，个体的主观疲劳感线性增加，脑电（ERP）显示有显著的变化，

① Sweller, J., van Merrienboer, J. J. G. & Paas, F. Cognitive architecture and instructional design [J]. Educational Psychology Review, 1998, 10（3）：251 - 296.

② Fairclough, S. H., Venables, L. & Tattersall, A. The influence of task demand and learning on the psychophysiological resonpse [J]. International Journal of Psychology, 2005（56）：171 - 184.

③ Veltman, J. A. & Gaillard, A. W. Physiological workload reactions to increasing levels of task difficulty [J]. Ergonomics, 1998, 41（5）：656 - 669.

④ 程利，杨治良. 大学生阅读插图文章的眼动研究 [J]. 心理科学，2006，29（3）：593 - 596.

而作业反应时则变化不显著。① Haga、Shinoda 和 Kokubun 研究了在双任务条件下（追踪和记忆搜索作业）任务难度和作业时间压力对负荷的影响，发现任务难度和个体对负荷的主观评价与脑电（ERP）指标显著的相关，但作业时间及作业时间与任务难度的交互作用均对负荷评价和脑电（ERP）无显著的影响。② Xie 和 Salvendy 进行了时间压力对负荷影响研究，发现时间压力对负荷有显著的影响。在多任务情境下，自定义时间比系统定义时间的负荷低 29%，而在单任务情境下，自定义时间比系统定义时间的负荷低 19%。③ 国内学者沈方、张智君等探讨了时间对不同结构超文本信息搜索绩效的影响效应，发现时间应激对不同结构超文本搜索有重要的影响，尤其是对网状结构超文本搜索绩效的影响尤为明显。④可见，完成任务的时间压力对认知负荷有显著的影响。

（四）学习材料的性质

学习材料的性质是影响认知负荷的重要因素，对内在认知负荷起着决定作用。学习材料的性质主要包括两个方面：第一，学习材料数量。即学习任务量的大小直接影响内在认知负荷，从而也影响认知负荷总量。一般来说，在一定时间内学习材料量越少认知负荷量就越小，相反，如果学习材料量很大，学习任务重，相应的认知负荷就较大。第二，学习材料的难度。即学习材料的复杂程度，学习材料涵盖的要素多少以及这些要素交互作用的多寡也制约着认知负荷。当然，学习材料的难易度对学生认知负荷的影响还取决于学生对学习材料难易度的主观感受，不同学生的智力水平不同、先前的知识经验不同，对当前学习材料的难易度知觉也不相同。实际上，学习材料的难度体现在深度与抽象程度上，Sweller 通过实验证明，学习材料所涵盖的信息要素越多以及这些要素间的交互作用越多，中学生的内在认知负荷就越高；材料的信息要素越少、交互作用越少，

① Karen, D. Mental fatigue: The effects of time on task and mental workload on event - related potentials, subjective ratings, and task performance [D]. Unpubished Doctorial Dissertation. Long Beach: California State University, 1987.

② Haga, S., Shinoda, H. & Kokubun, M. Effects of task difficulty and time - on - task on mental workload [J]. Japanese Psychological Research, 2002, 44 (3): 134 - 143.

③ Xie, B. & Salvendy, G. Prediction of mental workload in single an multiple task environment [J]. International Journal of Cognitive Ergonomics, 2000, 4 (2): 213 - 242.

④ 沈方，张智君，江程铭. 时间应激对不同结构超文本信息搜索绩效的影响 [J]. 应用心理学，2002, 8 (3): 46 - 50.

中学生的内在认知负荷就越小。① 一般来说，学习材料的数量与难度直接决定了中学生对学习所投入的心理努力。在教育实践中，学生学习负担过重往往是学习材料性质方面的因素导致的。

总的来说，针对中学生心理特征与认知负荷的关系研究还缺乏比较深入的考察。下面我们着重介绍一下中学生心理特征中元认知、认知风格与认知负荷的关系。

**二、中学生心理特征**

影响中学生认知负荷的心理特征因素又可以分为相对稳定的特征与不稳定特征两个方面。相对稳定的特征是指与中学生的年龄、先前知识、经验、能力、认知风格等相联系的较为稳定的特征；不稳定特征是指中学生在完成某种任务时与任务特征相联系的动机、兴趣、元认知状态、自我效能感等一些不太稳定的特征。②

（一）中学生稳定的心理特征

1. 个体能力和先前知识经验

个体能力和先前知识经验属于对中学生认知负荷产生影响的相对稳定的特征。Clark 将心理努力定义为完成一项任务时投入的陈述性知识（Declarative Knowledge）的数量。他认为，个体的一般能力（即智力）会直接影响他们的心理努力投入。③ 心理努力的投入程度受个体感知的能力与实际能力之间的差异的影响。当二者之间存在差异时，陈述性知识的差异就存在，一个个体是否投入额外的心理努力去填补陈述性知识的差异取决于他对能力感知的准确性。有些个体会误判他们的能力，过于自信的个体会使用不妥当的自动化知识去完成一项任务，其绩效必然很低。相反，一个低能力感知的个体则会过分估计完成一项任务需要的知识数量。Salomon 也认为个体的一般能力和他们自身能力的感知会影响

———————————

① Sweller, J. Cognitive load theory, learning difficulty, an instructional design [J]. Learning and Instruction, 1994, 4 (3): 295 – 312.

② 李金波. 认知负荷的评估与变化预测研究——以 E – learning 为例 [M]. 武汉：武汉大学出版社，2009: 16 – 29.

③ Clark, R. E. Yin and yang cognitive motivational process operating in multimedia learning environments [D]. Heerlon：Open University of the Netherlands, 1999: 12.

其在任务中投入的心理努力的数量。① 个体的一般能力会直接影响他们的心理努力投入，而对自身能力的感知则通过对任务目标坚持性的影响来间接影响心理努力的投入。Condly 认为，当个体对认知任务熟悉时，能力与心理努力之间存在非直接关系；当对认知任务不熟悉（或陌生）时，能力与心理努力之间存在直接的相关关系。② 例如，当个体面对高度熟悉的任务时，高能力的个体会投入更少的心理努力，因为用于完成任务的知识更多是自动化的知识。此外，由于许多知识来自无意识（自动化的基本技能），个体完成任务的速度也会更快。相反，呈现相同的任务，具有低能力的个体需要更多的心理努力，因为完成任务时来自无意识（自动化的基本技能）的知识比例较低，更多的知识来自有意识控制，这就使得个体得花更长的时间来完成任务。

个体的先前知识经验主要是指个体长时记忆中所具有的图式数量和质量。个体为了对当前输入的信息进行认知加工，需要从长时记忆中提取相关知识，并在工作记忆中对其进行加工。如果长时记忆已具有大量合适的图式可利用，则可以把众多信息整合成个别和少数信息单元，使得认知加工顺利进行。如果个体不具备合适图式，那么每一种信息均是一个独立的信息单元，就无法进行信息整合，需要在工作记忆中对每一条信息逐个进行加工，这样就加大了认知负荷，容易引起认知超载。Valcke 的研究认为，高水准的先前知识经验意味着长时记忆中的图式更容易被利用和更容易进入短时记忆中，这些图式充当前期的组织者，帮助处理感知的信息并与业已存在的图式进行联结，因而这些可利用的图式可以节省资源，有效减少认知负荷。③ Sweller 等认为个体关于特定任务的能力和先前知识经验会影响完成任务时的内在认知负荷。如果个体对特定任务的相关知识经验较为缺乏，那么要理解和完成任务就必须同时注意许多不同的元素，这些元素同时在工作记忆中被加工，就会增加工作记忆的负担，产生较高的内在认知负荷；如果个体对特定任务有较丰富的先前知识经验，那么他在完成相同的任务时，就会比知识经验贫乏的个体产生更少的内在认知负荷。

---

① Salomon, G. Television is "easy" and print is "tough", The differential investment of mental effort as a function of perceptions and attributions [J]. Journal of Education Psychology, 1984, 76 (4): 647 – 658.

② Condly, S. J. Motivation to learn and to succeed: A path analysis of the CANE model of cognitive motivation [D]. Unpublished Doctoral Dissertation. Los Angeles: University of Southern California, 1999: 38 – 40.

③ Valcke M. Cognitive load, updating the theory? [J]. Learning and Instruction, 2012, 12 (1): 147 – 154.

2. 认知风格与认知负荷

从 20 世纪 40 年代开始，人们围绕着认知风格开展了大量的研究，获取了丰富的经验。对认知风格的先行研究，可以追溯到经典希腊文学中对个性的描述。其后，奥尔波特作为第一个正式使用与认知联系在一起的"风格"概念的研究者，首次提出了"生活风格"这一概念。关于认知风格的理论研究起源于 20 世纪 40 年代初，美国著名的心理学家 Witkin 和他的同事 Asch 合作进行了有关视觉定向的传统实验研究。他们在垂直视知觉的一系列研究中，发现了认知风格的个体差异。第二次世界大战期间，他们在研究飞行员怎样利用来自身体内部的线索和外部仪表的线索调整身体的位置时发现了两种普遍存在的认知风格，即场独立性与场依存性认知风格。场独立性者对客观事物作判断时，倾向于利用自己内部的参照，不易受外来因素影响和干扰，在认知方面独立于周围的背景，倾向于在更抽象的水平上加工，独立对事物做出判断。场依存性者对物体的知觉倾向于以外部参照作为信息加工的依据，难以摆脱环境因素的影响。他们的态度和自我知觉更易受周围的人，特别是权威人士的影响和干扰，善于察言观色，注意并记忆言语信息中的社会内容。Riding 和 Rayner 认为，所谓的认知风格就是指个体组织和表征信息的一种偏好性的、习惯化方式，一般表现在个体的信息加工方式上，又称为认知方式。① 目前，研究较多的是场独立与场依存认知风格对学习的影响。已有研究结果表明，场独立性学生一般偏爱自然科学、数学，且成绩较好，他们的学习动机往往以内在动机为主；场依存性学生一般较偏爱社会科学，他们的学习更多地依赖外在反馈，他们对人比对物更感兴趣。② 中学生要正确认识自己的认知风格，并采取与之对应的学习策略，才会促成高绩效的个性化学习。

有关认知风格与认知负荷关系的研究还不多见，相关的研究主要有：Riding和 Cheema 曾对认知风格与工作记忆容量的关系进行了实验研究，结果表明认知风格两个维度与工作记忆之间是相互独立的；工作记忆的容量与认知策略的选择有一定的关系，认知风格影响记忆过程中策略的选择，从而间接影响记忆的容量。③ Riding 还设计实验考察了不同认知风格的个体在信息加工过程中大脑皮层

① ［美］Riding, R. J., Rayner, S. G. 认知风格与学习策略 ［M］. 庞国维，译. 上海：华东师范大学出版社，2003：54 - 58.

② 蔡旻君，张筱兰. 大学生认知风格、学习方式与学习策略的关系研究 ［J］. 电化教育研究，2007，28（7）：52 - 57.

③ Riding, R. J. & Cheema, L. Cognitive style – an overview and integration ［J］. Education Psychology, 1991, 11 (3 - 4)：193 - 215.

15 个不同部位的 EEGα 电波变化，发现在言语—表象维度上存在明显的认知风格半球一侧化效应。言语型被试在大脑左半球有相对较高的 α 波抑制，而表象型被试在大脑右半球 α 波抑制更高。国内学者李力红探讨了言语—表象维度的记忆作用机制，发现言语—表象认知方式维度与阅读工作记忆广度和视觉工作记忆广度相互独立。[①] 丁道群等在研究中发现，认知风格对中学生的认知负荷有显著的影响。[②] 总的来说，国内外关于认知风格与认知负荷关系的研究还不够深入与系统，结果也存有很多不一致的地方。

（二）中学生不稳定的心理特征

影响中学生认知负荷的不稳定特征是指中学生与任务特征相联系的相对不稳定特征，它包括中学生的元认知、作业自我效能、成就目标定向等。

1. 元认知与认知负荷

元认知是影响中学生认知负荷中特征不太稳定的因素。"元认知"是美国发展心理学家 Flavell 于 20 世纪 70 年代提出的。Flavell 曾两次对元认知进行界定。1976 年，他认为元认知是个人关于自己的认知过程及结果或其他相关事情的知识，也指为完成某一具体目标或任务，依据认知对象对认知过程进行主动的监测、连续的调节和协调。[③] 国内学者汪玲等认为，元认知的实质是个体对当前认知活动的认知调节，其核心意义是关于认知的认知。[④] 关于元认知的构成要素，研究者的观点不尽一致。国内研究者认为，元认知由三种要素构成，即元认知知识、元认知体验和元认知监控。元认知知识是个体对于影响认知过程和认知结果的那些因素的认识，它是元认知活动的必要支持系统；元认知监控是主体在进行认知活动中，将自己正在进行的认知活动作为意识对象，不断地对其进行积极而自觉的监视、控制和调节的过程；元认知体验是个体对认知活动的有关情况的觉察和了解，它是元认知知识和认知调节之间、元认知活动和认知活动之间的中介因素。O'Neil 等将元认知进一步分为状态元认知（State Meta-cognition）和特质元认知（Trait Meta-cognition）。状态元认知是个体在任务加工过程中的一种

① 李力红. 大学生言语、表象认知风格个体在记忆系统中信息表征偏好的研究 [D]. 长春：吉林大学，2005：66.

② 丁道群，罗杨眉. 认知风格和信息呈现方式对中学生认知负荷的影响 [J]. 心理学探新，2009，29（3）：37-40.

③ Flavell, J. H. Metacognitvie aspects of problem solving [M] //L. B. Resnick et al. The Nature of Intelligence. Hillsdale, NJ：Erlbaum, 1976：232.

④ 汪玲，郭德俊. 元认知的本质与要素 [J]. 心理学报，2000，32（4）：458-463.

短暂的状态，包括计划、监控、自我检查、知觉等，它的强度随时间变化而变化。特质元认知是相对稳定的个体特征变量，它对处于各种元认知状态的智力活动作出应答。① O'Neil 等对元认知的划分是根据其存在的状态进行的，是对元认知内涵的拓展。英国心理学家 Baddeley 提出了工作记忆模型，其中，中央执行系统（the Central Executive）的主要功能包括对工作记忆的内容进行监控，元认知则是监控认知资源分配的核心。②

在澳大利亚心理学家 Sweller 提出认知负荷理论之后，该领域的很多研究者也提到过元认知，但他们并没有详细阐述元认知与认知负荷之间的关系，自然也就不能把这个概念整合到认知负荷理论中。原因在于，研究者只关注知识的两种基本类型，即陈述性知识和程序性知识，而没有考虑元认知知识。Valcke 认为，已有的认知负荷理论并没有把信息加工模型的所有要素都整合进去，比如影响不同信息加工的监控活动，包括监控或控制信息选择、组织感觉信息到短时记忆中；从长时记忆到短时记忆的来回储存，并重新获得图式；组织信息输出的监控等。③ 这些对认知过程的直接监控都属于元认知活动。由此，Valcke 基于认知负荷理论与元认知的理论，于 2002 年正式提出了元认知负荷（Metacognitive Load）的概念。他认为，中学生在建构和储存图式的活动中需要耗费心理资源，在监控活动中也同样耗费心理资源，同样会产生认知负荷，这种特殊的负荷类型也就是元认知负荷。④ 元认知负荷就是指工作记忆对信息进行选择、组织、整合、存储等认知活动并进行分配、监控、协调时所承受的负荷，或所占用的心理资源量。一般认为，元认知负荷是一种相关认知负荷，或至少是相关认知负荷的一部分，因为它是在学习或完成某一任务过程中，中学生把空闲的认知资源运用于与学习相关的监控与分配活动而产生的负荷，因而是有效负荷，能提高学习效率。Scott 等对元认知负荷进行了相关的研究。他们的研究表明，网站学习中的导航地图会显著地增加认知负荷，但是，这种负荷属于相关认知负荷，还是外在认知负荷，则取决于导航地图在信息加工过程中参与图式建构和监控的程度。如果中学生的元认知技能高超，导航地图在图式建构与监控中发挥着重大作用，则产生的负荷

---

① O'Neil, H. F. & Abedi, J. Reliability and validity of a state metacognition inventory: Potential for alternative assessment [J]. The Journal of Educational Research, 1996, 89 (4): 234–244.

② Baddeley, A. D. & Hitch, G. Working Memory [M]. The Psychology of Learning and Motivation Academic Press, 1974: 48–79.

③④Valcke M. Cognitive load, updating the theory? [J]. Learning and Instruction, 2002, 12 (1): 147–154.

为相关认知负荷，其中由元认知监控活动产生的负荷为元认知负荷。① 龚德英等在国内对元认知负荷进行了探索性研究。她们发现，元认知监控活动增加了认知负荷，对记忆成绩没有显著影响，但提高了迁移成绩，表明由元认知活动而增加的认知负荷是对学习有积极影响的相关认知负荷，也就是元认知负荷。②

值得注意的是，对元认知负荷的意义和价值，尽管目前还缺少更多的实验证实，但元认知负荷概念的提出及其被认知负荷理论的纳入，至少拓展了有效负荷的内涵和结构，是对已有认知负荷理论的发展。同时，也为研究优化有效负荷的教学策略提供了一个努力方向，给学习与教学领域的认知负荷研究提供了一个新的独特视角。从这个意义上说，元认知负荷的提出具有重要的理论和教学意义。

2. 自我效能感与认知负荷

研究发现，个体对自身能力的感知，通过影响绩效目标的坚持性而间接影响心理努力投入。Salomon 认为，个体对自身完成特定任务能力的感知会影响其心理努力投入的程度。③ 假如个体感觉自己有能力完成一项认知性任务，他会选择这项任务并投入更多的努力；假如他们感觉自己没有足够的知识和技能成功完成这项任务，他们往往会选择放弃努力。个体的自我效能判断是个体自我能力感知的调节变量，因而我们有理由认为个体对特定任务的自我效能感会对认知负荷产生影响。

自我效能感是个体以自身为对象的思维形式之一，但它不是一种纯粹的能力判断，而是指个体在执行某一行为操作之前对自己能够在什么水平上完成该行为活动所具有的信念判断或主体自我把握与感受。美国心理学家 Bandura 认为，自我效能感是个体对其组织和实施达成特定成就目标所需的行动过程的能力的信念。④ 由此看来，自我效能感是一种介乎个体的动机和行为之间的中介因素，具有动机的行为驱动性质，同时又建立在个体的综合认知评价之上，具有认知性

---

① Scott. B. M. & Schwartz, N. H. Navigational spatial displays, The role of metacognition as cognitive load [J]. Learning and Instruction, 2007, 17 (1): 89 - 105.

② 龚德英, 刘电芝, 张大均. 元认知监控活动对认知负荷和多媒体学习的影响 [J]. 心理科学, 2008, 31 (4): 880 - 882.

③ Salomon, G. Television is "easy" and print is "tough", The differential investment of mental effort as a function of perceptions and attributions [J]. Journal of Education Psychology, 1984, 76 (4): 647 - 658.

④ Bandura, A. Self - efficacy: The exercise of control [M]. New York: W H Freeman, 1997: 136 - 145.

质。所以，自我效能感不只是个体对自己即将执行的活动的未来状态的一种事先估计，它还直接影响个体在执行这一活动的心理过程中的动力功能发挥，在个体的行为过程中发挥着重要作用。假如个体认为自身缺乏完成任务的能力，他就不会试图去完成这个任务。低自我效能感会引发焦虑，而高焦虑会增加任务无关信息的加工，从而减少用于任务加工的工作记忆资源，进而影响个体的外在认知负荷。Paas 等和 Christensen 的研究发现，动机因素与认知负荷相关，并且在动机因素中，自我效能最有可能影响外在认知负荷。①

许多研究发现，自我效能与绩效存在正相关，自我效能对个体的学业成就有较高的预测作用。此外，自我效能不仅提升个体对任务的坚持性，还影响个体在完成任务过程中心理努力的投入数量和质量。Clark 认为，心理努力投入受到个体对自身是否具备特定任务所需知识的自我效能感的影响，因为对任务难度的判断是其过去认知负荷经验的反映。② 因而自我效能感对现在和将来任务所投入的心理努力有很好的预测作用。在这个基础之上，Fled 认为对于极端容易的任务，认知负荷降低，自我效能会增加，任务绩效将降低；而对于极端困难的任务，自我效能会降低，任务绩效也将降低。③

关于自我效能与心理努力的关系，研究结果还不尽一致。一部分研究认为两者是线性的关系，即当个体对达到一个目标的自我效能水平越高时，个体投入的心理努力也越大。但同时也有部分研究认为两者呈曲线的关系。如 Clark 认为，自我效能与心理努力呈倒 U 形的关系（见图 4－2－1）。④

① Christensen, W. R. The effects of cognitive load conditions upon performance, anxiety, and self－efficacy in computer based learning environments ［D］. Unpublished Doctorial Dissertation. Norman：Oklahoma, 2005：28－32.

② Clark, R. E. Yin and yang cognitive motivational process operating in multimedia learning environments ［D］. Heerlen：Open University of the Netherlands, 1999：45－49.

③ Fled, J. A. The effects of increasing cognitive load on self－report and dual－task measures of mental effort during problem solving ［D］. Unpublished Doctorial Dissertation. Los Angeles：University of Southern California, 2002：29－31.

④ Clark, R. E. The CANE model of motiveation to learn and to work：A two－stage process of goal commitment and effort ［M］//Lowyck J. et al. Trends in corporate training. Leuven Belgium：University of Leuven Press, 1998：77－83.

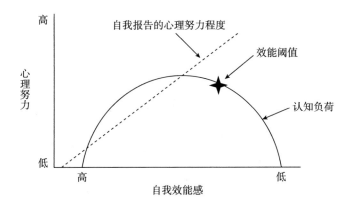

**图 4 - 2 - 1 自我效能感与心理努力的关系**

注：曲线代表认知负荷的客观测量（心理努力投入）；虚线代表个体自我报告的心理努力数量；效能阈值（Efficacy Threshold）代表效能水平过高（或过低）时努力投入数量开始减少的临界点。

在 Clark 看来，低自我效能的个体因为有对失败的预期所以会尽量回避任务，投入低的心理努力，中等自我效能的个体会投入最多的心理努力，因为他们相信如果不投入努力将不会成功。而当个体面对一个极端新颖（困难）的任务，需要动用的心理资源超出他们的工作记忆容量时，他们的作业自我效能就会下降，Clark 称这一临界点为"效能阈值"（Efficacy Threshold）。在这个点值后，个体会自动调整他们的绩效目标，减少心理努力的投入。

# 第三章 中学生认知负荷主观评价量表比较

许多研究都把研究对象结构中的定量参数（Quantitative Parameters）看作变量，并设法测量它们，这在实证研究领域是尤为重要的，[①] 而关于认知负荷的研究大部分都是实证研究。所以，认知负荷理论一经提出来，研究者们就开始寻求对认知负荷进行测量的科学方法。可以说，如何测量认知负荷对于认知负荷理论来说是一个根本的挑战，甚至有研究者指出，没有独立、科学的认知负荷测量方法，认知负荷理论自身也很难得到发展。[②] 毋庸置疑，认知负荷是客观存在的，这个问题已得到公认，对其进行测量如果方法不科学、不准确，那么结果也就很难有说服力。所以，认知负荷的测量问题应值得关注。

## 一、引言

现有的认知负荷测量方法基本上都沿用了脑力负荷（Mental Workload）的测量技术。国外对脑力负荷的研究发端较早，20 世纪 60 年代就已经有人使用次任务和主观度量法来研究人在脑力任务中的负荷。[③] 认知负荷与脑力负荷在本质上相差不大，都是关于人在不同的工作和任务中大脑信息处理能力与所消耗的心理资源之间的关系，只是脑力负荷的研究由来已久，应用领域也比较广，而认知负荷理论的提出较晚，基本限于认知心理学、教育心理学等领域。不过，虽然脑力

---

① Wolfgang, S. & Christian, K. A reconsideration of cognitive load theory［J］. Educational Psychology Review, 2007, 19（4）: 469－508.

② Kirschner, P. A., Ayres, P. & Chandler, P. Contemporary cognitive load theory: The good, the bad and the ugly［J］. Computers in Human Behavior, 2011, 27（1）: 99－105.

③ 龚德英. 多媒体学习中认知负荷的优化控制［D］. 重庆: 西南大学, 2009.

负荷的测量技术与方法可以为认知负荷的研究所借鉴，但由于两者的应用领域不同，认知负荷的测量方法应有自己的特点与表现形式。到目前为止，常用的测量认知负荷的方法主要分为三大类——主观测量法、任务绩效测量法与生理测量法。

主观测量法因其简单、实用受到不少研究者的推崇。主观测量法就是根据学习者在学习过程中产生的主观感受与体验来评估认知负荷，主要采用主观量表来测量。Eggemeier 等提出，评价某种认知负荷的测量工具是否有效、使用是否恰当，需要满足以下几项标准：[①] ①敏感性，能够测量出任务难度或认知需求的变化；②诊断性，不仅能鉴别出认知负荷的变化，还要能判断出认知负荷变化的原因；③效度，测量指标只对测量认知需求的变化敏感，而不能对其他与认知负荷不太相关的变量敏感（如情感压力）；④干扰性，测量法不能干扰主要任务，因为任务产生的认知负荷是评价的真正对象；⑤信度，测量法对认知负荷的测量必须具有一致性；⑥实施的便利性要求，包括实施的时间、工具和收集分析数据的软件等都要求便利；⑦测量对象的可接受性，即测量对象对测量程序的信度、有用性的主观理解性。

在已有的有关认知负荷研究中，测量认知负荷用得最多的主观评价量表莫过于 Paas 等设计的量表。该量表一共有三个项目，主要包括心理努力和任务难度两方面评价，其中后两个项目比较相似，都是关于任务难度的评价。所以，在实际的运用过程中，研究者就只采用两个题，即"你认为刚才学习的材料难度如何""你投入的心理努力有多少"，甚至有的研究者只用其中的一个题。PAAS 量表因其简单、方便、实用而受到研究者的青睐。但是，近年来在使用 PAAS 量表的过程中，一些研究者对其提出了批评，指出了它的一些缺陷。如龚德英认为，PAAS 量表采用自陈量表式的问卷，容易产生社会赞许效应。[②] 另外，主观评价的题目太少，很有可能会导致测量结果不准确，信效度受到质疑。李金波等认为，"心理努力"是一个专业术语，对被试来说，可能不容易理解，或者理解上有偏差，从而会影响研究的信效度。[③] 为了获得更为准确或科学的研究结果，

① Eggemeier, F. T., Wilson, G. F., Kramer, A. F. & Damos, D. L. General considerations concerning workload assessment in multi – task environments［M］//D. L. Damos et al. Multiple task performance. London：Taylor & Francis, 1991：207 – 216.

② 龚德英. 多媒体学习中认知负荷的优化控制［D］. 重庆：西南大学，2009.

③ 李金波，许百华. 人际交互过程中认知负荷的综合测评方法［J］. 心理学报，2009，41（1）：35 – 43.

我们有必要使用其他更多的主观评价量表，通过比较，进一步考查 PAAS 量表的敏感性与效度，并鉴别出敏感性与效度均比较高的量表用于认知负荷的主观测量。

除 PAAS 量表外，国外研究用得比较多的心理负荷主观评价量表主要有 Cooper - Harper 量表，① OW 量表（Overall Workload Scale），② SWAT 量表（Subjective Workload Assessment Technique）（Reid & Nygren，1988），TLX 量表（Task Load Index）（Hart & Staveland，1988），WP 量表（Workload Profile Index Ratings）。③ 其中，Cooper - Harper 量表与 OW 量表采用单一维度进行评价，TLX 量表、SWAT 量表、WP 量表则采用多维度进行评价。肖元梅等曾先后两次运用 TLX 量表调查了科研、教育、管理、医疗、卫生等行业脑力劳动者的脑力负荷。④⑤ 结果均表明，TLX 量表具有较好的信度与效度，可以作为脑力负荷评价的有效工具。Hill 等曾比较了四种主观量表，即 TLX 量表、Cooper - Harper 量表、OW 量表和 SWAT 量表的敏感性、资源需求性、操作者可接受性与有效性四个维度，结果发现四种量表的可接受性、敏感性均较好，其中，TLX 量表、OW 量表的敏感性要比其他两种量表好，并且可靠程度更高。⑥

除了 TLX 量表，国外研究中用得比较多的还有 SWAT 量表。该量表虽然也是多维度量表，即包含时间负荷、努力负荷、心理紧张负荷，但三个维度的测量值并非连续的，而是采用离散变量值对心理负荷进行评价的，要求被试对各个维度的轻、中、重三个等级作出判断。这在一定程度上会影响到该量表的敏感性。另外，SWAT 量表的计分非常复杂，要将被试在三个维度上所选等级的各种组合制成 27 张卡片并排序，使用起来费时费力。而且在已有研究中，SWAT 量表的

① Hart, S. G. & Staveland, L. E. Development of NASA - TLE (Task Load Index): Results of empirical and theoretical research [M] //Hancock P. A., Meshkati N. et al., Human Mental Workload. North Holland: Elsevier Science Publishers, 1988: 139 - 183.

②⑥Hill, S. G., Iavecchia, H. P., Byers, J. C., Bittner, A. C. Zaklad, A. L. & Christ, R. E. Comparison of four subjective workload rating scales [J]. Human Factors, 1992 (34): 429 - 439.

③ Tsang, P. S. & Velazquez, V. Diagnosticity and multidimensional subjective workloadratings [J]. Ergonomics, 1996, 39 (3): 358 - 381.

④ 肖元梅. 脑力劳动者脑力负荷评价及其应用研究 [D]. 成都: 四川大学, 2005.

⑤ 肖元梅，范广勤，冯昶，等. 中小学教师 NASA - TLX 量表信度及效度评价 [J]. 中国公共卫生，2010，26 (10): 1254 - 1255.

敏感性都低于 TLX 量表，特别是对于低负荷的任务不敏感。[1][2] 在这些量表中，WP 量表提出得相对较晚，它是 Tsang 和 Velazquez 与 1996 年基于心理负荷的多重资源模型（the multiple resources model of workload）而提出的多维主观评估负荷量表。Whelan 曾用该量表进行过研究。[3]

到目前为止，还没有研究者把测量认知负荷用得最多的 PAAS 量表与 WP 量表、TLX 量表等进行比较。所以，本研究将尝试采用 PAAS 量表、WP 量表、TLX 量表三种主观评价量表在双任务实验范式下测量认知负荷，研究目的为：①检验次任务作为认知负荷客观指标的有效性与敏感性；②比较三种量表测量认知负荷的敏感性与效度；③检验认知负荷综合指数的敏感性，明确各种认知负荷指标与综合指数之间的关系。

## 二、研究方法

### （一）实验设计

采用 3×4 的多因素混合实验设计，实验范式为双任务作业。自变量有两个，即主观测量工具类型和主次任务不同难度搭配。主观测量工具类型有三种，即 PAAS 自评量表、WP 量表、NASA - TLX 量表；主次任务不同难度搭配是主任务难度（难、易）与次任务难度（难、易）之间的两两搭配，一共有四种，即主任务难与次任务难、主任务难与次任务易、主任务易与次任务难、主任务易与次任务易，简称为难难、难易、易难、易易四组。其中，主次任务不同难度搭配为被试内因素，主观测量工具类型为被试间因素。因变量是认知负荷各项指标，包括主观测量负荷指数、次任务反应时与正确率。

### （二）被试

选取 60 名高二学生参与实验，其中男生有 30 名，女生有 30 名，各占 50%。所有被试视力（或矫正视力）正常，均为右利手，且均为自愿参加。

① Hart, S. G. & Staveland, L. E. Development of NASA - TLE (Task Load Index): Results of empirical and theoretical research ［M］//Hancock P. A. & Meshkati N. et al., Human Mental Workload. North Holland: Elsevier Science Publishers, 1988: 139 - 183.

② Nygren, T. E. Psychometric properties of subjective workload measurement techniques, implications for their use in the assessment of perceived mental workload ［J］. Human Factors, 1991 (33): 17 - 33.

③ Whelan, R. R. The multimedia mind: Measuring cognitive load in multimedia learning ［D］. Unpublished Doctorial Dissertation. New York: New York University, 2006.

（三）实验仪器和测试工具

实验在计算机上进行。利用 E－prime 实验心理专用软件编制程序，实现主任务、次任务呈现时间的控制和测量相应的正确率、反应时等数据。

实验中认知负荷的主观测量工具主要是 Paas 编制的认知负荷自评量表、Tsang 和 Velazquez 编制的 WP 量表和美国国家航天局开发的 NASA－TLX 量表。

（1）Paas 编制的认知负荷自评量表。① 该量表包括心理努力和任务难度评价，均采用9级评分制，要求被试在完成学习任务后根据自己的感受从1~9中选择一个合适的数字。从1~9表示付出的心理努力和材料难度程度依次递增，1表示最少努力和非常容易，5表示中度努力和中等难度，9表示非常努力和非常困难。该量表的信度较高，内部一致性信度系数 α＝0.74。

（2）Tsang 和 Velazquez 编制的 WP 量表。② 使用 WP 量表时，被试需在完成学习任务后根据自己的主观感受对8项心理资源的使用情况给出一个介于0到1之间的数字，"0"代表完全没有占有该资源，"1"代表该资源被全部占用。8项心理资源即概念/中枢处理资源、响应资源、空间编码资源、语言编码资源、视觉接收资源、听觉接收资源、操作资源、语言输出资源。最后将8个数字相加所得的均值作为总的认知负荷指数。由于本研究设计中没有要求被试通过口头报告的形式对任务做出反应，所以输出阶段的语言输出资源就和本研究没有多大关系，也就没有采用。考虑到各种资源的名称比较抽象，被试理解起来有一定的难度，所以在量表的使用过程中给出了其操作性定义。中枢处理资源，即学习者在任务选择与执行过程中所消耗的心理资源；响应资源，即学习者感觉要对任务做出反应所消耗的心理资源；空间编码资源，即学习者在完成任务过程中大脑空间活动所消耗的心理资源；语言编码资源，即学习者在完成任务过程中大脑言语活动所消耗的心理资源；视觉接收资源，即学习者从视觉通道获取信息所消耗的心理资源；听觉接收资源，即学习者从听觉通道获取信息所消耗的心理资源；操作资源，即在完成任务中学习者感觉操作自己的肢体对认知负荷造成的影响。此外，为方便被试对各种心理资源占用的鉴别与之后的统计，把给出的数字范围由0到1改为0到10。

---

① Paas, F., Renkl, A. & Sweller, J. Cognitive load theory and instructional design: Recent developments [J]. Educational Psychologist, 2003, 38（1）: 1－4.

② Tsang, P. S. & Velazquez, V. l. Diagnosticity and multidimensional subjective workloadratings [J]. Ergonomics, 1996, 39（3）: 358－381.

（3）美国国家航天局开发的 NASA – TLX 量表。 该量表由六个维度构成，即脑力需求、体力需求、时间需求、努力程度、业绩水平、受挫程度。每一维度都由一条分为 20 等分的直线表示，直线分别以低、高字样进行标示。六个维度从左至右均为负荷逐渐增加。其中，时间需求上，感到从容不迫，时间节奏比较缓慢，则得分低，负荷水平也低；感到很慌乱、紧张，时间过得很快，则得分高，负荷水平也高。业绩水平从左至右为从好到差，即得分越低，业绩水平越好，负荷越低；得分越高，业绩水平越差，负荷越高。体力需求不是用于分析任务中的体力负荷，而是用于分析体力负荷对认知负荷感觉的潜在影响。接着采用两两比较的方法，即将六个维度进行两两配对，共同组成 15 个对子，要求被试选出每对中与总的负荷关联更为密切的那一维度，根据每一维度被选出的次数确定该维度对总认知负荷的权重。总的认知负荷指数即六个维度的值与每一维度对总认知负荷权重之积的加权平均值。

（四）实验程序

实验在吉林省某中学的计算机房进行，每个被试随机选择一台可使用的电脑，并随机进入三个实验组。三个组的被试要完成的任务都是一样的，只是每组被试只使用其中一种主观评价量表测量其认知负荷。

实验范式为双任务作业，其中，主任务为人像图片辨认，次任务为心算任务。图片辨认任务与心算任务是认知负荷测量中两种典型的任务，所选用的材料不同，一种是数字，另一种是图片，材料呈现时被试在工作记忆中保持的两种材料心理表征不一样，即分别形成数字表征和图像（画面）表征。

实验开始前，主试向被试介绍一些基本的注意事项，然后被试按照指导语的要求完成实验。所有的指导语都在电脑上呈现，要求被试在完全理解指导语之后按相应的键进入下一个环节。

正式实验前，为了让被试熟悉判断规则和按键的使用，安排被试进入练习环节。一共安排 4 组练习，每组练习 4 次。被试可根据自己的情况选择练习次数。练习过程中，被试每进行 1 次练习，均有正确与否的反馈。每组练习完毕后有总成绩的反馈。当被试确认自己已熟悉实验流程，按相应的键进入正式实验。

每次实验时，计算机屏幕上都会相继呈现两幅画面，第一幅画面呈现图片辨

---

①　Hart, S. G. & Staveland, L. E. Development of NASA – TLE（Task Load Index）：Results of empirical and theoretical research［M］//Hancock P. A. and Meshkati N. et al.，Human Mental Workload：North Holland，Elsevier Science Publishers，1988：139 – 183.

认标准，即人像的外部特征（如短头发、眼睛向上），被试看清楚后，按 C 键继续（见图 4 – 3 – 1）；第二幅画面呈现 4 张图片（见图 4 – 3 – 2）。告诉被试，4 张图片中只有 1 张图片符合辨认标准，要求被试找出来。根据图片的序号在 1～4 中按其中的一个键。辨认标准和图片均随机呈现。主任务的性质分成两种复杂水平（难、易），通过改变辨认标准包含的数量来加以控制，其中包含 2 个判断标准为难，包含 1 个判断标准为易。难易两种复杂水平下的图片都是一样的，只是辨认标准发生了变化。

```
接下来你要辨认头像的标准是


短头发　眼睛向下


请记住符合头像辨认的标准
如果你已记住辨认标准
请按 "C" 键进入下一幅画面
```

**图 4 – 3 – 1　第一幅画面样例**

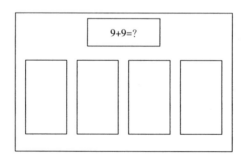

**图 4 – 3 – 2　第二幅画面样例**

次任务作业为心算作业，即在呈现第二幅画面的同时随机呈现一个心算问题（出现的位置也随机），要求被试判断一个 20 以内的两位数或两个个位数相加的和（两位数）能否被 3 整除，并在计算机键盘上尽快做出相应的按键反应，能被整除的按 "Y" 键，不能被整除的按 "N" 键。次任务作业的性质分成两种复杂水平（难、易），即被试将两个个位数相加后除以 3 的心算为难，判断 20 以内的数除以 3 的心算为易。然后该组画面消失，进入下一组画面，被试又将面临新的任务。

每个被试共进行主任务性质（难、易）与次任务性质（难、易）之间四种组合的实验，即难难、难易、易难、易易四组实验。每组实验共实施 8 次图片辨认和 5 次心算作业，计算机程序自动记录每次主任务与次任务的正确率与反应时。其中，主任务的反应时是从第二幅画面呈现到被试做出反应的时间，次任务反应时是心算问题从出现到被试做出反应的时间。任务要求在保证正确率的前提下，尽可能快地反应，优先考虑正确率，再考虑反应时，即如果反应不正确，则不考虑该次反应的时间。把若干次主任务与次任务反应时的平均值作为每个被试在该组实验中的反应时。由于被试同时完成这两个任务要占用相同渠道的资源，所有的资源必须在这两者之间分配，所以可以根据次任务的成绩来推测由主任务带来的认知负荷强度。

完毕后，每组被试做出一种主观评定，持续时间为 4 ~ 5 分钟。主观评价量表事先已为被试准备好，为纸质材料。两组实验之间休息 3 分钟。主任务与次任务的四种组合的顺序在被试之间做了平衡，且呈现是随机的。全部测试完成后，被试将获得一份小礼品。整个实验过程为 40 ~ 50 分钟。

（五）统计分析

采用 SPSS 21.0 统计软件建立数据文件，并对数据进行描述统计、F 检验、相关分析、因素分析等。

### 三、结果分析

（一）被试主、次反应时成绩分析

根据主任务与次任务性质的不同，把主次任务搭配分为四个组，即难难组、难易组、易难组与易易组，以量表的类型为自变量，分别以主任务反应时、次任务反应时为因变量进行单因素方差分析，结果见表 4 - 3 - 2。结果表明，主次任务搭配的四个组的主、次任务反应时在量表类型上的差异不显著（$p > 0.05$）。从表 4 - 3 - 1 的描述统计结果来看，各个组的主、次反应时在不同的量表类型上的得分比较接近，表明被试完成各种不同难度任务的能力也比较接近，反应的正确率也比较接近，在 96.25 ~ 97.66。从整个情况来看，被试在进行认知负荷测量的过程中，受到的外界干扰是趋于稳定的，且比较小，这表明，主、次任务反应时可以作为被试在完成各种任务过程中产生的认知负荷的客观指标使用。

表 4 - 3 - 1    四组被试在不同量表类型下反应时的平均数与标准差 （M ± SD）

| 主次任务搭配 | 量表类型 | 主任务<br>反应时（s） | 次任务<br>反应时（s） | 主任务反应<br>正确率（%） | 次任务反应<br>正确率（%） |
|---|---|---|---|---|---|
| 难难组 | PAAS 量表 | 3.446 ± 1.048 | 1.900 ± 0.853 | — | — |
|  | WP 量表 | 3.184 ± 1.107 | 1.628 ± 0.747 | 96.56 | 97.66 |
|  | TLX 量表 | 3.322 ± 0.982 | 1.638 ± 0.732 | — | — |
| 难易组 | PAAS 量表 | 2.936 ± 0.726 | 1.426 ± 0.686 | — | — |
|  | WP 量表 | 2.918 ± 0.970 | 1.172 ± 0.672 | 97.19 | 96.56 |
|  | TLX 量表 | 3.024 ± 0.734 | 1.370 ± 0.481 | — | — |
| 易难组 | PAAS 量表 | 2.507 ± 0.645 | 1.430 ± 0.823 | — | — |
|  | WP 量表 | 2.602 ± 0.817 | 1.145 ± 0.548 | 97.50 | 96.25 |
|  | TLX 量表 | 2.696 ± 0.886 | 1.289 ± 0.491 | — | — |
| 易易组 | PAAS 量表 | 2.181 ± 0.806 | 0.923 ± 0.374 | — | — |
|  | WP 量表 | 2.229 ± 0.631 | 0.926 ± 0.477 | 96.72 | 97.38 |
|  | TLX 量表 | 2.329 ± 0.686 | 1.046 ± 0.423 | — | — |

表 4 - 3 - 2    被试在量表类型上的主次反应时差异的显著性检验 （F）

| 主次任务搭配 | $F_1$ (2, 57) | Sig. | $F_2$ (2, 57) | Sig. |
|---|---|---|---|---|
| 难难组 | 0.314 | 0.732 | 0.785 | 0.461 |
| 难易组 | 0.098 | 0.907 | 0.926 | 0.402 |
| 易难组 | 0.289 | 0.750 | 1.001 | 0.374 |
| 易易组 | 0.225 | 0.799 | 0.535 | 0.589 |

注：$F_1$ 为主任务反应时检验的 F 值；$F_2$ 为次任务反应时检验的 F 值。

（二）各种认知负荷评估指标的敏感性分析

1. 客观指标敏感性分析

本研究把次任务反应时作为认知负荷的客观指标。要考察三种主观量表在主次任务不同难度搭配下测量的敏感性，首先得考察客观指标在主次任务搭配下各组的差异性（见表 4 - 3 - 3）。

表4-3-3　不同难度搭配主次任务反应时描述性结果（M&SD）

| 量表类型 | 主次任务搭配 | Mean | SD |
|---|---|---|---|
| PAAS 量表 | 难难组 | 1.900 | 0.853 |
| | 难易组 | 1.426 | 0.686 |
| | 易难组 | 1.430 | 0.823 |
| | 易易组 | 0.923 | 0.374 |
| WP 量表 | 难难组 | 1.628 | 0.747 |
| | 难易组 | 1.172 | 0.672 |
| | 易难组 | 1.145 | 0.548 |
| | 易易组 | 0.926 | 0.477 |
| TLX 量表 | 难难组 | 1.638 | 0.732 |
| | 难易组 | 1.370 | 0.481 |
| | 易难组 | 1.289 | 0.491 |
| | 易易组 | 1.046 | 0.423 |

通过对不同主次任务搭配下的次任务反应时做重复方差测量（见表4-3-4），结果发现主次任务搭配的主效应极其显著，其中，PAAS 量表组 $F_{(3, 57)} = 10.306$，$p = 0.000 < 0.001$；WP 量表 $F_{(3, 57)} = 22.509$，$p = 0.000 < 0.001$；TLX 量表 $F_{(3, 57)} = 7.600$，$p = 0.000 < 0.001$。这个结果表明，次任务反应时作为认知负荷的客观指标是敏感的，它能反映出被试在完成主次任务不同难度搭配时产生的认知负荷差异。事后比较的结果显示，各个组的认知负荷由大到小的顺序为：难难组、难易组、易难组、易易组。

表4-3-4　不同难度搭配下主次任务反应时的重复测量方差分析结果（F）

| 量表类型 | Source | SS | df | MS | F | Sig. |
|---|---|---|---|---|---|---|
| PAAS 量表 | 主次任务搭配 | 9.550 | 3 | 3.183 | 10.306 *** | 0.000 |
| | Error | 17.605 | 57 | 0.309 | — | — |
| WP 量表 | 主次任务搭配 | 5.212 | 3 | 1.737 | 22.509 *** | 0.000 |
| | Error | 4.400 | 57 | 0.077 | — | — |
| TLX 量表 | 主次任务搭配 | 3.584 | 3 | 1.195 | 7.600 *** | 0.000 |
| | Error | 8.960 | 57 | 0.157 | — | — |

注：*** 表示 $p < 0.001$。

2. 三种量表测得的认知负荷主观指标敏感性分析

（1）总的指标敏感性分析。从三种量表测得的认知负荷描述性结果来看，PAAS量表测得的认知负荷从大到小的顺序是难难组、难易组、易难组、易易组；WP量表测得的认知负荷从大到小的顺序是难难组、难易组、易易组、易难组；TLX量表测得的认知负荷从大到小的顺序是难易组、难难组、易易组、易难组（见表4-3-5）。

表4-3-5　三种量表测得的认知负荷描述性结果（M&SD）

| 量表类型 | 主次任务搭配 | Mean | SD |
|---|---|---|---|
| PAAS量表 | 难难组 | 3.972 | 1.262 |
| | 难易组 | 3.600 | 1.594 |
| | 易难组 | 2.825 | 1.583 |
| | 易易组 | 2.650 | 1.557 |
| WP量表 | 难难组 | 4.536 | 1.719 |
| | 难易组 | 3.857 | 1.768 |
| | 易难组 | 2.909 | 1.332 |
| | 易易组 | 2.956 | 1.455 |
| TLX量表 | 难难组 | 1.123 | 0.517 |
| | 难易组 | 1.223 | 0.493 |
| | 易难组 | 0.966 | 0.482 |
| | 易易组 | 1.092 | 0.676 |

通过对三种量表在不同主次任务搭配下的重复方差进行测量，结果显示三种量表的主效应之间有差异（见表4-3-6）其中，PAAS量表组的主效应显著，$F(3, 57) = 6.463$，$p = 0.001 < 0.01$；WP量表的主效应极显著，$F(3, 57) = 25.812$，$p = 0.000 < 0.001$；TLX量表的主效应不显著，$F(3, 57) = 2.008$，$p = 0.123 > 0.05$。从三种量表所测量的认知负荷主观指标的结果来看，PAAS量表、WP量表的敏感性较好，它们能区分不同难度任务下的认知负荷。WP量表的敏感性略高于PAAS量表，因为前者检验的F值及显著性水平要高于后者。TLX量表的敏感性较差，它不能区分不同难度任务下的认知负荷。

表4-3-6 三种量表测得的认知负荷的重复测量方差分析结果（F）

| 量表类型 | Source | SS | df | MS | F | Sig. |
|---|---|---|---|---|---|---|
| PAAS量表 | 主次任务搭配 | 23.763 | 3 | 7.921 | 6.463** | 0.001 |
| | Error | 69.863 | 57 | 1.226 | — | — |
| WP量表 | 主次任务搭配 | 36.574 | 3 | 12.191 | 25.812*** | 0.000 |
| | Error | 26.922 | 57 | 0.472 | — | — |
| TLX量表 | 主次任务搭配 | 0.674 | 3 | 0.225 | 2.008 | 0.123 |
| | Error | 6.376 | 57 | 0.112 | — | — |

注：**表示 $p < 0.01$，***表示 $p < 0.001$。

（2）三种量表各维度指标敏感性分析。如图4-3-3所示，在主次任务不同难度搭配的四个组中，PAAS量表两个维度即心理努力与任务难度的得分，都随着任务难度的下降而表现出逐渐下降的趋势。这表明这两维度均比较敏感，能够反映出不同难度任务所导致的认知负荷的变化，能鉴别出高低不同的认知负荷水平。

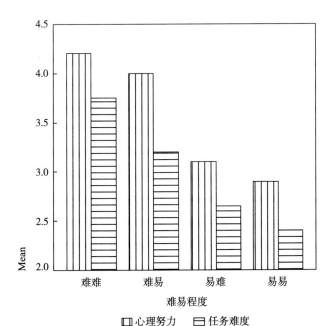

图4-3-3 PAAS量表的两个维度测量的认知负荷

注：表中各维度的值为被试在六个维度得分的原始值与每一维度对总认知负荷的权重之积。

如图 4 - 3 - 4 所示，在主次任务不同难度搭配的四个组中，WP 量表的七个维度即中枢处理、响应资源、空间编码、语言编码、视觉接收、听觉接收、操作资源中除了空间编码外，都随着任务难度的下降而表现出逐渐下降的趋势。这表明六个维度均比较敏感，能够反映出不同难度任务所导致的认知负荷变化，能鉴别出高低不同的认知负荷水平。同时，各个维度之间的值有差异，视觉接收的值最高，听觉接收的值最低。

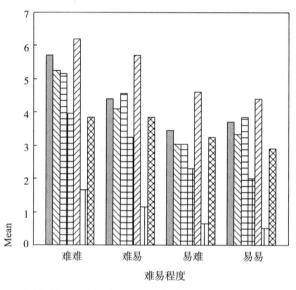

图 4 - 3 - 4   WP 量表各维度测量的认知负荷

如图 4 - 3 - 5 所示，在主次任务不同难度搭配的四个组中，NASA - TLX 量表的六个维度即脑力需求、体力需求、时间需求、努力程度、业绩水平、受挫程度，在不同难度任务中的差异不明显，表明这六个维度不能够反映出不同难度任务所导致的认知负荷变化，不能鉴别出高低不同的认知负荷水平。

（三）三种量表的效度检验

1. 聚合效度

聚合效度（Convergent Validity）为建构效度（Construct Validity）的一种，又称为构念效度，主要用于多重指标的测量。建构效度有两种类型：一种是聚合效度,当测量同一构念的多重指标彼此间聚合或有关联时,就有此种效度存在;另一种是区别效度(Discriminant Validity),也称为分歧效度(Divergent Validity),与聚合效度相反。聚合效度是指当一个构念的多重指标相聚合或呼应时,这个构念的多重指标应与其相对立之构念的测量指标负向相关。

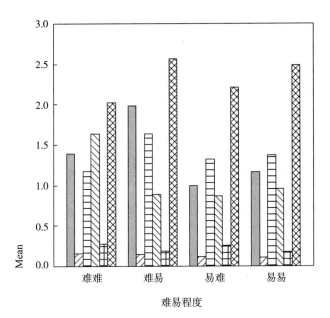

**图4-3-5 NASA-TLX量表各维度测量的认知负荷**

表4-3-7的结果显示,三种量表所测得的认知负荷指数之间均为正相关,并经检验相关显著(r=0.498~0.850,p<0.05,p<0.001),这表明三种量表的聚合效度还是比较高的。

**表4-3-7 三种量表测得的认知负荷皮尔逊相关系数(r)**

| 变量 | PAAS量表 | WP量表 | TLX量表 |
|---|---|---|---|
| PAAS量表 | 1 | 0.850*** (0.000) | 0.498* (0.025) |
| WP量表 | — | 1 | 0.563* (0.010) |
| TLX量表 | — | — | 1 |

注:*表示p<0.05,***表示p<0.001;括号内为显著性水平(Sig.)。

2. 共时效度

共时效度（Concurrent Validity）是经验效度（Empirical Validity）的一种。经验效度是一种衡量测试有效性的尺度，通过把一次测试与一个或多个标准尺度相对照而得出。经验效度一般分为两种：一种是共时效度，即将一次测试的结果同另一次时间相近的有效测试的结果相比较而得出相关系数；另一种是预测效度（Predictive Validity），就是通过事后的事实来检验测量的结果。

如前所述，次任务反应时作为认知负荷的客观指标是比较敏感的，因此我们可以把次任务反应时作为此次有效测试的标尺，来检验三种量表的共时效度。表 4 - 3 - 8 的结果显示，三种量表测得的认知负荷指数与次任务反应时均呈显著正相关（p < 0.05，p < 0.001），但三者的皮尔逊相关系数之间有较大的差异，其中 PAAS 量表、WP 量表分别为 0.765、0.752，而 NASA - TLX 量表仅为 0.228，这表明 PAAS 量表、WP 量表的共时效度较高，TLX 量表的共时效度一般。

表 4 - 3 - 8　三种量表测得的认知负荷与次任务反应时之间的皮尔逊相关系数（r）

| 变量 | PAAS 量表 | WP 量表 | TLX 量表 |
|---|---|---|---|
| 次任务反应时 | 0.765 *** （0.000） | 0.752 *** （0.000） | 0.228 * （0.042） |

注：* 表示 p < 0.05，*** 表示 p < 0.001；括号内为显著性水平（Sig.）。

（四）各指标与综合指数比较

1. 各指标与综合指数的关系

根据前人研究[1][2]中计算认知负荷综合指数的方法，对三个主观量表测得的认知负荷指数及次任务反应时（三个量表在不同难度搭配各组的平均得分）四个变量进行因素分析，求得公共因素，形成新变量，即为综合指数。该公共因素的特征值为 1.417，方差贡献率为 35.42%，表 4 - 3 - 9 报告了四种认知负荷指数的因素载荷与变量共同度。

① 张智君，朱祖祥. 视觉追踪作业心理负荷的多变量评估研究 [J]. 心理科学，1995，18 (6)：337 - 340.

② Ryu, K. & Myung, R. Evaluation of mental workload with a combined measure based on physiological indices during a dual task of tracking and mental arithmetic [J]. International Journal of Industrial Ergonomics, 2005, 35 (11)：991 - 1009.

表4－3－9　四项认知负荷评估指标的因素载荷与变量共同度

| 变量 | 因素载荷 | 变量共同度 |
|---|---|---|
| PAAS 量表负荷指数 | 0.810 | 0.675 |
| WP 量表负荷指数 | 0.481 | 0.412 |
| TLX 量表负荷指数 | 0.071 | 0.262 |
| 次任务反应时 | 0.719 | 0.593 |
| Mean | 0.520 | 0.486 |

从因素载荷上看，PAAS 量表负荷指数与综合指数的关系最为密切，相关系数达 0.810，其次是次任务反应时、WP 量表负荷指数，关系最不密切的是 TLX 量表负荷指数，相关系数只有 0.071。从变量的共同度上看，在解释公共因素时各个指标的能力也有所不同。其中，PAAS 量表负荷指数的解释能力最强，能解释综合指标 67.5% 的信息，其次是次任务反应时、WP 量表负荷指数，TLX 量表负荷指数的解释能力较弱，只能解释综合指数 26.2% 的信息。

2. 综合指数敏感性检验

以主次任务不同难度搭配为自变量，以认知负荷综合指数为因变量进行单因素的方差分析，考察综合指数的敏感性。

如表4－3－10所示，认知负荷综合指数在主次任务不同难度搭配的四个组上差异极显著，$F_{(3, 76)} = 14.946$，$p = 0.000 < 0.001$。随后，进行事后比较，结果如表4－3－11所示。

表4－3－10　认知负荷综合指数敏感性检验（F）

| 变异来源 | SS | df | MS | F | Sig. |
|---|---|---|---|---|---|
| 组间平方和 | 29.314 | 3 | 9.771 | 14.946*** | 0.000 |
| 组内平方和 | 49.686 | 76 | 0.654 | — | — |

注：***表示 p < 0.001。

表4－3－11　认知负荷综合指数在主次任务不同难度搭配上的事后比较（LSD）

| （I）难度搭配 | （J）难度搭配 | Mean Difference（I－J） | Sig. |
|---|---|---|---|
| 难难 | 难易 | 0.688** | 0.009 |
| 难难 | 易难 | 1.212*** | 0.000 |

续表

| （I）难度搭配 | （J）难度搭配 | Mean Difference（I－J） | Sig. |
|---|---|---|---|
| 难难 | 易易 | 1.618*** | 0.000 |
| 难易 | 易难 | 0.524* | 0.044 |
| 难易 | 易易 | 0.930*** | 0.000 |
| 易难 | 易易 | 0.405 | 0.117 |

注：*表示 p<0.05，**表示 p<0.01，***表示 p<0.001。

事后比较的结果显示，除了易难组与易易组之外，其他各组之间的差异均显著（p<0.05，p<0.01，p<0.001），这表明，认知负荷的综合指数随着任务难度的增加而逐渐提高，能较为准确地区分不同难度任务中被试的负荷水平。

## 四、讨论与分析

### （一）主次任务反应时的稳定性、抗干扰性分析

本研究结果显示，对于主次任务搭配的四个组即难难组、难易组、易难组及易易组，主、次任务的反应时在量表类型上的差异均不显著（p>0.05）；对于三种不同的量表，次任务的反应时在主次任务搭配的各个组之间的差异极显著（p<0.001），从高到低的顺序基本上是：难难组、难易组、易难组、易易组。这些结果表明，被试在完成主、次任务的过程中虽然受到外界环境的干扰，但外界干扰对于各个组被试的影响几乎是等同的，也就是说，本研究基本平衡了外界干扰对于实验结果的影响。同时，次任务反应时作为认知负荷的客观指标是敏感的，因为它能反映出被试在完成主次任务不同难度搭配时所产生的认知负荷差异。一般来说，任务越难，完成任务时所需要的认知资源越多，给学习者带来的认知负荷越高，反应时也就越长；任务越容易，完成任务时所需要的认知资源越少，给学习者带来的认知负荷越低，反应时也就越短。[1] Gwizdka 认为，现有的大部分测量技术都是测量某一种认知负荷，如主观评定法只是评估总的负荷，双任务范式往往被用来评估平均负荷。[2] 平均负荷和总的负荷虽然是两种不同的负

---

① Kirschner, P. A. Cognitive load theory, Implications of cognitive load theory on the design of learning［J］. Learning and Instruction, 2002（12）: 1–10.

② Gwizdka, J. Distribution of cognitive load in Web search［J］. Journal of the American Society for Information Science and Technology, 2010, 61（11）: 2167–2187.

荷，但总的负荷是学习者脑中累积负荷和平均负荷的全景图，两者因为时间变量而产生密切的联系。本研究中，各个组主任务、次任务的呈现时间都由 E - Prime 程序控制，而非学习者本人控制，也就是说各个组的学习时间是相等的。所以，笔者认为，本研究中主观测量法与双任务范式下测得的认知负荷近似于是同一种负荷，虽然负荷指数的单位与表现形式有所不同。这样，在比较三个主观量表的敏感性、有效性差异时，仍然可以将次任务反应时作为参照物。

在运用双任务范式测量认知负荷的实验中，次任务通常是要求被试在保证任务正确的前提下尽快做出反应，它实际上是对一个视觉线索或听觉线索的时间性反应。由于要求被试同时完成的两个任务要占用相同渠道的资源，所有的资源必须在这两者之间分配，所以就可以根据次任务的成绩来推测由主任务带来的认知负荷强度。因此，可假定次任务的成绩是由主任务导致的认知负荷等级的一个直接表现，次任务的反应时变化也就成为测查认知负荷的一个重要指标。双任务范式测量认知负荷一个比较重要的优势就是它是在学习者完成任务的过程中测量的，这与主观测量学习者在完成任务之后的测量有所不同，它对认知负荷的测量是一种直接的客观测量。本研究中所使用的主任务是图片识别，次任务是心算问题，这些任务与信息处理的不同过程密切联系，如知觉、信息整合等，因此，次任务的反应时就有可能鉴别出信息处理过程中所产生的认知负荷。另外，本研究中的双任务范式是采用被试内设计，虽然是不同难度的主、次任务搭配，但都是由相同的被试来完成，这就使该种认知负荷的测量不会受到被试个体差异的影响，如能力、兴趣或先前知识等，而如果采用被试间设计，这些因素肯定会影响实验结果。

Brünken 等比较早地采用双任务范式来测量认知负荷。① 在一项多媒体学习的认知负荷测量研究中，他们证实对于同样的材料，文本和图片的视听呈现比仅仅是视觉呈现所带来的认知负荷要低。次任务反应时能反映出这两者之间的差异，当材料由文本和图片的视听呈现时，被试的反应时要短一些；而当材料仅由视觉呈现时，被试的反应时要长一些。由此，他们认为次任务反应时对于测量执行主任务过程中所产生的认知负荷是比较敏感的指标。其他研究者也陆续采用此

① Brünken, R., Steinbacher, S., Plass, J. L. & Leutner, D. Assessment of cognitive load in multimedia learning using dual - task methodology [J]. Experimental Psychology, 2002, 49 (2): 109 - 119.

种方法证实了该结论。①② 本研究与前人的研究是一致的，再次证实了这一点。

（二）三种主观评价量表的敏感性与效度分析

从认知负荷主观指标的测量结果来看，PAAS、WP 与 TLX 三种量表之间的敏感性存在一定的差异性。根据方差检验的 F 值及显著性水平，PAAS 量表与 WP 量表的敏感性均较好，WP 量表的敏感性略高于 PAAS 量表，它们能区分不同难度任务下的认知负荷。而 TLX 量表的敏感性较差，它没能区分出不同难度任务下的认知负荷。

PAAS 量表中对材料难度的评价是内在认知负荷的一个有效指标，这得到了龚德英博士论文研究中多个实验结果的支持。③ PAAS 量表使用两个维度，即心理努力评价与任务难度评价维度进行评定，可以对不同任务的结果进行比较，它不仅能区分超负荷与非超负荷，而且对中、低负荷的变化也比较敏感。本研究中的双任务为图像辨别与心算任务，不会对被试产生过高的认知负荷，最多会产生中、低负荷。所以，从任务性质上看，PAAS 量表比较适合用来测量本研究的任务。本研究中，WP 量表包含七个维度，即中枢处理资源、响应资源、空间编码资源、语言编码资源、视觉接收资源、听觉接收资源、操作资源。澳大利亚心理学家 Sweller 对认知负荷概念的界定是，它是指在一个特定的作业时间内施加于个体认知系统的心理活动总量。三种量表中，相比较而言，WP 量表七个维度的含义或操作性定义与认知负荷的含义最为接近，除了操作资源外，每个维度可以被看成是完成某个任务所消耗的心理活动的子能量或子资源，也就是说该量表是对认知负荷最为直接的测量。被试完成各种难度任务要在计算机键盘上选择按键，需要消耗一定的注意资源，从而产生相应的认知负荷。相比较而言，WP 量表的敏感性略高于 PAAS 量表，很可能是因为 PAAS 量表的维度较少，在一定程度上影响了其敏感性。

本研究对三种认知负荷主观量表效度的测量采用了聚合效度与共时效度两种检验方法。从结果来看，WP 量表、PAAS 量表的两个效度指标较为接近，两者的效度均好于 TLX 量表。这可能是因为，PAAS 量表中的两个维度——心理努力

① Brünken, R., Plass, J. L. & Leutner, D. Direct measurement of cognitive load in multimedia learning [J]. Educational Psychologist, 2003, 38 (1): 53 –61.

② Chevalier, A., Kicka, M. Web designers and web users, Influence of the ergonomic quality of the web site on the information search [J]. International Journal of Human – Computer Studies, 2006, 64 (10): 1031 – 1048.

③ 龚德英. 多媒体学习中认知负荷的优化控制 [D]. 重庆：西南大学，2009.

评价与任务难度评价，以及 WP 量表中的中枢处理资源、语言编码资源、视觉处理资源等维度凸显了认知负荷的本质属性，可以被看作是认知负荷较为核心的指标。这些指标应该是仅对学习过程中学习者消耗的心理资源或认知需求敏感，而不会随着学习者身体负荷或情感上的压力等一些因素的变化而变化。从整体来看，PAAS 量表只有两个维度，在诊断性方面无法和 WP 量表相比。诊断性的前提是该量表必须敏感，而如前所述，WP 量表的敏感性也是较好的。因为它的维度比较多，包括七个维度，其中六个维度均比较敏感，能够反映出不同难度任务所导致的认知负荷变化，能鉴别出高低不同的认知负荷水平。其各个维度之间的值有差异，视觉接收资源维度的值最高，其次是响应资源维度，听觉接收资源维度的值最低。根据它们就可以大致推测被试的认知负荷主要来源。

本研究中 TLX 量表敏感性较弱，低于 PAAS 量表与 WP 量表，这与以往的研究结果不太一致。[1][2][3] 这可能是由任务性质的不同所导致。TLX 量表是由美国国家航天局开发的，可能更适合航空航天、劳动卫生与环境卫生等领域，这些领域的任务一般会涉及工作要求、时间要求、劳动者的能力、努力程度及行为表现等因素。由于涉及的因素较多，任务相对复杂，所以产生的心理负荷也相对较高。也就是说，TLX 量表可能更适合测量人类工程学领域高负荷的任务或工作，用于研究工作任务对执行者的影响和执行者的适应性，它对中、低负荷的认知任务或学习任务不太敏感。

另外，前面的研究结果还表明，TLX 量表测得的认知负荷指数与次任务反应时的相关度较低（$r = 0.228$，$p < 0.05$），即该量表在本研究中的共时效度偏低，这也表明可能 TLX 量表不太适合本研究中设计的照片辨别任务。TLX 量表的计分方法除了用到六个维度即脑力需求、体力需求、时间需求、努力程度、业绩水平、受挫程度的分数，还要用到每一维度对总认知负荷的权重，两者之积的加权平均值才是认知负荷。这种计分方法除了考虑每个维度自身得分，还考虑了该维度对总的认知负荷权重，在一定程度上可能会提高认知负荷测量的精度，但同时，这样的测量也延长了评价的时间，消耗了被试的认知资源，这可能会影响到

① Hill, S. G., Iavecchia, H. P., Byers, J. C., Bittner, A. C. Zaklad, A. L. & Christ, R. E. Comparison of four subjective workload rating scales [J]. Human Factors, 1992 (34): 429–439.

② 肖元梅. 脑力劳动者脑力负荷评价及其应用研究 [D]. 成都：四川大学，2005.

③ 肖元梅，范广勤，冯昶，李伟，姜红英. 中小学教师 NASA–TLX 量表信度及效度评价 [J]. 中国公共卫生，2010，26（10）：1254–1255.

被试对完成任务过程中所产生的认知负荷的评估。肖元梅等的研究虽然得出了 TLX 量表具有较好的信度与效度这一结果,[1][2] 但她们的测量只是直接叫被试填写 TLX 量表,并未要求被试完成某种具体的认知任务。因此,笔者认为她们所测量的并不是本研究所指的认知负荷,而是倾向于被试在较长时间的工作中所体验到的心理压力,这与人们对脑力负荷的最初界定是一致的,即脑力负荷作为与体力负荷相对应的一个术语,是用来描述人在工作中的心理压力或信息处理能力的。[3] 本研究中的认知负荷作为一个心理学范畴,是指人在学习或任务完成中进行信息加工耗费的认知资源的总量。可见,这里的认知负荷在人的认知过程中产生,并与某项具体的学习任务相联系,涉及工作记忆中的操作。

（三）认知负荷综合指数分析

本研究选用了三个主观指标——PAAS 量表、WP 量表、TLX 量表和一个客观指标——次任务反应时,运用因素分析求公因子的方法合成了一个认知负荷综合指数。数据结果表明,综合指数的敏感性较强,能较为准确地区分不同难度任务中被试的认知负荷水平。根据统计学的原理,因子分析就是用少数几个因子来描述许多指标或因素之间的联系,以较少几个因子反映原资料间的大部分信息。前面的相关分析表明,三个主观指标与客观指标之间存在较高程度的相关,四种指标包含着共同的内容,最后得出的综合指数也就代表了这四种指标的综合信息,即包含了认知负荷的本质属性。正是由于综合指数考虑了多个指标的信息,它在稳定性方面高于单一指标,较少受到周围环境、误差等因素的影响,因此在抗干扰性方面会优于单一指标。虽然求得认知负荷综合指数的方法不一定适用于实际情况,因为在实际研究中,我们不可能在一项学习任务中要求某名被试同时进行三种主观量表的测试,但本研究结果至少能够在理论上证明,只要选用的指标与综合的方法恰当,还是有可能找到某个认知负荷的综合指数来代替单一指标的,因为前者至少在敏感性、稳定性、抗干扰性等方面高于后者。

总的来说,认知负荷综合指数至少在敏感性、信度、效度、诊断性等方面要高于单一指数。在今后的相关研究中,认知负荷的多指标综合评估指数在实践中

---

① 肖元梅. 脑力劳动者脑力负荷评价及其应用研究［D］. 成都：四川大学, 2005.

② 肖元梅, 范广勤, 冯昶, 李伟, 姜红英. 中小学教师 NASA - TLX 量表信度及效度评价［J］. 中国公共卫生, 2010, 26（10）：1254 - 1255.

③ 崔凯, 孙林岩, 冯泰文, 邢星. 脑力负荷度量方法的新进展述评［J］. 工业工程, 2008, 11（5）：1 - 5.

的运用至少有两个问题需要考虑。首先，选用哪些指标来综合，主观的还是客观的，或主观的与客观的兼而有之；主观的指标选用哪些，客观的指标又选用哪些。其次，运用什么方法来综合，即使指标选得合适，但如果综合的方法选用不当，也不能得到符合要求的认知负荷指数。本研究中，我们分析认知负荷综合指数用的是因素分析和回归分析方法，在处理呈线性相关的变量之间的关系时这两种方法是较好的方法。但主观评估指数、任务绩效、生理指标与认知负荷的关系不一定都是简单的线性关系，因此利用主成分分析和回归分析的方法求综合指数也存在一定的局限性。近些年来，国内外一些学者尝试利用人工神经网络建模技术对脑力负荷进行测评，①② 这种技术值得认知负荷测量借鉴。

## 五、结论

本研究在双任务实验范式下，考察了三种主观量表的敏感性与效度，得到以下结论：①WP 量表与 PAAS 量表的敏感性均较好，WP 量表的敏感性略高于 PAAS 量表，TLX 量表较弱，WP 量表的诊断性较好。三种量表的聚合效度均比较高，PAAS 量表、WP 量表的共时效度较高，TLX 量表的共时效度一般。WP 量表的综合性能要优于 PAAS 量表与 TLX 量表。②次任务反应时的稳定性、抗干扰性较好，可以作为主观评估认知负荷的参照物。③认知负荷综合指数的敏感性较好，PAAS 量表对综合指数的解释能力最强，其次是 WP 量表，TLX 量表的解释能力最弱。根据本研究结果可知，WP 量表是目前认知负荷主观测量中较为理想的测量工具。

① Ding, Y., L. & Sheue, L. H. Use of neural networks to achieve dynamic task allocation: A flexible man-ufacturing system example [J]. International Journal of Industrial Ergonomics, 1999, 24 (2): 281 – 298.

② 李金波，许百华. 人际交互过程中认知负荷的综合测评方法 [J]. 心理学报，2009，41（1）：35 – 43.

# 第四章　认知负荷测量方法与测量的新进展

　　由于认知负荷是一个多维的概念，应用领域比较广，所以学界对它的定义至今没有统一的认识。实际上，认知负荷不一定与某种工作直接相联系，而是各种工作和活动给人的注意、情绪或反应带来的压力。在复杂的人机系统中，作业人员往往需要在较短的时间内处理大量的信息并快速做出反应与决策，容易出现认知负荷过高，甚至超负荷现象。过高的认知负荷将影响人的工作效率和身心健康，进而影响整个人机系统的效率和可靠性。因此，认知负荷已成为人机系统评价的主要指标之一。

　　许多研究都把研究对象结构中的定量参数看作变量，并设法测量它们，这在实证研究领域是尤为重要的，而关于认知负荷的研究大部分都是实证研究。国外对认知负荷的研究发端较早，20世纪60年代就已经有人使用次任务和主观度量法来研究人在脑力任务中的负荷。此后，国外一些学者对认知负荷的含义、结构和测评方法进行了大量的研究。到20世纪80年代，认知负荷的测量已初步形成了方法体系，即包括主任务测量法、次任务测量法、生理测量法与主观测量法。国内学者廖建桥对认知负荷的定义与各种测量方法进行过分析。①近十多年来，认知负荷的测量方法一直处于不断发展中。到目前为止，常用的测量认知负荷的方法主要分为三大类，即主观测量法、双任务测量法与生理测量法。

---

　　① 廖建桥. 脑力负荷及其测量 [J]. 系统工程学报，1995，10（3）：119-123.

### 一、认知负荷常用的测量方法

#### （一）主观测量法

主观测量法就是根据作业人员在作业过程中产生的主观感受与体验来评估认知负荷，其理论基础是作业人员心理资源的占用与努力程度、任务难度相关，并且后者能被精确报告出来。主观测量法一般采用 Likert 7 点或 9 点量表，不同的测量工具所使用的指标不同，如 SWAT 量表采用的指标包括时间负荷、努力负荷和心理紧张负荷；NASA – TLX 评价量表采用的指标包括心理需求、体力需求、时间需求、努力程度、业绩水平以及受挫程度；WP 量表采用的是完成某个任务占用的心理资源，包括对中央处理、空间编码、语言编码、听觉通道、视觉通道、手工操作与语言输出等心理资源的评估。近年来，一些研究者尝试将时距估计率（主观时距与客观时距的比值）作为评估认知负荷的指标。有研究者认为，当一个人专注于难的或需要注意的任务时（高负荷），会觉得时间过得快，而专注于容易的或不太需要注意的任务时（低负荷），时间过得慢。[①] 研究表明，以时距估计率为指标，是测量认知负荷的一种可靠、有效的方式。[②]

主观测量法虽然使用较早，但一直受到挑战，存在争议。该法的优点在于它具有较高的表面效度（Face Validity），因为它是对认知负荷最为直接的测量；这种方法使用方便，对硬件要求不高，几乎不需要什么仪器设备。另外，它对任务几乎没有干扰，因为它总是在完成任务之后进行，而且它使用统一的维度进行评定，可以对不同任务的结果进行比较，不仅能区分超负荷与非超负荷，且对中、低负荷的变化也比较敏感。主观测量法也存在一定的局限性。主观测量其实就是作业人员对某项作业的一种主观感觉，这种感觉可能和真实的认知负荷有出入，如有时低努力投入可能是由于任务过难，个体减少心理努力的结果。作业人员虽然能评估出特定任务中投入心理努力或需求的变化，但很难比较不同类型任务的认知负荷差异。另外，主观测量法容易产生与自陈量表相似的问题，如社会赞许效应，从而导致测量结果的信效度受到质疑。[③] 当然，对于作业人员主观评价的

① Brown, S. W. Time and attention：Review of the literature［M］//S. Grondin et al. Psychology of Time. Bingley, England：Emerald, 2008：111 – 138.

② Block, R. A., Hancock, P. A. & Zakay, D. How cognitive load affects duration judgments：A meta – analytic review［J］. Acta Psychological, 2010, 134（3）：330 – 343.

③ 龚德英. 多媒体学习中认知负荷的优化控制［D］. 重庆：西南大学, 2009.

差异问题，可以通过加大样本量来平衡作业人员之间的差异。虽然主观测量法存有上述明显的缺陷，但是到目前为止，相对于其他测量认知负荷的方法，它仍是较为可靠、使用较多的一种方法。

（二）双任务测量法

研究者较早采用的主任务测量法属于单任务测量法，主要是通过作业人员在完成单一任务中的成绩来推算作业人员的认知负荷。单任务测量由于有明显的缺陷，在实践中的应用有限，近些年发展较为缓慢，往往只是作为认知负荷其他测量指标的补充，目前运用比较多的是双任务测量法。该法要求作业人员在一定的时间内同时完成两项任务，即除执行主任务外再完成一项额外的次任务。采用双任务测量认知负荷的基本假设是：人的工作记忆信息加工能力是有限的，若主任务的认知负荷很高，人们就没有能力进行次任务，若主任务认知负荷低，剩下的心理资源便可以用来完成次任务。[①] 因此，在以双任务测量法测量认知负荷的情况下，次任务的成绩可被假定是由主任务导致的认知负荷等级的一个直接表现，常用的指标有次任务准确率、次任务反应时等。实验中常用的次任务主要有心算任务、记忆搜索任务、时距判断任务、节奏性敲击任务等。

双任务测量认知负荷有着明显的优势，它是在个体学习或完成任务过程中对认知负荷进行的直接而客观的测量，从而能保证测量的准确性，而其他方法，比如主观测量法，只能在学习或任务完成之后来测量，这在一定程度上会影响测量的准确性。次任务的成绩是评估主任务中剩余心理资源的一个很好的客观指标，对认知负荷起直接预测的作用。局限性在于，双任务测量虽然较为直接，但与任务性质相关，不便比较；两种任务之间还可能产生交互作用，这会对测量结果造成一定的影响；如果心理努力增加，主任务有可能对认知负荷的变化不敏感。另外，双任务测量往往是在被控制的实验室环境中进行，好像纯粹是为了测量而测量，这势必会影响到其研究结果的生态效度和外推效度，比如对真实的飞机驾驶进行模拟的飞行研究，就不适用于真实情况的研究，因为两项任务的负荷如果超过被试的极限，后果将是非常严重的。鉴于此，双任务测量法一般不单独使用，它往往是结合主观测量法或有效的生理指标一起使用，起到相互印证的作用。

（三）生理测量法

生理测量法是通过测定作业人员在任务完成过程中出现的生理反应来间接地

① Gwizdka, J. Distribution of cognitive load in web search ［J］. Journal of the American Society for Information Science and Technology, 2010, 61（11）: 2167 – 2187.

评估认知负荷，其前提基础是，假定认知负荷的变化会引起某些生理指标的变化。生理测量法所使用的指标主要有三大类，即心脏活动分析指标、眼动分析指标和脑电分析指标。

根据研究设备的可行性，早期的认知负荷研究一般将心率（HR）及心率变异性（HRV）等作为指标。研究者采用心电仪记录心电图，将信号放大后分析心电活动变化，结果发现心率及心率变异性与认知负荷的关系密切。Veltman 对飞行员的生理反应指标进行分析，发现随着负荷增加，心率增加而心率变异性降低。[①] 与眼活动相关的指标包括瞳孔扩张、眨眼及眨眼率、眨眼间隔、注视次数、注视时间等。Lamberts 等的研究发现，瞳孔扩张是判断认知负荷的有效指标，而且该指标测量年轻人的认知负荷比测量年老人的更为有效。[②] 研究还发现，眨眼率与所要完成的学习任务密切相关，随着任务难度增加，眨眼率逐渐降低。眨眼间隔是相邻两次眨眼的时间，人在注意力高度集中时，眨眼间隔会延长，所以眨眼间隔也是预测认知负荷的指标之一。Ryu 和 Myung 等在一项研究中，以三项生理指标的测量结果来预测被试主观评定的负荷状况（NASA – TLX 指数），结果发现，眨眼间隔是预测主观负荷最为重要的变量，标准回归系数为 0.37（p < 0.01），而心理变异性和脑波 α 波律分别是 0.27 和 0.26（p < 0.01）。[③]

总的来说，生理测量法最大的优点就是客观性和不受干扰性。它和任务绩效测量法一样，都是在作业过程中测量，作业人员的生理反应一般都是在刺激或事件呈现后才出现的，而且其主观意志很难对其进行控制和调节，从而保证了测量的客观性与准确性。另外，生理指标通常能被连续测量，很少受外在活动的干扰，也很少受到作业人员自身对任务偏好或偏见的影响，与之相比，主观测量法则较容易受到这种影响。生理测量法的局限性也是明显的。认知负荷与生理指标之间毕竟是一种间接的关系，即使不大相关的因素也有可能引起生理指标的变化。这样，由认知负荷引起的某一项或几项生理指标的反应就可能被夸大或缩

① Veltman, J. A comparative study of psychophysiological reactions during simulator and real flight [J]. The Interational Journal of Aviation Psychology, 2002, 12 (1): 33 – 48.

② Lamberts J., van den Breok P. L. C., Bener L. et al. Correlation dimension of the human electroencephalogram corresponds with cognitive load [J]. Neuropsychobiology, 2000, 41 (3): 149 – 153.

③ Ryu, K. & Myung, R. Evaluation of mental workload with a combined measure based on physiological indices during a dual task of tracking and mental arithmetic [J]. International Journal of Industrial Ergonomics, 2005, 35 (11): 991 – 1009.

小。同时，不同的作业任务可能会引起不同的生理反应，也就是说，一项生理指标往往只对某一种作业任务适用，而对其他的作业任务不适用，导致不同性质的作业任务之间难以进行横向比较。另外，生理测量对硬件和测试过程要求很高，比如用于生理测量的仪器大多比较昂贵、笨重，测试过程十分复杂，使得测试只能局限在实验室里进行。测试完毕后需要收集一大堆数据，需要相关的专业人员进行复杂的数据分析，给生理测试的实施带来了诸多不便。

以上我们讨论了目前认知负荷常用测量方法的优势与局限性，一般来说，不同的测量方法分别适用于不同的情境、不同的负荷水平。

**二、认知负荷测量的新方法**

除了上述介绍的几种测量认知负荷的方法之外，从 21 世纪初开始，一些学者对认知负荷的测量又进行了一些有价值的探索性研究，包括通过了解学习者目前的认知结构状态间接测量出学习者在问题解决过程中的认知负荷，尝试对各种认知负荷分别进行测量以及采用新的技术设备进行认知负荷测量等。

（一）多指标综合评估方法

该领域的很多研究者都指出，单一的测量指标也许不能给评估认知负荷提供足够的预测信息。近年来，一些学者尝试采用多指标综合评估方法来测量认知负荷，进行了一些有价值的探索性研究。

Paas 等发现，单个的任务绩效与主观心理努力指标不一定能反映出作业人员的真实认知负荷。[①] 如针对同一作业，作业人员 A 的成绩很高，自我报告投入的心理努力很大，另一位作业人员 B 的成绩很低，自我报告投入的心理努力很小。那么，A 和 B 的认知负荷谁高谁低呢？不好说，无论怎么回答都可能犯错误。于是，他们提出把主观心理努力指标与客观成绩指标联合起来，形成一个综合指标，以揭示真实的认知负荷。计算公式为：

$$E = \frac{Z_{\text{Performance}} - Z_{\text{Mental Effort}}}{\sqrt{2}}$$

式中，E 代表认知负荷综合指数，$Z_{\text{Performance}}$ 代表成绩的标准分数，$Z_{\text{Mental Effort}}$ 代表自我报告的心理努力程度的标准分数。因为成绩和自我评定分数的单位不同，

---

① Paas, F., Tuovinen, J. E., Tabbers, H. et al. Cognitive load measurement as a Means to Advance Cognitive Load Theory [J]. Educational Psychologist, 2003, 38 (1): 63 – 71.

所以用它们的 Z 分数进行比较。根据这个公式，如果 E 值是正数，即 $Z_{Performance} > Z_{Mental\ Effort}$，E 值越大则认知负荷越小，越小则认知负荷越大；如果 E 值是负数，即 $Z_{Performance} < Z_{Mental\ Effort}$，E 的绝对值越大则认知负荷越大，越小则认知负荷越小。这种综合指数考虑了两项指标，比单个指标更有说服力。

另外，Ryu 和 Myung 在一项研究中基于各种生理指标，也采用综合评估指数来评估双任务模式中的认知负荷。其中，主任务为视觉追踪任务，次任务为心算问题，三项生理指标是脑波 α 波率（The Suppression of Alpha Rhythm）、眨眼间隔（Blink Interval）及心率变异性（HRV）。他们运用主成分分析法将三种生理指标和主观评定的负荷（NASA – TLX 指数）组合成一个综合评估指数，发现负荷综合指数随着任务难度的增加而改变，比单项指标能更准确地区分不同难度任务中被试的负荷水平。此外，他们还通过回归分析来考察主观负荷与生理指标之间的关系，以生理指标的测量结果来预测被试主观评定的负荷状况。结果发现，三项生理指标总共能解释主观负荷的 51% 变异。

（二）认知负荷的纵向测量

研究表明，作业人员在完成作业过程中的认知负荷具有动态性，其投入的心理努力和感受到的材料难度在不同的时间段可能有所不同，处于波动之中。基于此，Xie 和 Salvendy 提出了认知负荷的多重分类模型，即把认知负荷分为瞬时负荷（Instantaneous Load）、高峰负荷（Peak Load）、累积负荷（Accumulated Load）、平均负荷（Average Load）和总负荷（Overall Load）。[①] 瞬时负荷代表了认知负荷的动态性，反映作业过程中认知负荷时时刻刻都在变化；高峰负荷是作业中瞬时负荷被检测到的最大值；累积负荷是作业人员完成作业各个时间段的瞬时负荷总和；平均负荷是作业人员完成作业所感受到的平均负荷强度；总负荷是作业人员主观感受所获得的负荷总量。这种分类考虑了认知负荷的动态性，即考虑了不同时间段的认知负荷情况，属于纵向分类，对这几种认知负荷的测量就属于纵向测量。纵向测量可以了解作业人员的认知负荷在作业过程中的变化，有点类似于近年兴起的心理学新研究方法——微发生法，是一种提供关于认知负荷变化的精细信息的一种测量。

当然，现有的测量技术也能测量出纵向分类的部分负荷。如主观测量实际上

---

① Xie, B. & Salvendy, G. Prediction of mental workload in single and multiple task environments［J］. International Journal of Cognitive Ergonomics, 2000, 4（3）: 213 – 242.

评估的就是总负荷，两者都是主观评估的负荷类型；双任务范式一般测量的是瞬时负荷，即在某个时间点上作业人员的瞬间负荷，但在实际操作过程中，它往往被当作平均负荷来使用。瞬时负荷有可能等于平均负荷，也有可能不等于平均负荷。至于生理测量法测量的负荷属于横向分类的哪一种，就很难说了。如果对认知负荷只进行横向测量，就体现不出总负荷、平均负荷与累积负荷之间的差异，可能会得出这样的结果：作业人员 1 小时或 2 小时完成的任务与 1000 小时或 2000 小时完成的任务所产生的负荷相等。其实，两者的平均负荷可能相等，但累积负荷肯定不相等。所以，测量认知负荷时还需考虑时间变量。国内学者李金波等通过视觉搜索与心算组成的双任务实验来探讨持续作业过程中认知负荷评估指标的变化，发现在不同作业时间段认知负荷的各种评估指标变化显著，并建立起认知负荷评估变化的神经网络预测模型，[①] 应该说开了认知负荷纵向测量的先河，在认知负荷测量史上具有里程碑的意义。

（三）认知负荷的区分测量

以往研究中对认知负荷的评估，大都过于笼统，没有针对性，即使评估出来了，也难以区分是内在负荷、外在负荷还是有效负荷，这样就导致对教学策略的有效性评估是模糊的，缺乏针对性。这是当前认知负荷测量面临的一个重要问题，即缺乏可以区分测量内在、外在和相关认知负荷类型的方法，这也使认知负荷测量研究陷入了僵局。[②] 尽管到目前为止，还没有被广泛接受的可用测量方法去精确地区分各种类型的认知负荷，但已有一些研究者在这个方面做出了大胆的探索。

van Merrienboer 等的研究表明，心理努力评价对相关认知负荷更为敏感，他们在研究相关认知负荷时即是将心理努力评价作为指标的。[③] Ayres 通过评估任务难度较为准确地测量到了学习者的内在认知负荷。在他的研究设计中，对任务难度的总体评估较为明显地反映了内在认知负荷，因为相关认知负荷与外在认知负荷都被控制住了。在任务中，他要求学生使用已有的知识，而不是学习新知识，

① 李金波，许百华，田学红. 人际交互过程中认知负荷变化预测模型的构建［J］. 心理学报，2010，42（5）：559－568.

② Moreno, R. When worked examples don't work: Is cognitive load theory at an impasse? ［J］. Learning and Instruction, 2006, 16（2）：170－181.

③ van Merrienboer, J. J. G., Schuurman, J. G., de Croock, M. B. M. & Paas, F. Redirecting learners' attention during training, effects on cognitive load, transfer test performance and training efficiency ［J］. Learning and Instruction, 2002, 12（1）：11－37.

从而控制住了相关认知负荷；通过将教学材料排除在外，从而控制住了外在认知负荷。实验中，他要求学生们完成一些数学题，在每道数学题计算完成后进行认知负荷的主观测量。在保持被试外在认知负荷和相关认知负荷不变的情况下，他测量了内在认知负荷（即元素间的交互活动）的变化，结果表明，主观评价对内在认知负荷十分敏感。① Gerjets 等、Katharina 等认为，Hart 设计的 NASA - TLX 量表（修订版）的三个维度能够区分三种不同类型的认知负荷。②③ 该量表的三个维度分别是任务需求、努力和导航需求，其中，任务需求是由学习任务的内在属性引起的，其程度反映了内在认知负荷水平；努力维度是学习者为了理解学习材料的努力程度，为了获得更深入的理解需要更高水平的加工，如复杂图式的获得或自动化，其程度反映了相关认知负荷水平；导航需求是学习者操纵学习环境所付出的努力程度，这些活动并非直接指向学习本身，如导航与信息所需要的决定加工，其程度反映了外在认知负荷水平。

DeLeeuw 和 Mayer 用实验支持了对三种认知负荷的分别测量。④ 在一项实验中，他们要求被试在课程进行中自我报告心理努力的程度，测量被试对视觉双任务的反应时，在课堂结束后要求被试填写难度等级量表。结果表明，三种认知负荷测量结果之间的相关度比较低。双任务反应时测量结果对外在认知负荷（由附加的冗余文本带来的）最为敏感，难度等级评价指数对相关认知负荷最为敏感（由迁移成绩表现出来的），心理努力程度对内在认知负荷（由句子的难度带来的）最为敏感。DeLeeuw 和 Mayer 的研究结果似乎表明，不同的测量方法对认知负荷的不同方面敏感，但是目前尚不清楚这些差异是否真的是由认知负荷不同概念结构所引起的，或者说他们是由测量技术本身的局限性所导致的。此外，国内学者赵立影在对已有认知负荷测量方法进行分析的基础上，采用实验法对三种认

①　Ayres, P. Using subjective measures to detect variations of intrinsic cognitive load within problems ［J］. Learning and Instruction, 2006, 16 (5): 389 - 400.

②　Gerjets, P., Scheiter, K. & Catrambone, R. Designing instructional examples to reduce intrinsic cognitive load, molar versus modular presentation of solution procedures ［J］. Instructional Science, 2004, 32 (1 - 2): 33 - 58.

③　Katharina, S., Peter, G. & Richard, C. Making the abstract concrete, visualizing mathematical solution procedures ［J］. Computers in Human Behavior, 2006, 22 (1): 9 - 25.

④　DeLeeuw, K. E. & Mayer, R. E. A comparison of three measures of cognitive load, evidence or separable measures of intrinsic, extraneous, and germane load ［J］. Journal of Educational Psychology, 2008, 100 (1): 223 - 234.

知负荷主观评定方法进行了进一步验证与分析。① 实验结果表明，难度评定主要反映内在认知负荷的差异；心理努力评定可以标示相关认知负荷的大小；可用性评定是外在认知负荷的测量指标。可见，学界在主观评价方法对于何种认知负荷类型敏感的问题上尚存在一定的争议。

Paas 等认为，认知负荷是单维度的，因为有研究发现，自我报告测量的认知负荷指数与不同类型的认知负荷测量项目之间具有高度的相关。② Paas 和 van Merrienboer 在早期的认知负荷研究中也证实，与单维量表相比，采用多维量表测量认知负荷是没有多少优势的。③ 但不幸的是，从那时起，用自我报告法测量认知负荷就一直没有取得实质性的进展。

所以，对于认知负荷的测量还是很难向前推进的，除非我们能克服这些测量方法的局限性。当然，造成认知负荷测量的僵局到底是由于测量的局限性，还是由于认知负荷理论本身的局限性，我们目前还无法回答（Moreno，2006）④。可以说，在未来的若干年中，关于认知负荷的测量问题将一直是认知负荷理论研究所面临的主要挑战之一。到现在为止，只有非常少的研究在尝试用实证来回答这样的问题，DeLeeuw 和 Mayer 的研究算是其中之一，他们曾经尝试过测量不同种类的认知负荷。因为不同科类的认知负荷往往是与不同的学习方式相联系的，所以对不同类型认知负荷的区分测量对于新知识的学习来说是十分重要的。我们只有期待将来能有更多的研究进一步详细探讨认知负荷与学习之间的关系问题。

（四）首步诊断法与快速查证法

首步诊断法（First – step Diagnostic Method）和快速查证法（Rapid Verification Method）被证明是测量学习者问题解决图式质量的快速而有效的两种方式。⑤ 首步诊断法是由 Kalyuga 和 Sweller（2005）提出来的。⑥ 该法实施时，先给

---

① 赵立影. 多媒体学习中的知识反转效应研究 ［D］. 上海：华东师范大学，2014.

② Paas, F., Tuovinen, J. E., Tabbers, H. & van Gerven, P. W. M. Cognitive load measurement as a Means to Advance Cognitive Load Theory ［J］. Educational Psychologist, 2003, 38（1）：63 – 71.

③ Paas, F. & van Merrienboer, J. J. G. The efficiency of instructional conditions：An approach to combine mental effort and performance measures ［J］. Human Factors, 1993, 35（4）：737 – 743.

④ Moreno, R. When worked examples don't work：Is cognitive load theory at an impasse? ［J］. Learning and Instruction, 2006, 16（2）：170 – 181.

⑤ 赵立影，吴庆麟. 基于认知负荷理论的复杂学习教学设计 ［J］. 电化教育研究，2010，31（4）：44 – 48.

⑥ Kalyuga, S. & Sweller, J. Rapid dynamic assessment of expertise to improve the efficiency of adaptive e – Learning ［J］. Education Technology Research and Development, 2005, 53（3）：83 – 93.

学习者呈现一个需要解决的问题，然后要求学习者快速指出任务的第一个解决步骤，最后根据学习者提供的解决问题第一个步骤的水平或对一些步骤的省略来判断学习者的认知负荷。因为学习者解决问题的第一个步骤的水平与步骤的省略可以反映出这一问题对于他们来说所占用的认知资源。

以数学方程式（2x - 3）÷ 2 = 3 为例，一些学生根据他们课堂上所学，第一步会想到在算式两边分别乘以 2，得到 2x - 3 = 6，另外一些学生可能会毫不费力地在此基础上想到在等式的两边都加上 3，得到 2x = 9，而专家能迅速地回想他们大脑中存储的问题解决图式，省略掉前面的计算步骤，直接得出 x = 4.5。这种问题解决的第一步的水平与步骤的省略是高水平知识的一个非常重要的表现，反映出这一问题对于新手或者专家来说所占用的认知资源的多少。专家提出的第一步骤的水平高，且中间省略了若干步骤，其所占用的认知资源少于新手，因此，他们的认知负荷也会低于后者。该研究还发现，首步诊断测验与整个任务最终测验的相关性非常高，达到0.92。这进一步印证了上述结果，因为只有在测验有效的前提下，我们才能去比较学习者解决问题所占用的认知资源多少及其产生的认知负荷高低，否则一切比较都是毫无意义的。

快速查证法是由 Kalyuga 提出来的，[①] 是指在问题解决的不同阶段给学习者呈现一系列可能的步骤，要求他们快速回答这些步骤是否正确。学习者回答的速度与准确性可以在一定程度上反映出学习者的知识水平。在一项阅读理解的研究中发现，学习者在快速查证测验中的成绩与传统测验成绩的相关度达到0.63。[②]

总的来说，采用上述两种快速诊断评价方式可以迅速了解学习者的知识水平，从而得出学习任务占用学习者的认知负荷量。

### 三、当代认知负荷测量中新技术的运用

心理学研究的一大趋势就是利用神经生理学方法进行研究，即借助于生理学的技术与方法研究大脑的认知过程及其心理活动。所以，在将来的研究中，认知负荷的测量可以广泛采用一些新的技术手段，特别是使用一些高科技仪器，脑成像技术（ERPs）、正电子断层扫描技术（PET）、功能性核磁共振成像技术（FMRI）、眼动仪及其记录技术等都可以考虑用于测量学习中大脑的认知活动。这些

①②Kalyuga, S. Managing cognitive load in adaptive multimedia learning［M］. Information Science Reference，2009：81 - 99.

仪器设备测量的生理指标作为认知负荷的一种客观指标，可以和主观测量指数、绩效指标相互印证。

在这方面，已经有一些学者进行了先行的探索。Ryu 和 Myung 在一项研究中综合使用 ERP、眼动仪等先进仪器设备测量认知负荷。他们基于各种生理指标，采用综合评估指数来评估双任务模式中的认知负荷。主任务为视觉追踪任务，次任务为心算问题。三项生理指标是脑电（EEG）、眼动（EOG）与心率（HRV），即脑波 α 波律（The Suppression of Alpha Rhythm）、眨眼间隔（Blink Interval）及心率变异性（HRV）。运用主成分分析法将三种生理指标和主观评定的认知负荷组合成一个综合评估指数。结果发现，负荷综合指数随着任务难度的增加而改变，比单项指标能更准确地区分不同难度任务中被试的认知负荷水平。此外，他们还通过回归分析来考察主观负荷与生理指标之间的关系，发现生理指标的测量结果能够预测被试主观评定的认知负荷状况。①

随着神经成像技术的发展及其在教育心理学领域的运用，功能性磁共振成像（FMRI）逐渐成为研究学习者认知机制的一个重要工具与技术。与 ERPs 精确到毫秒级的高时间分辨率优势相比，FMRI 的优势在于具有达到毫米级的高空间分辨率。美国学者 Whelan 曾采用 FMRI 脑功能定位技术来测量不同类型的认知负荷。② 他首先梳理了研究者 1997 ~ 2007 年十年间运用 FMRI 进行的相关研究，即对包括词语理解、图像识别、认知学习在内的大脑执行功能和认知协调的研究等。结果，他发现了大脑的不同区域控制与调节着认知负荷的不同维度或类别。如大脑的前额叶皮层背外侧（Dorsolateral Prefrontal Cortex）与内在认识负荷有关，布洛卡区（Broca's Area）、威尔尼克区（Wernick's Area）及后顶叶联合皮层（Posterior Parietal Association Cortex）与外在认知负荷有关，额上沟（Superior Frontal Sulcus）和顶间沟（Intraparietal Sulcus）与相关认知负荷有关。Whelan 从认知神经学角度，探讨了在复杂认知过程中直接、客观测量认知负荷的认知神经学基础，积极探索了运用 FMRI 方法精确测量外在、内在和有效认知负荷的方法。

---

① Ryu, K. & Myung, R. Evaluation of mental workload with a combined measure based on physiological indices during a dual task of tracking and mental arithmetic [J]. International Journal of Industrial Ergonomics, 2005, 35 (11): 991 – 1009.

② Whelan, R. R. Neuroimaging of cognitive load in instructional multimedia [J]. Educational Research Review, 2007, 2 (1): 1 – 12.

就目前来说，运用 FMRI 来测量认知负荷是一门新兴技术，其不可避免地存在一些局限。如脑活动具有动态分布的特征，而 FMRI 的数据往往是根据脑功能定位来进行解释的。脑的不同区域产生的血液反应类型可能不同，而目前 FMRI 数据大都采用一般线性模式进行解释，不一定精确，它需要更为复杂的分析技术。此外，诸如 FMRI 数据的时间准确性不高、样本量偏小、血氧水平依赖（Blood Oxygen Level Dependent，BOLD）信号的间接特征、有限的统计技术，以及所用的学习任务需要比较简单等问题都限制着该技术的应用。① 所以，虽然在将来的认知负荷测量中，使用先进仪器设备是一种趋势，但还需克服技术本身的局限性。

应该承认，各种方法测量的指标与认知负荷都有一定的关系，所以在实际运用中需要同时选取多种认知负荷的评估指标，特别是要将主观指标与客观指标相结合。在此基础上，利用某种技术综合认知负荷的指标，以替代单一的指标是比较合理的选择。只有各种指标之间具有较高的相关性，并且能相互佐证，我们才更有可能得到真实的认知负荷。但具体用什么方法综合，综合哪些指标还值得商榷，需要进一步的研究。认知负荷的横向与纵向有着不同的构成要素，所以，对认知负荷进行分别的有针对性的测量也是一大趋势，也就是说，为了更精确、完整地描述认知负荷，在认知负荷的测量过程中，要有效地把横向测量和纵向测量结合起来。②

### 四、未来研究展望

研究认知负荷的终极目的是通过有效地控制认知负荷，达到降低人机系统中的不安全因素，提高作业效率、操作可靠性及促进身心健康的目的。要达到这一目的，应精确测量出认知负荷的高低。虽然该领域的研究已经取得了许多很有意义的研究成果，但随着认知负荷应用范围的扩大，对认知负荷测量精度的要求也在逐步提高，还须拓展认知负荷测量的指标、方法与技术。

未来的主观测量法还可以进一步发展。主观测量应考虑在定性描述的基础上进行定量描述。现有的主观测量技术与方法基本上是利用 9 点或 11 点量表，要求被试根据自己付出的心理努力、任务难度或占用心理资源的程度作出一个选

① 龚德英. 多媒体学习中认知负荷的优化控制 ［M］. 北京：科学出版社，2013：18-19.
② 孙崇勇. 心理负荷测量方法的现状与发展趋势 ［J］. 人类工效学，2012，18（2）：88-92.

择。这实际上是一种定性描述，即被试对自己的认知负荷做一个大概的高、中、低的估计或判断。不过，这种定性测量难以揭示与复杂人机系统相联系（如空中交通管理）的认知负荷的细微变化或效应。所以，在将来的研究中，我们可以尝试在定性描述的基础上进行定量描述，要求测量认知负荷时被试报告具体的计量型数据或连续性数据，以便体现出认知负荷的细微变化或效应。

# 参考文献

［1］Ayres，P. Impact of reducing intrinsic cognitive load on learning in a mathematical domain ［J］. Applied Cognitive Psychology，2006，20（3）：287 – 298.

［2］Ayres，P. Using subjective measures to detect variations of intrinsic cognitive load within problems ［J］. Learning and Instruction，2006，16（5）：389 – 400.

［3］Babin，B. J.，Hardesty，D. M. & Suter，T. A. Color and shopping intentions：The intervening effect of price fairness and perceived affect ［J］. Journal of Business Research，2003，56（7）：541 – 551.

［4］Baddeley A. D.，Hitch G. Working memory ［M］. The Psychology of Learning and Motivation Academic Press，1974.

［5］Bandura，A. Self – efficacy：The exercise of control ［M］. New York：W H Freeman，1997.

［6］Beghetto，R. Does creativity have a place in classroom discussion？Prospective teachers' response preferences ［J］. Thinking Skills and Creativity，2007，2（1）：1 – 9.

［7］Bianchi A. & Phillips J. G. Psychological predictors of problem mobile phone use ［J］. Cyber Psy & Behav，2005，8（1）：39 – 51.

［8］Block，R. A.，Hancock，P. A. & Zakay. D. How cognitive load affects duration judgments：A meta – analytic review ［J］. Acta psychological，2010，134（3）：330 – 343.

［9］Branscombe，N. R. & Ellemers. N. Coping with group – based discrimination：Individualistic versus group – level strategies ［M］//J. Swim，Stangor et al. Prejudice：The target's perspective. New York：Academic Press，2008.

[10] Brewer, M. B. & Picket, C. A. Distinctiveness motives as a source of the social self [M] //T. Tyler, R. Kramer, O. John et al. The psychology of the social self New York: Academic Press, 2008.

[11] Brewer, M. B. & Rocces, S. Individual values, social identity, and optimal distinctiveness: Individual self, relational self, collective self [J]. Psychological Science, 2005 (9): 229 –234.

[12] Brewer, M. B. & Weber, J. G. Self – evaluation effects of interpersonal versus intergroup social comparison [J]. Journal of Personality and Social Psychology, 2004 (66): 268 –275.

[13] Brewer, M. B., Manzi. J. & Shaw, J. In – group identification as a function of depersonalization, distinctiveness, and status [J]. Psychological Science, 2003, 4, 88 –92.

[14] Brewer, M. B. The social self: On being the same and different at the same time [J]. Personality and Social Psychology Bulletin, 2001 (17): 475 –482.

[15] Brown, A. L., Kane, M. J., Long, C. Analogical transfer in young children: Analogies as tools for communication and position [J]. Applied Cognitive Psychology, 2010, 22 (4): 275 –293.

[16] Brown, S. W. Time and attention: Review of the literature [M] //S. Grondin et al. Psychology of Time. Bingley, England: Emerald, 2008.

[17] Brünken, R., Plass, J. L. & Leutner, D. Direct measurement of cognitive Load in multimedia learning [J]. Educational Psychologist, 2003, 38 (1): 53 –61.

[18] Brünken, R., Steinbacher, S., Plass, J. L. & Leutner, D. Assessment of cognitive load in multimedia learning using dual – task methodology [J]. Experimental Psychology, 2002, 49 (2): 109 –119.

[19] Byrne, B. M. & Shavelson, R. J. On the structure of social self – concept for pre, early, and late adolescents: a test of the Shavelson, Hubner, and Stanton-model [J]. Journal of Personality & Social Psychology, 2006, 70 (3): 599 –613.

[20] Carson, S., Peterson, J. B. & Higgins, D. H. Reliability, validity, and factor structure of the creative achievement questionnaire [J]. Creativity Research Journal, 2005, 17 (1): 37 –50.

[21] Chellappa, S. L., Steiner, R., Blattner, P., Oelhafen, P., Gotz,

T. & Cajochen, C. Non – visual effects of light on melatonin, alertness and cognitive performance: Can blue – enriched light keep us alert? [J]. Plos One, 2011, 6 (1): e16429.

[22] Chevalier, A., Kicka, M. Web designers and web users, Influence of the ergonomic quality of the web site on the information search [J]. International Journal of Human – Computer Studies, 2006, 64 (10): 1031 – 1048.

[23] Choi, H. H., van Merrienboer, J. J. G. & Paas, F. Effects of the physical environment on cognitive load and learning: Towards a new model of cognitive load [J]. Education Psychology Review, 2014, 26 (2): 225 – 244.

[24] Christensen, W. R. The effects of cognitive load conditions upon performance, anxiety, and self – efficacy in computer based learning environments [D]. Unpublished Doctorial Dissertation. Norman, Oklahoma: University of Oklahoma Norman, 2005.

[25] Clark, R. E. The CANE model of motivation to learn and to work, A two – stage process of goal commitment and effort [M] //J. Lowyck et al. Trends in corporate training. Leuven Belgium: University of Leuyen Press, 1988.

[26] Clark, R. E. Yin and yang cognitive motivational process operating in multimedia learning environments [D]. Heerlen: Open University of the Netherlands, 1999.

[27] Condly, S. J. Motivation to learn and to succeed: A path analysis of the CANE model of cognitive motivation [D]. Unpublished Doctoral Dissertation. Los Angeles: University of Southern California, 1999.

[28] Cooper, G. Research into cognitive load theory and instructional design at UNSW [D]. School of Education Studies. The University of New South Wales, Sydney, Australia. 1998.

[29] Costa, P. T. & McCrae, R. R. The NEO – PI/NEO – FFL manual supplement [M]. Odessa, FL: Psychological Assessment Resources, Inc., 1989.

[30] Daniels, D. Differential experiences of siblings in the same family as predictors of adolescent sibling personality differences [J]. Journal of Personality and Social Psychology, 1986 (51): 339 – 346.

[31] DeLeeuw K. E., Mayer R. E. A comparison of three measures of cognitive load, evidence for separable measures of intrinsic, extraneous, and germane load [J].

Journal of Educational Psychology, 2008, 100 (1): 223 – 234.

[32] Dias, M. G. Harris, P. L. The effect of make – believe play on deductive reasoning [J] . British Journal of Developmental Psychology, 2011, 26 (3): 207 – 221.

[33] Dunn, R. , Dunn, K. & Price, G. E. The Learning Style Inventory [M] . Lawrence, KS: Price System, 1989.

[34] Eggemeier, F. T. , Wilson, G. F. , Kramer, A. F. & Damos, D. L. General considerations concerning workload assessment in multi – task environments [M] // D. L. Damos, et al. Multiple task performance. London: Taylor & Francis, 1991.

[35] Elliot, A. J. & Maier, M. A. Color – in – context theory [J] . Advances in Experimental Social Psychology, 2012 (45): 61 – 125.

[36] Elliot, A. J. , Maier, M. A. , Moller, A. C. , Ron, F. & Jorg, M. Color and psychological functioning: The effect of red on performance attainment [J] . Journal of Experimental Psychology: General, 2007, 136 (1): 154 – 168.

[37] Enright, R. D. Counseling within the forgiveness triad: On forgiving, receiving, forgiveness, and self – forgiveness [J] . Counseling and Values, 1996, 40 (2): 107 – 126.

[38] Fairclough, S. H. , Venables, L. , & Tattersall, A. The influence of task demand and learning on the psychophysiological resonpse [J] . Intenational Journal of Psychology, 2005 (56): 171 – 184.

[39] Feist, G. J. A meta – analysis of personality in scientific and artistic creativity [J] . Personality and Social Psychology Review, 1998 (2): 290 – 309.

[40] Flavell J. H. Metacognitvie aspects of problem solving [M] //L. B. Resnick et al. The Nature of Intelligence. Hillsdale, NJ: Erlbaum, 1976.

[41] Fled, J. A. The effects of increasing cognitive load on self – report and dual – task measures of mental effort during problem solving [D] . Unpublished Doctorial Dissertation. Los Angeles: University of Southern California, 2002.

[42] Flevares, L. M. & Perry, M. How many do you see? The use of nonspoken representations in first grade mathematics lessons [J] . Journal of Educational Psychology, 2001 (93): 330 – 345.

[43] Forster, J. , Higgins, E. T. & Bianco, A. T. Speed/accuracy decisions in task performance: Built – in trade – off or separate strategic concerns? [J] . Organiza-

tional Behavior and Human Decision Processes, 2003, 90 (1): 148 – 164.

[44] Fraser, K., Ma, I., Teteris, E., Baxter, H., Wright, B. & McLaughlin, K. Emotion, cognitive load and learning outcomes during simulation training [J]. Medical Education, 2012, 46 (11): 1055 – 1062.

[45] Friedman, R. S. & Förster, J. Implicit affective cues and attentional tuning: An integrative review [J]. Psychological Bulletin, 2010, 136 (5): 875 – 893.

[46] Furnham, A., Keser, A., Arteche, A., Chamorro – Premuzic, T. & Swami, V. Self and other – estimates of multiple abilities in Britain and Turkey: A cross – cultural comparison of subjective ratings of intelligence [J]. International Journal of Psychology, 2010, 44 (6): 434 – 442.

[47] Gerjets, P. & Scheiter, K. Goal configurations and processing strategies as moderators between instructional design and cognitive load, evidence from hypertext-based instruction [J]. Educational Psychologist, 2003, 38 (1): 34 – 41.

[48] Gerjets, P., Scheiter, K. & Catrambone, R. Designing instructional examples to reduce intrinsic cognitive load, molar versus modular presentation of solution procedures [J]. Instructional Science, 2004, 32 (1 – 2): 33 – 58.

[49] Gimino, A. E. Factors that influence students' investment of mental effort in academic tasks, a validation and exploratory study [D]. Unpublished Doctorial Dissertation. Los Angeles: University of Southern California, 2000.

[50] Goldin – Meadow, S., Nusbaum, H., Garber, P. & Church, R. B. Transitions in learning: evidence for simultaneously activated strategies. Journal of Experimental Psychology [J]. Human Perception and Performance, 1993 (19): 92 – 107.

[51] Goldin – Meadow, S., Nusbaum, H., Kelly, S. D. & Wagner, S. Explaining math: Gesturing lightens the load [J]. Psychological Science, 2001 (12): 516 – 522.

[52] Goswami, U. Analogical reasoning in children [M] //Gentner, K. J., Holyoak, B. N., Kokinov et al. The analogical mind: Perspectives from cognitive science. Cambridge, MA: MIT Press, 2001.

[53] Griffiths, M. "Internet addiction: Does it really exist?" psychology and the internet: Intrapersonal, interpersonal, and transpersonal implications [M]. San Diego, CA: Academic Press, 2008: 61 – 75.

［54］ Gwizdka, J. Distribution of cognitive load in Web search ［J］. Journal of the American Society for Information Science and Technology, 2010, 61 (11): 2167 –2187.

［55］ Haga, S., Shinoda, H. & Kokubun, M. Effects of task difficulty and time – on – task on mental workload ［J］. Japanese Psychological Research, 2002, 44 (3): 134 – 143.

［56］ Hanno, B., Daneman, M. Revisiting the construct of " relational integra-tion" and its role in accounting for general intelligence: The importance of knowledge integration ［J］. Original Research Article Intelligence, 2014, 47 (11): 175 – 187.

［57］ Hart, S. G. & Staveland, L. E. Development of NASA – TLE ( Task Load Index): Results of empirical and theoretical research ［M］.//Hancock P. A., Mesh-kati, N. et al. Human Mental Workload. North Holland: Elsevier Science Publishers, 1988.

［58］ Harter, S. & Pike, R. The pictorial scales of perceived competence and so-cial acceptance for young children ［J］. Child Development, 1984, 55 (6): 1969 – 1982.

［59］ Harter, S., Whitesell, N. R. & Junkin, L. J. Similarities and differences in domain specific and global self – evaluations of learning disabled, behaviorally disor-dered, and normally achieving adolescents ［J］. American Educational Research Jour-nal, 1998, 35 (4): 653 –680.

［60］ Harter, S. The construction of self: A development perspective ［M］. New York: Guilford Press, 2009.

［61］ Hatta, T., Hirotaka, Y., Ayako, K. & Masahiko, O. Color of computer display Frame in work performance, mood, and physiological response ［J］. Percep-tual & Motor Skills, 2002, 94 (1): 39 –46.

［62］ Heinze, L., & Snyder, C. R. Forgiveness components as mediators of hos-tility and PTSD in child abuse ［D］. Paper presented at the American Psychological Association, San Francisco, 2001.

［63］ Hill, S. G., Iavecchia, H. P., Byers, J. C., Bittner, A. C. Zaklad, A. L. & Christ, R. E. Comparison of four subjective workload rating scales ［J］. Human Factors, 1992 (34), 429 –439.

［64］ Houtman, F. & Notebaert, W. Blinded by error ［J］. Cognitiion, 2013,

128 (2): 228 - 236.

[65] Howell, A. J., Weikum, B. A., Dyck, H. L. Psychological essentialism and its association with stigmatization [J]. Personality and Individual Difference, 2011, 50 (1): 95 - 100.

[66] Jiang, F., Lu, S., Yao, X., Yue, X. & Au, W. Up or down? How culture and color affect judgments [J]. Journal of Behavioral Decision Making, 2013, 27 (3): 226 - 234.

[67] Joyce, A., Bill, H., Rutger, E. et al. Co - occurrence of depression and delinquency in personality types [J]. European Journal of Personality, 2007, 24 (21): 235 - 256.

[68] Kalyuaga, S. Cognitive load theory: How many types of load does it really need? [J]. Educational Psychology Review, 2011 (23): 1 - 19.

[69] Kalyuga, S. & Sweller, J. Rapid dynamic assessment of expertise to improve the efficiency of adaptive e - Learning [J]. Education Technology Research and Development, 2005, 53 (3): 83 - 93.

[70] Kalyuga, S. Managing cognitive load in adaptive multimedia learning [J]. Register, 2009 (3): 203 - 215.

[71] Karen, D. Mental fatigue: The effects of time on task and mental workload on event - related potentials, subjective ratings, and task performance [D]. Unpubished Doctorial Dissertation. Long Beach: California State University, 1987.

[72] Katharina, S., Peter, G. & Richard, C. Making the abstract concrete, Visualizing mathematical solution procedures [J]. Computers in Human Behavior, 2006, 22 (1): 9 - 25.

[73] Kaufman, J. C. & Baer, J. Beyond new and appropriate: Who decides what is creative? [J]. Creativity Research Journal, 2012, 24 (1): 83 - 91.

[74] Kaufman, J. C. & Beghetto, R. A. Beyond big and little: The four C model of creativity [J]. Review of General Psychology, 2009, 13 (1): 1 - 12.

[75] Kaufman, J. C. & Beghetto, R. A. Do people recognize the four Cs? Examining layperson conceptions of creativity [J]. Psychology of Aesthetics, Creativity, and the Arts, 2013, 7 (3): 229 - 236.

[76] Kaya, N. & Epps, H. H. Relationship between color and emotion: A study

of college students [J]. College Student Journal, 2004, 38 (3): 396 – 405.

[77] Keefe, J. M. Student learning styles, diagnosing and prescribing programs [M]. Reston, VA: National Association of Secondary School Principals, 1979.

[78] Keller, J. M. Strategies for stimulating the motivation to learn [J]. Performance and Instruction Journal, 2007, 46 (8): 1 – 7.

[79] Killen, M., Rutland, A., Abrams, D., Mulvey, K. L. & Hitti, A. Development of intra – and intergroup judgments in the context of moral and social conventional norms [J]. Child Development, 2013, 84 (3): 1063 – 1080.

[80] Kirschner, P. A., Ayres, P. & Chandler, P. Contemporary cognitive load theory: The good, the bad and the ugly [J]. Computers in Human Behavior, 2011, 27 (1): 99 – 105.

[81] Kirschner, P. A. Cognitive load theory, Implications of cognitive load theory on the design of learning [J]. Learning and Instruction, 2002 (12): 1 – 10.

[82] Kosmicki J. The effect of differential test instructions on mathematics achievement, effort, and worry of community college students [D]. Unpublished Doctorial Dissertation, Los Angeles: University of Southern California, 2003.

[83] Lahat, A., Helwig, C. C. & Zelazo, P. D. An event – related potential study of adolescents' and young adults' judgments of moral and social conventional violations [J]. Child Development, 2013, 84 (3): 955 – 969.

[84] Lamberts, J., van den Breok, P. L. C., Bener, L. et al. Correlation dimension of the human electroencephalogram corresponds with cognitive load [J]. Neuropsychobiology, 2000, 41 (3): 149 – 153.

[85] Luthans, F. & Avolio, B. J. The "point" of positive organizational behavior [J]. Journal of Organizational Behavior, 2009, 30 (2): 291 – 307.

[86] MacKinnon, D. W. In search of human effectiveness [M]. Buffalo, NY: Creative Education Foundation, 1998.

[87] Markovits, H., Barrouillet, P. Introduction: Why is understanding the development of reasoning I mportant? [J]. Thinking and Reasoning, 2014, 14 (2): 113 – 121.

[88] Markovits, H., Barrouillet, P. The development of conditional reasoning: A mental model account [J]. Developmental Review, 2012, 22 (4): 5 – 36.

[89] Marsh, H. W. Causal ordering of academic self – concept and academic a-chievement: A multiwave, longitudinal panel analysis [J]. Journal of Educational Psychology, 2000, 82 (4): 646 – 656.

[90] Meeres, S. L. & Grant, P. R. Enhancing collective and personal self – esteem through differentiation: Further exploration of Hinkle & Brown's taxonomy [J]. British Journal of Social Psychology, 2010 (38): 21 – 34.

[91] Moreno, R. When worked examples don't work: Is cognitive load theory at an impasse? [J]. Learning and Instruction, 2006, 16 (2): 170 – 181.

[92] Nobes, G. & Pawson, C. Children's understanding of social rules and social status [J]. Merrill – Palmer Quarterly, 2003, 49 (1): 77 – 99.

[93] Nygren, T. E. Psychometric properties of subjective workload measurement techniques, Implications for their use in the assessment of perceived mental workload [J]. Human Factors, 1991 (33): 17 – 33.

[94] O' Neil, H. F. , Abedi, J. Reliability and validity of a state meta – cognition inventory: Potential for alternative assessment [J]. The Journal of Educational Research, 1986 (89): 234 – 244.

[95] Paas, F. & Kester, L. Learner and information characteristics in the design of powerful learning environment [J]. Applied Cognitive Psychology, 2006, 20 (3): 281 – 285.

[96] Paas, F. & van Merrienboer, J. J. G. Instructional control of cognitive load in the training of complex cognitive tasks [J]. Educational Psychology Review, 1994, 6 (4): 351 – 371.

[97] Paas, F. & van Merrienboer, J. J. G. The efficiency of instructional conditions: An approach to combine mental effort and performance measures [J]. Human Factors, 1993, 35 (4): 737 – 743.

[98] Paas, F. , Renkl, A. & Sweller, J. Cognitive load theory and instructional design: Recent developments [J]. Educational Psychologist, 2003, 38 (1): 1 – 4.

[99] Paas, F. , Tuovinen, J. E. & Tabbers, H. et al. Cognitive load measurement as a means to advance cognitive load theory [J]. Educational Psychologist, 2003, 38 (1): 63 – 71.

[100] Paas, F. , Tuovinen, J. E. , van Merriënboer, J. J. G. & Darabi, A. A. A

motivational perspective on the relation between mental effort and performance: Optimizing learner involvement in instruction [J] . Educational Technology Research and Development, 2005, 53 (3): 25 – 34.

[101] Paas, F. Instructional control of cognitive load in the training of complex cognitive tasks [M] . Thesis, University of Twente. Koninklijke Library, The Hague, 1993.

[102] Paas, F. Renkl A. & Sweller. Cognitive load theory and instructional design: recent development [J] . Educational Psychologist, 2003, 38 (1): 1 – 4.

[103] Paas, F. Training strategies for attaining transfer of problem – solving skill in statistics, A cognitive load approach. Journal of Educational Psychology, 1992, 84 (2): 429 – 434.

[104] Pickett, C. A. , Silver, M. & Brewer, M. B Group identification as a function and of assimilation and differentiation needs [J] . Personality and Sodial Psychology, 2007 (12): 271 – 285.

[105] Pickett, C. A. The role of assimilation and differentiation needs in the perception and categorization of in – groups and out – groups members [J] . British Journal of Social Psychology, 2004 (18): 131 – 144.

[106] Ping, R. M. & Goldin – Meadow, S. Hands in the air: Using ungrounded iconic gestures to teach children conservation of quantity [J] . Development Psychology, 2008 (44): 1277 – 1287.

[107] Plass, J. L. , Heidig, S. , Hayward, E. O. , Homer, B. D. & Um, E. Emotional design in multimedia learning: Effects of shape and color on affect and learning. Learning and Instruction, 2013, 29 (2): 128 – 140.

[108] Plomin, R. & Daniels, D. Why are children in the same family so different from one another? Behavioral and Brain Sciences, 1987 (10): 1 – 16.

[109] Prentice, D. , Miller, D. & Lightdale, J. Asymmetries in attachments to groups and to their members: Distinguishing between common – identity and common – bond groups [J] . Personality and Sodial Psychology, 2004 (23): 484 – 493.

[110] Renkl, A. & Atkinson, R. K. Structuring the transition from example study to problem solving in cognitive load perspective [J] . Educational Psychologist, 2003, 38 (1): 15 – 22.

［111］ Richard, G. The effects of surface and structural feature matches on the access of story analogs ［J］. Journal of Experimental Psychology: Learning, Memory, and Cognition, 2002, 28 (2): 318 – 334.

［112］ Riding, R. J. & Cheema, L. Cognitive style – An overview and integration ［J］. Education Psychology, 1991, 11 (3 – 4): 193 – 215.

［113］ Riding, R. J. Cognitive style and individual difference in EEG alpha during information processing ［J］. Education Psychology, 1997, 17 (1): 219 – 234.

［114］ Rochat, P. Origins of self – concept ［M］//G. Bremner, A. Fogal et al. Blackwell handbook of infant development. Malden, MA: Blackwell, 2014.

［115］ Ryu, K. & Myung, R. Evaluation of mental workload with a combined measure based on physiological indices during a dual task of tracking and mental arithmetic ［J］. International Journal of Industrial Ergonomics, 2005, 35 (11): 991 – 1009.

［116］ Salomon, G. Television is "easy" and print is "tough", The differential investment of mental effort as a function of perceptions and attributions ［J］. Journal of Education Psychology, 1984, 76 (4): 647 – 658.

［117］ Salomon, G. The differential investment of mental effort in learning from different sources ［J］. Educational Psychologist, 1983, 18 (1): 42 – 50.

［118］ Sawyer, R. K. Explaining creativity: The science of human innovation ［M］. Oxford: Oxford University Press, 2012.

［119］ Schneider, W. The development of metacognitive knowledge in children and adolescents: Major trends and implications for education ［J］. Mind, Brain and Education, 2008, 2 (3): 114 – 121.

［120］ Scott, B. M. & Schwartz, N. H. Navigational spatial displays, The role of metacognition as cognitive load ［J］. Learning and Instruction, 2007, 17 (1): 89 – 105.

［121］ Seufert, T. , Janen, I. & Brunken, R. The impact of intrinsic cognitive load on the effectiveness of graphical help for coherence formation ［J］. Computer in Human Behavior, 2007, 23 (3): 1055 – 1071.

［122］ Silvia, P. J. , Nusbaum, E. C. , Berg, C. , Martin, C. & O' Connor, A. Openness to experience, plasticity, and creativity: Exploring lower order, higher – order, and interactive effects ［J］. Journal of Research in Personality, 2012, 43 (6):

1087 - 1090.

[123] Silvia, P. J. , Winterstein, B. P. , Willse, J. T. , Barona, C. M. , Cram, J. T. , Hess, K. I. , Martinez, J. L. & Richard, C. A. Assessing creativity with divergent thinking tasks: Exploring the reliability and validity of new subjective scoring methods [J] . Psychology of Aesthetics, Creativity, and the Arts, 2008, 2 (2): 68 - 85.

[124] Skipper, J. I. , Goldin - Meadow, S. , Nusbaum, H. C. & Small, S. L. . Speech - associated gestures, Broca's area, and the human mirror system [J] . Brain and Language, 2007 (101): 260 - 277.

[125] Smajic, A. , Merritt, S. , Banister, C. & Blinebry, A. The red effect, anxiety, and exam performance: A multistudy examination [J] . Teaching Psychology, 2014, 41 (1): 37 - 43.

[126] Smeesters, D. & Liu, J. The effect of color (red versus blue) on assimilation versus contrast in prime - to - behavior effects [J] . Journal of Experimental Social Psychology, 2011, 47 (3): 653 - 656.

[127] Smetana, J. G. & Braeges, J. L. The development of toddler's moral and conventional judgments [J] . Merrill - Palmer Quarterly, 1990, 36 (3): 329 - 346.

[128] Smetana, J. G. Moral development: The social domain theory view [M] // P. D. Zelazo et al. , Oxford handbook of developmental psychology [M] . New York, NY: Oxford University Press, 2013.

[129] Smetana, J. G. Social - cognitive domain theory: Consistencies and variations in children's moral and social judgments [M] //M. Killen, J. G. Smetana et al. Handbook of moral development [M] . Mahwah, NJ, US: Lawrence Erlbaum Associates Publishers, 2006.

[130] Soldat, A. S. , Robert, C. S. & Melvin, M. M. Color as an environmental processing cue: External affective cues can directly affect processing strategy without affecting mood [J] . Social Cognition, 1997, 15 (1): 55 - 71.

[131] Sternberg, R. J. & Lubart, T. I. The concepts of creativity: Prospects and paradigms [M] //R. J. Sternberg, et al. Handbook of creativity [M] . New York: Cambridge University Press, 1999.

[132] Sternberg, R. J. , Kaufman, J. C. & Pretz J. Z. The propulsion model of

creative contributions applied to the arts and letters [J]. The Journal of Creative Behavior, 2001, 35 (2): 75 – 101.

[133] Swanson, H. L. Influence of metacognitive knowledge and aptitude on problem solving [J]. Journal of Educational Psychology, 1990, 82 (2): 306 – 314.

[134] Sweller J. Cognitive load during problem solving: Effects on learning [J]. Cognitive Science, 1988, 12 (2): 257 – 285.

[135] Sweller, J., van Merrienboer, J. J. G. & Paas, F. Cognitive architecture and instructional design [J]. Educational Psychology Review, 1998, 10 (3): 251 – 296.

[136] Sweller, J. Cognitive load theory, learning difficulty, an instructional design [J]. Learning and Instruction, 1994, 4 (3): 295 – 312.

[137] Thompson, L. Y., Snyder, C. R., Hoffman, L. et al. Dispositional Forgiveness of Self, Others, Wade, and Situations [J]. Journal of Personality, 2005, 73 (2): 313 – 359.

[138] Turliuc, M. N., Bujor, L. Emotion regulation between determinants and consequences [J]. Procedia Social Behavior Science, 2013, 76 (3): 848 – 852.

[139] Valcke, M. Cognitive load, updating the theory? [J]. Learning and Instruction, 2012, 12 (1): 147 – 154.

[140] van Merrienboer, J. J. G., Kirschner, P. A. & Kester, L. Taking and load off a learner's mind, instructional design for complex learning [J]. Educational Psychologist, 2003, 38 (1): 5 – 13.

[141] van Merrienboer, J. J. G., Schuurman, J. G., de Croock, M. B. M. & Paas, F. Redirecting learners' attention during training, effects on cognitive load, transfer test performance and training efficiency [J]. Learning and Instruction, 2002, 12 (1): 11 – 37.

[142] Veltman, J. A comparative study of psychophysiological reactions during simulator and real flight [J]. The Interational Joural of Aviation Psychology, 2002, 12 (1): 33 – 48.

[143] Veltman, J. A. & Gaillard, A. W. Physiological workload reactions to increasing levels of task difficulty [J]. Ergonomics, 1998, 41 (5): 656 – 669.

[144] Ward, T. B. & Sonneborn, M. S. Creative expression in virtual worlds: Imitation, imagination and individualized collaboration [J]. Psychology of Aesthetics,

Creativity, and the Arts, 2009, 3 (4): 211 –221.

[145] Whelan, R. R. Neuroimaging of cognitive load in instructional multimedia [J]. Educational Research Review, 2007, 2 (1): 1 –12

[146] Whelan, R. R. The multimedia mind: Measuring cognitive load in multimedia learning [D]. Unpublished Doctorial Dissertation. New York: New York University, 2006.

[147] Wolfgang, S. & Christian, K. A Reconsideration of cognitive load theory [J]. Educational Psychology Review, 2007, 19 (4): 469 –508.

[148] Xie, B. & Salvendy, G. Prediction of mental workload in single and multiple task environments [J]. International Journal of Cognitive Ergonomics, 2000, 4 (3): 213 –242.

[149] Zhang, J. Design adaptive collaboration structures for advancing the community's knowledge [M] //D. Y. Dai et al. Design research on learning and thinking in educational setting: Enhancing intellectual growth and function. New York: Routledge, 2012.

[150] 艾兴. 中小学生学业负担：概念、归因与对策——基于当前基础教育课程改革的背景 [J]. 西南大学学报（社会科学版），2015，41 (4): 93 –97.

[151] 巴鲁. 小学教育应注意学生的身心发展 [J]. 才智，2012，12 (14): 76.

[152] 白学军，梁菲菲，张涛，田丽娟，文宇翔，陈宗阳. 不同获奖等级青年教师手势语的量化研究 [J]. 宁波大学学报（教育科学版），2009，31 (4): 48 –53.

[153] 鲍学峰，张卫，喻承甫，等. 初中生感知校园氛围与网络游戏成瘾的关系：学业自我效能感的中介效应与父母学业卷入的调节效应 [J]. 心理发展与教育，2016，32 (3): 358 –368.

[154] 蔡华俭，符起俊，桑标，许静. 创造性的公众观的调查研究——关于高创造性的特征 [J]. 心理科学，2001，24 (1): 46 –49.

[155] 蔡旻君，张筱兰. 大学生认知风格、学习方式与学习策略的关系研究 [J]. 电化教育研究，2007，28 (7): 52 –57.

[156] 曹宝龙，刘慧娟，林崇德. 认知负荷对工作记忆资源分配策略的影响 [J]. 心理发展与教育，2005，31 (1): 36 –42.

［157］陈斌斌，王婉婷．进化心理学视野下的创造力研究［J］．苏州大学学报（教育科学版），2014，2（4）：14－23.

［158］陈帼眉．学前心理学［M］．北京：人民教育出版社，2003.

［159］陈会昌等．中学生对家庭影响和同伴群体影响的接受性［J］．心理科学，1998，（3）：264－265.

［160］陈家麟，王兆轩．幸福感研究对学校心理咨询的启示［J］．心理科学，2008，31（2）：408－410.

［161］陈秋珠．初中生学业拖延与学业自我效能感关系研究［J］．华东师范大学学报（教育科学版），2016，34（3）：100－106.

［162］陈威．小学生认知与学习［M］．北京：高等教育出版社，2013.

［163］陈永凤，裴先波．高三学生学习压力与学业自我效能感的相关研究［J］．中国健康心理学，2010，18（10）：1207－1208.

［164］陈仲庚．艾森克人格问卷的项目分析［J］．心理学报，1983，15（2）：211－218.

［165］程利，杨治良．大学生阅读插图文章的眼动研究［J］．心理科学，2006，29（3）：593－596.

［166］程绍珍，杨明．河南省高校大学生人格特征与心理健康状况的调查［J］．现代预防医学，2006，33（12）：2402－2403.

［167］丁道群，罗杨眉．认知风格和信息呈现方式对学习者认知负荷的影响［J］．心理学探新，2009，29（3）：37－40.

［168］丁新华等．中学生生活事件与抑郁的关系［J］．中国心理卫生杂志，2002，16（11）：788－789.

［169］窦凯，聂衍刚，王玉洁，等．中学生情绪调节自我效能感与心理健康的关系［J］．中国学校卫生，2012，33（10）：1195－1200.

［170］窦凯，聂衍刚，王玉洁，等．中学生情绪调节自我效能感与主观幸福感情绪调节方式的中介作用［J］．心理科学，2013，36（1）：139－144.

［171］杜立娟．减轻中小学生课业负担研究的回溯与前瞻［D］．沈阳：沈阳师范大学，2013.

［172］范金燕．中学生自我宽恕倾向量表的编制及其相关研究［D］．南昌：江西师范大学，2011.

［173］方必基．中学生学生心理资本结构、特点、相关因素及团体干预研究

[D]．福州：福建师范大学，2012．

[174] 冯天荃，刘国雄，龚少英．3～5岁幼儿对社会规则的认知发展研究 [J]．教育研究与实验，2010，28（1）：79－83．

[175] 龚德英，刘电芝，张大均．概述和音乐对认知负荷和多媒体学习的影响 [J]．心理发展与教育，2008，24（1）：83－87．

[176] 龚德英，刘电芝，张大均．元认知监控活动对认知负荷和多媒体学习的影响 [J]．心理科学，2008，31（4）：880－882．

[177] 龚德英，张大均．多媒体学习中认知负荷的优化控制 [M]．北京：新华出版社，2013．

[178] 龚德英．多媒体学习中认知负荷的优化控制 [D]．重庆：西南大学，2009．

[179] 龚耀先．艾森克个性问卷手册（第二版）[M]．长沙：湖南医学院出版社，1986．

[180] 侯静敏．论学校制度文化与学生幸福感的关系 [J]．教育探索，2012，32（8）：23－25．

[181] 胡建华，陈列，周川，等．高等教育学新论 [M]．南京：江苏教育出版社，2006．

[182] 黄时华，刘佩玲，张卫，等．情绪调节自我效能感量表在初中生应用中的信效度分析 [J]．中国临床心理学杂志，2012，20（2）：158－161．

[183] 黄希庭，陈传锋，余华．老年人自我概念与心理健康的相关研究 [J]．中国临床心理学杂志，1998，6（4）：222－225．

[184] 黄希庭．心理学导论 [M]．北京：人民出版社，1991．

[185] 赖晓云．多媒体教学软件信息设计与加工策略研究——基于梅耶多媒体教学设计原理 [J]．电化教育研究，2015，36（1）：77－82．

[186] 雷晓东．概念流利与图式理论 [J]．山西师大学报（社会科学版），2010，38（11）：150－152．

[187] 黎玉兰，付进．中学生自尊与宽恕倾向的关系：归因的中介作用 [J]．中国临床心理学杂志，2013，21（1）：129－132．

[188] 李春宝，宋大伟．聚焦"四实"职业品格打造优质教育群体，促进城乡教育均衡展 [EB/OL]．（2006－10－11）http：//www. fyeedu. net/info/52565－2. htm.

［189］李富菊．任务难度和学习目标对学习动机的影响［J］．体育学刊，2001，8（5）：46－47．

［190］李洁．4～6岁儿童自我概念研究［D］．西安：陕西师范大学，2012．

［191］李金波，许百华，田学红．人际交互过程中认知负荷变化预测模型的构建［J］．心理学报，2010，42（5）：559－568．

［192］李金波．认知负荷的评估与变化预测研究——以E－learning为例［M］．武汉：武汉大学出版社，2009．

［193］李金波．网络学习者状态元认知对认知负荷影响的实验研究［J］．现代远程教育研究，2010，23（2）：75－78．

［194］李魁．学前儿童心理学［M］．北京：高等教育出版社，2013．

［195］李力红．大学生言语、表象认知风格个体在记忆系统中信息表征偏好的研究［D］．长春：吉林大学，2005．

［196］李林英，肖雯．大学生心理资本的调查研究［J］．北京理工大学学报（社会科学版），2011，13（1）：148－152．

［197］李西营，刘小先，申继亮．中学生创造性人格和创造性的关系：来自中美比较的证据［J］．心理学探新，2014，34（2）：186－192．

［198］李晓燕，张兴利，施建农．流动学生自我概念的发展及其与心理健康的关系［J］．心理与行为研究，2016，14（1）：114－119．

［199］李苑文．网络、手机成瘾中学生的同伴依恋与孤独感的特点及其关系研究［D］．武汉：华中师范大学，2013．

［200］梁宇颂，周宗奎．大学生成就目标定向、归因方式与学业自我效能感的研究［D］．武汉：华中师范大学，2000．

［201］梁媛．中学生自我宽恕、情绪与主观幸福感的研究［D］．哈尔滨：哈尔滨工程大学，2012．

［202］廖建桥．脑力负荷及其测量［J］．系统工程学报，1995，10（3）：119－123．

［203］林崇德，胡卫平．创造性人才的成长规律和培养模式［J］．北京师范大学学报（社会科学版），2012，57（1）：36－42．

［204］林崇德．创造性人才·创造性教育·创造性学习［J］．中国教育学刊，2000，21（1）：5－8．

［205］林琳琳，秦金亮．5～9岁学生的自传体记忆与自我概念的发展及其关

系［J］．心理科学，2012，35（1）：135－141．

［206］林仲贤．颜色视觉心理学［M］．北京：中国人民大学出版社，2011．

［207］刘翻．过重课业负担下的中小学生心理问题：主要表现及解决策略［J］．中小学心理健康教育，2013，13（2）：40－41．

［208］刘国权，孙崇勇，王帅．高等教育心理学［M］．长春：吉林大学出版社，2013：95－99．

［209］刘国雄，李红．儿童对社会规则的认知发展研究述评［J］．华东师范大学学报（教育科学版），2013，31（3）：63－69．

［210］刘海波．初中生学业自我效能感的培养研究［D］．呼和浩特：内蒙古师范大学，2015．

［211］刘合荣．从人性的角度审视学生对学业负担的承受［J］．湖北第二师范学院学报，2012，29（10）：88－92．

［212］刘合荣．学业负担问题研究：从事实到价值的判断与反思［M］．武汉：华中师范大学出版社，2008．

［213］刘延金，刘建华．学业负担从何而来——基于教育史的回顾［J］．湖南第一师范学院学报，2004，4（3）：68－69．

［214］陆根书，杨兆芳．学习环境与学生发展研究述评［J］．比较教育研究，2008，44（7）：1－6．

［215］陆丽青．中学生宽恕的影响因素及其同心理健康的关系［D］．杭州：浙江师范大学，2006．

［216］罗纳尔多·巴格托，詹姆斯·考夫曼．培养学生的创造力［M］．陈菲，周晔晗，李娴，译．上海：华东师范大学出版社，2013．

［217］罗生全．学业负担与学习效能的关系及优化［J］．中国教育学刊，2015，36（8）：40－44．

［218］马颖，刘电芝．中学生学习主观幸福感及其影响因素的初步研究［J］．心理发展与教育，2005，21（1）：74－79．

［219］马郑豫．中小学生学习能力、学习环境与学业成就的关系研究——基于13477名中小学生的调查分析［J］．中国教育学刊，2015，36（8）：45－60．

［220］［美］戴芸．超常能力的本质和培养［M］．刘倩，译．上海：华东师范大学出版社，2013．

［221］［美］德里斯科尔．学习心理学——面向教学的取向［M］．王小明，

等译．上海：华东师范大学出版社，2008．

［222］［美］兰迪·拉森，戴维·巴斯．人格特质［M］．北京：人民邮电出版社，2012．

［223］［美］劳伦斯，佩维音．人格手册：理论与研究（第二版）［M］．黄希庭，译．上海：华东师范大学出版社，2003．

［224］［美］罗伯特·西格勒，玛莎·阿利巴利．儿童思维发展（第四版）［M］．刘电芝，等译．北京：世界图书出版公司，2006．

［225］［美］梅耶．多媒体学习［M］．牛勇，邱香，译．北京：商务出版社，2005．

［226］［美］瑞鼎，罗娜．认知风格与学习策略．庞国维，译．上海：华东师范大学出版社，2003．

［227］［美］索耶·R. 克赛．创造性：人类创新的科学［M］．师保国，等译．上海：华东师范大学出版社，2013．

［228］［美］希斯赞特米哈伊．创造力：心流与创新心理学［M］．黄珏萍，译．杭州：浙江人民出版社，2015．

［229］苗元江，赵英，朱晓红．学校幸福感研究述评［J］．教育导刊，2012，30（9）：14－17．

［230］倪佳琪，芦咏莉，刘霞．中德教师的创造性学生观和创造性培养观的比较研究［J］．教师教育研究，2013，25（3）：92－96．

［231］庞丽娟，田瑞清．儿童社会认知发展的特点［J］．心理科学，2002，25（2）：144－148．

［232］庞维国．认知负荷理论及其教学涵义［J］．当代教育科学，2011，26（12）：23－28．

［233］庞勇，何明升．网络成瘾与病态人格的选择性亲和［J］．学术交流，2005，21（11）：131－134．

［234］沈方，张智君，江程铭．时间应激对不同结构超文本信息搜索绩效的影响［J］．应用心理学，2002，8（3）：46－50．

［235］施春华，王记彩．934例研究生的人格类型研究［J］．江苏教育学院学报（社会科学版），2008，24（1）：36－39．

［236］施铁如．学习负担模型与"减负"对策［J］．教育导刊，2002，20（2）：42－45．

［237］石伟．浅析认知负荷教学设计理论的问题［J］．西南师范大学学报（自然科学版），2011，36（3）：287－291.

［238］孙崇勇，刘电芝．认知负荷主观评价量表［J］．心理科学，2013，36（1）：194－201.

［239］孙崇勇，徐双媛．初中生学校幸福感与学业负担态度的相关关系分析［J］．现代预防科学，2017，44（1）：69－70.

［240］孙崇勇．从认知负荷的视角看中小学生学业负担［J］．教育探索，2016，36（4）：31－32.

［241］孙崇勇．大学生创造性4C认知及其与大五人格的关系［J］．应用心理学，2016，22（1）：67－75.

［242］孙崇勇．认知负荷的测量及其在多媒体学习中的应用［D］．苏州：苏州大学，2012.

［243］孙崇勇．认知负荷的理论与实证研究［M］．沈阳：辽宁人民出版社，2014.

［244］孙崇勇．认知负荷理论及其在教学中的运用［M］．北京：清华大学出版社，2017.

［245］孙崇勇．心理负荷测量方法的现状与发展趋势［J］．人类工效学，2012，18（2）：88－92.

［246］孙配贞．中学生学校满意度：研究进展与发展趋势［J］．江苏师范大学学报，2013，39（4）：145－148.

［247］孙天义，许远理．认知负荷的理论及主要模型［J］．心理研究，2012，5（2）：93－96.

［248］谭顶良．学习风格论［M］．南京：江苏教育出版社，1995.

［249］陶芳标，孙莹，凤尔翠，等．中学生学校生活满意度评定问卷的设计与信度、效度评价［J］．中国学校卫生，2005，26（12）：987－989.

［250］陶君．高中生心理健康和自我效能感及其关系［J］．中国学校卫生，2013，34（11）：1334－1335.

［251］田丽丽，刘旺．中学生学校幸福感及其与能力自我知觉、人格的关系［J］．心理发展与教育，2007，23（3）：44－49.

［252］田学英，卢家楣．外倾个体何以有更多正性情绪体验：情绪调节自我效能感的中介作用［J］．心理科学，2012，35（3）：631－635.

[253] 童璐, 吴蕾. 学校幸福感: 内涵与价值 [J]. 现代中小学教育, 2015, 31 (5): 1-3.

[254] 童星. 我国中小学生学业负担研究述评 [J]. 教育科学论坛, 2014, 28 (7): 73-75.

[255] 汪玲, 郭德俊. 元认知的本质与要素 [J]. 心理学报, 2000, 32 (4): 458-463.

[256] 汪明, 曹道平. 基于认知负荷理论的有效教学设计研究 [J]. 现代教育技术, 2013, 14 (5): 16-19.

[257] 汪志超. 5~6岁单纯性肥胖中学生自我概念发展状况研究 [D]. 上海: 华东师范大学, 2007.

[258] 王安全. 论学生学业负担过重的不确定性 [J]. 内蒙古师范大学学报 (教育科学版), 2006, 19 (8): 24-26.

[259] 王道阳, 陆祥, 殷欣. 流动儿童消极学业情绪对学习自我效能感的影响: 情绪调节策略的调节作用 [J]. 心理发展与教育, 2017, 33 (1): 56-64.

[260] 王东宇. 影响农村中学生心理健康的家庭环境因素 [J]. 中国学校卫生, 2005, 26 (9): 773-774.

[261] 王凤芝等. 医学生负性生活事件现况分析 [J]. 中国公共卫生, 2005, 21 (11): 1407-1408.

[262] 王华. 我国高中生的情绪特点及影响因素分析与调控 [J]. 河西学院学报, 2004, 20 (6): 81-83.

[263] 王树芳, 莫雷, 金花. 任务难度和反馈学习对儿童类比推理能力的影响 [J]. 心理发展与教育, 2010, 26 (1): 24-30.

[264] 王小运, 伍安春. 大学生手机成瘾行为的成因及其对策 [J]. 重庆邮电大学学报 (社会科学版), 2012, 24 (1): 40-43.

[265] 王雁, 刘艳红, 李永梅. 北京10~14岁儿童少年的人格类型及影响因素 [J]. 中国临床康复, 2005, 33 (8): 7481-7483.

[266] 王阳, 隋国媛, 王烈. 医生组织支持感及心理资本与抑郁症状关系 [J]. 中国公共卫生, 2012, 28 (5): 679-681.

[267] 王银鹏. 中学生学业负担态度与学校幸福感的关系——社会支持的调节作用 [D]. 西安: 陕西师范大学, 2012.

[268] 王玉洁, 窦凯, 聂衍. 高职生大五人格与生活满意度: 情绪调节效能

感的中介作用［J］．中国健康心理学杂志，2014，22（10）：1559－1561.

［269］王耘，陶沙，李玲．家庭环境对母亲抚养方式的影响［J］．心理发展与教育，1999，15（4）：17－21.

［270］王振宏，刘萍．动机因素、学习策略、智力水平对学生学业成绩的影响［J］．心理学报，2000，32（1）：65－69.

［271］韦冬萍，马迎教.1848名中学生心理健康状况的调查分析［J］．应用预防医学，2011，17（1）：36－38.

［272］温忠麟，叶宝娟．中介效应分析：方法和模型发展［J］．心理科学进展，2014，22（5）：731－745.

［273］温忠麟，张雷，侯杰泰．中介效应检验程序及其应用［J］．心理学报，2004，36（5）：614－620.

［274］夏领婕．当代大学生使用手机的现状及影响——以武汉两所高校为例［D］．武汉：华中科技大学，2013.

［275］肖元梅，范广勤，冯昶，等．中小学教师NASA－TLX量表信度及效度评价［J］．中国公共卫生，2010，26（10）：1254－1255.

［276］肖元梅．脑力劳动者脑力负荷评价及其应用研究［D］．成都：四川大学，2005.

［277］谢玲平，邹维兴．中学生依恋对学习自我效能感的影响：自尊的中介作用［J］．教育测量与评价，2016，9（5）：55－56.

［278］熊婕，周宗奎，陈武，等．大学生手机成瘾倾向量表的编制［J］．中国心理卫生杂志，2012，26（3）：222－225.

［279］许芳．不同人物情境下认知方式对视觉空间工作记忆的影响［D］．济南：山东师范大学，2006.

［280］薛天祥，赵文华，周海涛．高等教育学［M］．桂林：广西师范大学出版社，2001.

［281］薛颖娟，蒋林晏，曹佃省．初中学生学校幸福感及其影响因素的调查研究［J］．教育导刊，2015，33（8）：30－33.

［282］燕子涵．初二学生情绪调节能力、学业负担态度及心理健康的关系和干预研究［D］．西安：陕西师范大学，2014.

［283］杨雯雯.4～6岁幼儿社会自我概念的发展特点及影响因素［D］．长春：东北师范大学，2012.

［284］姚琦，马华维，乐国安．期望与绩效的关系：调节定向的调节作用［J］．心理学报，2010，42（6）：704－714.

［285］姚若松，陈怀锦，苗群鹰．企业员工大五人格与关系绩效的相关研究［J］．心理学探新，2013，33（4）：374－379.

［286］叶浩生．具身认知：认知心理学的新取向［J］．心理科学进展，2010，18（5）：705－710.

［287］叶晓云．中学生主观幸福感及其与自尊的关系［J］．中国健康心理学杂志，2009，17（5）：586－588.

［288］余欣欣，郑雪．大学生健康人格特点及与主观幸福感关系［J］．中国公共卫生，2008，24（4）：507－509.

［289］岳晓东，龚放．创造思维的行程与创新人才的培养［J］．教育研究，1999，21（10）：9－16.

［290］岳晓东．两岸四地大学生对创造力特征及创造力人才的认知调查［J］．心理学报，2001，33（2）：148－154.

［291］岳训涛．儿童社会规则认知特点与游戏规则意识的培养［J］．基础教育研究，2012，25（11）：58－59.

［292］曾李红，高志敏．非正式学习与偶发性学习初探［J］．成人教育，2006，26（3）：3－7.

［293］曾毅．彰显学生职业品格［N］．光明日报，2006－01－15.

［294］张锋．中学生学业负担态度量表的编制［J］．心理科学，2004，27（2）：449－452.

［295］张见有，江慧，韦嘉，等．中学生感知的同学关系和学校满意度对孤独感的影响［J］．中国学校卫生，2014，35（10）：1509－1513.

［296］张进辅．现代青年心理学［M］．重庆：重庆出版社，2002.

［297］张卫，徐涛，王穗萍．我国6～14岁学生对道德规则与社会习俗的区分与认知［J］．心理发展与教育，1998，14（1）：21－25.

［298］张文新．儿童社会性发展［M］．北京：北京师范大学出版社，1999.

［299］张晓娇．如何科学调整中小学教材难度［N］．光明日报，2014－05－20.

［300］张雅明．元认知发展与教学——学习中的自我监控与调节［M］．合

肥：安徽教育出版社，2012.

［301］章志光. 社会心理学［M］. 北京：人民教育出版社，1996.

［302］赵必华，顾海根. 多维自我概念量表的测量等价性研究［J］. 心理学探新，2008，28（4）：90-94.

［303］赵俊峰. 解密学业负担：学习过程中的认知负荷研究［M］. 北京：科学出版社，2011.

［304］赵立影，吴庆麟. 基于认知负荷理论的复杂学习教学设计［J］. 电化教育研究，2010，31（4）：

［305］赵立影. 多媒体学习中的知识反转效应研究［D］. 上海：华东师范大学，2014.

［306］甄志平. 体育与健康教育对中学生心理健康干预的实验研究［D］. 北京：北京体育大学，2004.

［307］周浩，龙立荣. 共同方法偏差的统计检验与控制方法［J］. 心理科学进展，2004，12（6）：942-950.

［308］周杰，邹晓燕. 4～5岁儿童社会规则认知及其与同伴关系的相关研究——以辽宁师范大学附属学校为例［J］. 幼儿教育（教育科学版），2013，32（3）：38-42.

［309］朱明泉，张智君. 言语与手部运动关系的研究回顾［J］. 心理科学进展，2007，15（1）：88-92.

［310］朱永新. 管理心理学［M］. 北京：高等教育出版社，2014.

［311］邹艳春. 试论现代认知负荷结构理论对减负的启示［J］. 现代教育论丛，2011，9（5）：27-29.